Oderbruch

Natur und Kultur im östlichen Brandenburg

Thomas Worch

Trescher Verlag

3., aktualisierte Auflage 2012

Trescher Verlag
Reinhardtstr. 9
10117 Berlin
www.trescher-verlag.de

ISBN 978-3-89794-212-7

Herausgegeben von Bernd Schwenkros
und Detlev von Oppeln

Reihenentwurf: Bernd Chill
Umschlaggestaltung: Bernd Chill
Satz und Bildbearbeitung: Martina Sailer
Lektorat: Hinnerk Dreppenstedt
Stadtpläne und Karten: Johann Maria Just,
Martin Kapp

Gedruckt auf chlorfrei gebleichtem Papier

Printed in Germany

Essays

Vorwort

Viele Wege führen durch die alte Mark Brandenburg mit ihrer spröden Landschaft und den Kleinodien am Wegrand, den Alleestraßen, Kirchen und verwunschenen Herrenhäusern. Auf einigen dieser Wege, über drei größere Straßen und auf zwei Bahnlinien, gelangt man in das Oderbruch. Von Berlin hat man in gut einer Stunde Bad Freienwalde, Wriezen oder Seelow erreicht. Diese drei Städte bilden jeweils den Ausgangspunkt für einen der Streifzüge durch diesen Landstrich.

Das Oderbruch besitzt eine erhebliche Anzahl an Bau- und Kulturdenkmälern, die das Land nicht auf den ersten Blick freigibt. In vielerlei Hinsicht wird das Oderbruch unterschätzt. In ihm versteckt sich ein enormes Potential an Naturerlebnis mit einem kulturellen Spannungsbogen weit über die letzten 300 Jahre hinaus.

Als ich vor einigen Jahren durch Zufall das Oderbruch aufsuchte, war ich sofort von der endlosen Weite, dem Feldermeer und dem Himmel fasziniert, der grauer, blauer, finsterer und heiterer schien als der aus meinem städtischen Leben. Und die Nacht war zudem ungewohnt schwarz und still. Meiner ersten Begegnung folgten viele Aufenthalte, während derer der Landstrich immer mehr ein faszinierendes Gesicht erhielt. Mit zunehmendem Interesse gesellten sich zur Landschaft schnell Geschichte und Personen, deren Wirken im Oderbruch begann oder die ihren Lebensmittelpunkt dort hatten. Und ich selbst gesellte mich auch zum Oderbruch, kann nun täglich Gleichmut und Selbstverständlichkeit der Landschaft beobachten.

Nur etwa 50 bis 70 Kilometer von Berlin entfernt liegt dieses bemerkenswerte Stück Land. Das Oderbruch ist so nah und gleichzeitig fern städtischer Gewohnheiten. Seine geographische und politische Begrenzung bilden auf der einen Seite im wesentlichen der Barnim und auf der anderen Seite, über die Oder hinaus, die Hochflächen der Neumark auf polnischer Seite.

Friedrich II. ließ die Landschaft formen, das Sumpfgebiet trockenlegen, die Oder begradigen und auf dem neu gewonnenen Land Menschen aus aller Herren Länder und jeder Konfession ansiedeln. Somit hatte er bereits im 18. Jahrhundert in diesem Mikrokosmos ein vereintes Europa vorweggenommen. Der Ausspruch ›Hier habe ich eine Provinz erobert‹ ist mit diesem Herrscher verbunden, der Zusatz ›im Frieden‹ ist nur Legende und trifft aber dennoch auf einen Preußenkönig zu. Mit zwei bedeutenden Ereignissen des 20. Jahrhunderts ist die Region verbunden: Hier nahm im Frühjahr 1945 die letzte große Schlacht des Zweiten Weltkriegs ihren Lauf, und 1997 feierte Deutschland hier im Hochwasser Vereinigung. Man steckte bildhaft gemeinsam bis zum Hals im Wasser.

Dieser Reiseführer soll in erster Linie als Ideengeber und Informant fungieren und Lust darauf machen, diese faszinierende Landschaft selbst zu entdecken. Er beschreibt Wege durch das Oderbruch, Landschaft, Menschen und ihre Geschichte; er gibt Auskunft über die Trockenlegungen, die Adelshäuser, landwirtschaftliche Aspekte, über Fauna und Flora, die Bauwerke und Sehenswürdigkeiten. Er erhebt keinen Anspruch auf Vollständigkeit, versteht sich als Wegweiser und Orientierungshilfe beim Kennenlernen. Er möchte Begleiter sein und den Touristen zum vertrauten Besucher machen, der Lust auf ein Wiedersehen bekommt.

Das Wichtigste in Kürze

Anreise mit dem Auto

Aus allen Teilen des Bundesgebietes über den Berliner Ring (A 10), je nach Ziel ab Abfahrt Hohenschönhausen/Blumberg über die B 158 Richtung Bad Freienwalde oder ab Abfahrt Berlin-Hellersdorf über die B 1 Richtung Münchenberg/Seelow/Küstrin.

Anreise mit der Bahn

Alle Wege führen über Berlin. Auf der Strecke Berlin-Lichtenberg – Kostrzyn verkehrt stündlich die Niederbarnimer Eisenbahn (NEB, www.neb.de). Mit der DB von Berlin-Hauptbahnhof nach Bad Freienwalde (Fahrtzeit ca. 70 bis 80 Minuten) ist Umsteigen in Bernau oder Eberswalde nötig.

Mehrere Verbindungen der Ostdeutschen Eisenbahngesellschaft täglich von Berlin-Lichtenberg nach Frankfurt/Oder über u.a. Bernau, Eberswalde, Wriezen und Seelow (www.odeg.info).

Hinweise für Fahrradtouristen

Mittlerweile sind viele Strecken präpariert und ausgeschildert, am populärsten ist der Oder-Neiße-Radweg, der von der Lausitz bis zur Ostsee führt. Informationen z.B. bei Odertour Radreisen, Isabella Drewianka, Altwriezen 41, 16269 Wriezen/OT Altwriezen, Tel. 03 34 56/712 49, Fax 712 50, www.odertour-radreisen.de.

Sehr empfehlenswert ist auch der im Jahr 2007 fertiggestellte Radweg vom S-Bahnhof Strausberg (oder ab Strausberg Nord) über Klosterdorf, Möglin, Reichenow, Neuhardenberg, Altfriedland, Wriezen bis zur Oder bei Bienenwerder.

Fahrradverleih u.a. in Gusow, Seelow, Letschin, Wriezen, Oderaue, Zäckericker Loose und Bad Freienwalde.

Allgemeine Informationen

In den größeren Orten sind Touristeninformationen eingerichtet, vielfältige Informationen und Serviceleistungen bietet: TMB Tourismus-Marketing Brandenburg GmbH, Am Neuen Markt 1, 14467 Potsdam, Tel. 0331/29 87 3-0, Fax 298 73 73, www.reiseland-brandenburg.de.

Sehenswürdigkeiten

Zu den herausragenden Sehenswürdigkeiten gehören:

Zisterzienserinnenkloster Altfriedland. Klosteranlage aus dem 13. Jahrhundert. Teile der Kreuzgänge sind erhalten, das Refektorium wurde restauriert und wird in den Sommermonaten als Konzertsaal genutzt. Badesee (Klostersee) und Klosterschänke ergänzen das Ensemble; ab und an Freiluftkonzerte am See (→ S. 84).

Musenhof Kunersdorf. Bemerkenswerter Versuch, alte Traditionen aufleben zu lassen. Kunersdorf war im 18. und 19. Jahrhundert Treffpunkt der Kulturelite. Jetzt finden hier Lesungen, Konzerte und andere Veranstaltungen statt (→ S. 87).

Schloss Gusow. Das Schloss hat seine Ursprünge im 13. Jahrhundert und erhielt seine heutige Gestalt im wesentlichen durch eine klassizistische Überformung um 1830. Heute in Privatbesitz, bietet es Tagungs- und Übernachtungsmöglichkeiten und vielfältige kulturelle Veranstaltungen (→ S. 56).

Schloss und Dorfanlage Neuhardenberg. Schloss und Dorfanlage entstanden im 19. Jahrhundert nach Plänen von Karl Friedrich Schinkel. Der Park wurde von Pückler und Lenné gestaltet. Das Schloss glänzt durch hochkarätige Veranstaltungen, das Hotel hat gehobene Übernachtungsmöglichkeiten, die Restaurants bieten gutes Essen (→ S. 76).

Kirche in Kienitz. Die zwischen 1829 und 1833 erbaute Kirche ist interessant durch die Malerin und Bildhauerin Erna Roder, die hier viele Jahre arbeitete und zahlreiche Werke hinterließ (→ S. 96).

Rundlingsdorf in Altwriezen. In seiner Struktur gut erhaltenes Rundlingsdorf (Doppelrundling), typisch für die Dorfform aus der Zeit vor der Trockenlegung des Bruchs (→ S. 117).

Schloss und Dorfmuseum in Altranft. Lebendes Dorfmuseum, das Geschichte zum Anfassen bietet. Das Schloss entstand um 1600 und wurde später mehrfach umgebaut. Heute wechselnde Ausstellungen; Höhepunkte sind die Museumstage in den Sommermonaten, wenn altes Handwerk lebendig wird (→ S. 147).

Bunker und NVA-Museum in Harnekop. Ehemaliger Atombunker der DDR-Führung (→ S. 138).

Kurstadt und Bäderviertel in Bad Freienwalde. Gut erhaltene Kurstadtarchitektur im einzigen Kurort der Region (→ S. 141).

Schiffshebewerk in Niederfinow. Gigantischer Schiffsfahrstuhl. Das technische Denkmal wurde zwischen 1927 und 1934 erbaut und gilt als einzigartig in Deutschland. Von der Aussichtsplattform weiter Blick in das Oderbruch (→ S. 151).

Gasthöfe und Restaurants

Im Oderbruch findet sich eine Reihe von Lokalen, die mit origineller Küche oder wunderbarer Lage oder gleich beidem überraschen.

Kunstspeicher Friedersdorf. Frische, regionale Küche im historischen Speicher, unkompliziert und gut.

Gutshof Jahnsfelde. Ländliche Atmosphäre.

Brennerei am Schloss Neuhardenberg. Bestes Haus im Oderbruch, schöner Blick auf den Schlosspark.

Klosterschänke Altfriedland. Wunderbar an Klosterruine und Klostersee gelegen.

Verladeturm in Groß Neuendorf. Der beschwerliche Aufstieg über eine schmale Treppe wird mit einem wunderbaren Blick über die Oder belohnt.

Café Klosterdorf–Drachenbrotbäckerei. Bestes Bio-Brot, unbedingt das Drachenbrot probieren!

Café Altwriezen–Töpfercafé. Neben hausgebackenem Kuchen gibt es hier auch Töpferkurse und Töpferwaren.

Restaurant ›Zum Löwen‹ in Bad Freienwalde. Die besten Fischgerichte im Oderbruch.

Landwarenhaus Altreetz. Rendezvous von Einheimischen und Touristen zum täglich wechselnden Mittagstisch, zum Kaffee, zum Einkauf von Bioprodukten und herkömmlichen Lebensmitteln.

Eiscafé Letschin. Gute und preiswerte Eisbecher.

Kieslinger's Kaffeestube in Oderberg. Eis und Imbiss; überraschende Kombination aus spießiger Kaffeestube und mediterranem Innenhof.

Hinweise für einen Ausflug nach Polen
Seit dem Beitritt Polens zum Schengener Abkommen ist die Anreise nach Polen mit einem Personalausweis möglich; ein Reisepass ist nicht mehr erforderlich. Grenzübergänge gibt es in Küstrin-Kostrzyn und Hohenwutzen-Kostrzynek, seit Ende 2007 auch eine Autofähre in Güstebieser Loose-Gozdowice.

Zugverbindung mit der NEB von Berlin-Lichtenberg nach Kostrzyn über Strausberg, Seelow und Golzow etwa stündlich; Fahrtzeit rund 70 Minuten. Von dort zahlreiche Busverbindungen.

Auch in den kleinen Orten gibt es Wechselstuben, in den grenznahen Orten wird in den Lokalen und Geschäften auch oft der Euro akzeptiert.

Das Oderbruch ist eine vor rund 250 Jahren
geprägte Kulturlandschaft, nahe bei Berlin
und doch fern städtischer Selbstverständlichkeit;
geprägt von einem Menschenschlag, der seine
Wurzeln in ganz Europa hat.

Land und Leute

Fauna und Flora

Bedingt durch die geomorphologische und kulturhistorische Entwicklung – Eiszeit, Sumpfland, Trockenlegung –, ist das Gebiet von einem außerordentlichen Artenreichtum sowohl in der Pflanzen- als auch in der Tierwelt geprägt.

In den zahlreichen Gewässern leben eine Vielzahl von Fischarten wie Aale, Zander, Hechte, Schleie und Plötzen. Aber wegen einem ganz besonderen Fisch reisen von weit her ganze Anglervereine ins Bruch. Es ist die gut schmeckende und nahrhafte, bis zu 32 Kilogramm schwere Quappe, eine Schellfischart von über einem Meter Länge. Früher wurde der Fisch in Streifen geschnitten, getrocknet, angezündet und wie Kienspan zum Leuchten verwendet. Der Ortsname Quappendorf bei Neuhardenberg stammt von der Vielzahl der dort lebenden Quappen.

Hervorzuheben ist bei den Wassertieren die selten gewordene und im Verborgenen lebende Sumpfschildkröte; entlang der alten Oderläufe haben auch der Fischotter und der Biber ihr Auskommen.

Jedem Besucher fallen die relativ großen Vögel auf, die mit ausgebreiteten Schwingen über die Felder gleiten, oder die im Herbst und Winter in großen weißen Trauben auf Feldern sitzenden Schwäne, die in dieser Vielzahl auch in den rauheren Jahreszeiten hier ihre Heimat gefunden haben. Eigentlich war das Oderbruch nur eine Durchgangsstraße und Rastplatz für diese Vögel. Doch bei der Speisekarte, die das Land und das Wasser zu bieten haben – nicht zu unterschätzen ist die Klimaerwärmung –, haben sie wie auch manche Singvogelarten ihre Gewohnheiten aufgegeben. Wasserhühner, Reiher, Milane, Graugänse und Rohrweihen, Lach- und Silbermöwen und sogar der seltene Eisvogel beleben die Wasserläufe. Bussarde, Fasane, Kraniche und vor allem den Storch, der beinahe das prägende Tiersymbol des Oderbruchs ist, kann man allerorts beobachten. Rothirsch, Reh, Wildschwein, Feldhase, Fledermaus, Eichhörnchen, Igel und Biber gehören zu den häufig anzutreffenden Säugetieren. Eine Besonderheit sind einige Insektenarten, die nur auf den pontischen Hängen und sonst nirgends in Mitteleuropa zu finden sind.

Das Oderbruch weist mit den häufig unter 500 Millimeter pro Jahr liegenden Niederschlägen, Julitemperaturen zwischen 18 und 19 Grad und durchschnittlichen Januartemperaturen von einem und zwei Grad unter Null wesentliche Merkmale des Kontinentalklimas auf. Im Gegensatz dazu hat die Umgebung feuchteres Übergangsklima. Die Vegetation der im Norden und Süden des Bruchs liegenden pontischen Hänge – bei Mallnow und zwischen Liepe und Oderberg – unterscheidet

Vielerorts ist der Storch heimisch

sich daher auch deutlich von der übrigen Pflanzenwelt. Hier findet man insbesondere Adonisröschen, Buschwindröschen, Wiesen-Küchenschelle, Ehrenpreis und Königskerze sowie die westlichsten Vorkommen der Sibirischen Glockenblume und der Sand-Nelke.

Vor der Trockenlegung war das heutige Oderbruch von Auenwäldern durchzogen. Davon ist bis auf wenige Reste bei Genschmar nichts mehr zu finden. Hier wachsen noch in waldlicher Gemeinschaft Erlen, Birken, Eichen, Pappeln und Rüstern. Bemerkenswert ist auch der Rotbuchen-Trauereichen-Mischwald bei Bad Freienwalde. Hier wurden zwischen 1881 und 1890 verschiedene ausländische Baumarten versuchsweise gepflanzt, die heute für jeden Naturfreund eine Sehenswürdigkeit darstellen. Charakteristisch für die Landschaft des Oderbruchs sind ausgedehnte Wiesen und landwirtschaftlich genutzte Flächen. Das Haus der Naturpflege in Bad Freienwalde gibt über die Flora und Fauna des Bruchs erschöpfend Auskunft.

Es bleibt zu hoffen, dass die Verwaltung des Oderbruchs nicht noch mehr natürliche Besonderheiten dem Eventtourismus – für die neuen Matten-Sprungschanzen von Bad Freienwalde wurden munter Bäume gefällt – und der Straßenbaulobby opfert. So sind die Pläne für eine LKW-Trasse und mehrere überdimensionierte Ortsumgehungsstraßen momentan auf Eis gelegt, aber noch nicht begraben.

Geographie

Das Oderbruch ist ein etwa 56 Kilometer langer und rund 12 bis 20 Kilometer breiter Landstrich, eine sogenannte historische Kleinlandschaft, eine Flussauenlandschaft, die im Norden von der Alten Oder und im Osten durch den Strom der Oder und die in Polen liegenden Hochflächen der Neumark begrenzt wird. Das Oderbruch beginnt im Süden bei der Stadt Lebus, auf Höhe der Lebuser Platte. Sie ist die geografische Zuordnung für den Südrand des Bruchs.

An Hochflächen wie den Seelower Höhen oder dem Barnimer Hochplateau schlängelt sich die B 167 auf ganzer Länge, sozusagen als westliche Begrenzung des Oderbruchs, hinauf bis hinter Bad Freienwalde, wo sie in Falkenberg nach Eberswalde abbiegt. Die letzte Nische des Oderbruchs, die bis Oderberg und weiter nach Hohensaaten reicht, wird durch keine Straßenführung, sondern nur durch die bewaldeten Ausläufer der Uckermark begrenzt.

Die Hochflächen, die immerhin 30 bis 100 Meter erreichen, stürzen bei Bad Freienwalde gerade in das Oderbruch ab, das dort nur noch 2 Meter über dem Meeresspiegel liegt und nach Süden um nur 12 Meter ansteigt.

Auch wenn völlig zu Recht behauptet wird, dass das Oderbruch eine Kulturlandschaft sei, die erst vor 250 Jahren durch die Trockenlegung unter Friedrich II. ihre entscheidende Prägung erfuhr, gehen die geologischen Grundformen natürlich viel weiter zurück, etwa 200 000 Jahre. Damals überzog das Eis der Saalekaltzeit die Gegend. Ihre Hinterlassenschaften in Form von Geröll, Sand und Wasser prägten weitgehend die heutigen Oberflächenformen des Bruchs. Am Rand der Gletscher kam es durch ständigen Wechsel von Frost- und Tauperioden zu Fließbewegungen und Auswaschungen und zur Entstehung von Grundmoränenformen. Unmittelbar vor dem Gletscher lagerte sich Grobmaterial ab. Dadurch entstand die Endmoräne, so etwa die Hügelkette des Barnim und die Lebuser Hochfläche.

Das Urstromtal des Oderbruchbeckens ist durch Eisausschürfungen entstanden. Mit dem Abklingen der Weichselkaltzeit vor etwa 12 000 Jahren suchte sich das Wasser seinen Abfluss unter anderem durch das Thorn-Eberswalder Urstromtal und die untere Oder zur Ostsee. Seit dieser Zeit spricht man vom Oderbruch. Da das Wasser jedoch auf Grund des geringen Gefälles sehr schlecht abfließen konnte, bildete sich im heutigen Oderbruch eine Sumpf- und Wasserwüste, was für eine sehr humushaltige Schlick- und Schlammdecke von bis zu fünf Meter Dicke sorgte – Grundlage für die heutige fruchtbare Agrarlandschaft. Die ursprüngliche Landschaft muss dem heutigen Spreewald geähnelt haben. Ansiedlungen fanden sich nur auf einigen höher gelegenen Stellen, die wie Inseln aus dem Sumpf herausragten. Die ältesten Funde belegen menschliches Leben im Bruch vor etwa 10 000 Jahren. Eine ständige Besiedlung fand jedoch erst wesentlich später statt. Insgesamt wurden bisher 68 frühgeschichtliche Siedlungsorte nachgewiesen. Die Menschen dort lebten von den reichen Fischgründen um sie herum. Daran änderte sich über eine lange Zeit wenig, da die ständigen Überschwemmungen den Ackerbau unmöglich machten.

Wirtschaftliche Entwicklung

Bis zur Trockenlegung waren die einzigen Erwerbszweige der wenigen Ur-Brücher die Jagd und der Fischfang. Trotz des Fischreichtums lebten die Menschen wegen der hohen Abgaben in großer Einfachheit. Der größte nennenswerte Wirtschaftsfaktor, der Fischhandel, wurde von der Hechtreißerinnung in Wriezen kontrolliert. Der eingesalzene Fisch fand bis nach Italien seine Abnehmer.

Ein Quantensprung für die wirtschaftliche Entwicklung war die große Trockenlegung ab 1747 zusammen mit der Besiedlungspolitik. Die alteingesessenen Fischer verloren einerseits ihre einstige Existenzgrundlage, profitierten andererseits wie auch die Kolonisten aber vom Ackerbau auf dem neu gewonnenem Land und der Viehwirtschaft. Sie konnte nun viel extensiver betrieben werden, da die Weiden und Wiesen nicht mehr regelmäßig überschwemmt wurden. Dadurch konnte zum Beispiel ausreichend Heu gemacht werden, um damit die Tiere über den Winter zu bringen. Allmählich gaben die Fischer ihre anfänglichen massiven Widerstände gegen die Trockenlegung auf, denn sie erfuhren deren Vorteile sehr schnell am eigenen Leib. Nicht nur ihre wirtschaftliche Situation besserte sich, sondern ihr gesamtes Lebensumfeld. Durch Straßen- und Brückenbau waren die Orte ganzjährig miteinander verbunden, der kommunikative Austausch mit den neuen Nachbarn erweiterte ihren Horizont.

Die Umbrüche der Landwirtschaft und die Industrialisierung im 19. Jahrhundert veränderten auch das Oderbruch. In Zuckerfabriken wurde die Zuckerrübe nun direkt vor Ort veredelt, es wurde Tabak angebaut, das Oderbruch entwickelte sich zum ›Gemüsegarten‹ Berlins, in den Spinnerdörfern verarbeitete man sowohl Seide für edle Tuche als auch Flachs und Wolle für derbe Militärstoffe.

Land und Leute

Alte Tradition: trocknender Tabak

Häfen entlang der Oder und die Oderbruchbahn schufen Verbindungen zu den Absatzmärkten. In der Nähe der Tongruben auf der Neuenhagener Insel entstanden Ziegeleien, sogar Braunkohle wurde zeitweise bei Bad Freienwalde gefördert. Die Entdeckung der Mineralquellen machte Freienwalde zum Kurort.

Mit dem Jahr 1945 änderte sich das Leben auf dem Land grundlegend. Die Kommunisten enteigneten die Großgrundbesitzer und teilten das Land unter den Landarbeitern auf. Diese Neubauern bildeten zunächst auf freiwilliger Grundlage im Sinne von Parteibeschlüssen der SED Landwirtschaftliche Produktionsgenossenschaften (LPG). Viele der Großbauern weigerten sich aus politischen Gründen, diesen neuen Kooperationen beizutreten, oder sie erfüllten schlicht die staatlichen Normen nicht und verließen deshalb ihre Betriebe und gingen nach Westdeutschland. Den LPG traten auch Handwerker bei, es entstanden ländliche Großunternehmen. Aus der anfänglichen Freiwilligkeit dieser Zusammenschlüsse wurde mehr und mehr Zwang; 1960 konnte die DDR-Führung die vollständige Umwandlung der Landwirtschaft in Genossenschaften verkünden.

Durch die großflächige Bewirtschaftung der Ackerflächen wurde die Landwirtschaft intensiviert, kleine Flächen waren verschwunden. Im Oderbruch wurden Abwassergräben zugeschüttet und sogar Angerstrukturen mancher ehemaliger Kolonistendörfer zerstört.

Heute sind die LPG verschwunden, doch im wesentlichen haben sich die Großstrukturen erhalten. Man wirtschaftet unter anderen Namen immer noch gemeinschaftlich, was ökonomisch auch einen Sinn ergibt. Getreide, Zuckerrüben, Raps und Gemüse prägen die Felderlandschaft. Der ökologische Landbau gewinnt einerseits an Bedeutung, wird aber andererseits etwa durch den hemmungslosen

Genmaisanbau mancher Bauern beispielsweise um Neutrebbin und Altreetz torpediert. Heute ist es Mais, morgen sind es genmanipulierte Kartoffeln und Weizen, an denen anderen Orts schon geforscht wird.

Der nachhaltige Tourismus für Berliner könnte, vernünftig geplant und durchgeführt, zu einer weiteren Erwerbsquelle werden. Als nachhaltig wird Tourismus dann angesehen, wenn er einem schonenden Umgang mit allen Ressourcen verpflichtet ist und die ökonomischen, sozialen und landschaftlichen Eigenheiten einer Region respektiert und bewahrt.

Die Tourismusentwicklung im Oderbruch kann für einen Außenstehenden inkonsequent erscheinen, und der Eindruck entsteht, dass die unterschiedlichen Kommunen und einzelnen Städte eher gegeneinander als an einem gemeinsamen Ziel arbeiten. Ein Bekenntnis zum Tourismus als ernst zu nehmender Wirtschaftszweig müsste her.

Es scheint sehr schwer zu sein, die widerstreitenden Interessen von Touristen und Wirtschaftsstrategen in Einklang zu bringen. Dabei wird scheinbar vergessen, dass der Tourismus inzwischen einer der bedeutendsten Wirtschaftszweige Deutschlands ist. Also müsste eine Gesamtstrategie für den Wirtschaftsraum Oderbruch entwickelt werden, die die Belange des Tourismus und der Landwirtschaft gleichberechtigt betrachtet.

Da gibt es die Mattensprunganlage bei Bad Freienwalde und die Vision einer kilometerlangen Skatebahn bei Wriezen, aus der tatsächlich nun ein beliebter Fahrradweg bis nach Bienenwerder an der Oder wurde. Auch der Oder-Neiße-Fahrradweg auf dem Deich entlang hat einige positive Impulse ausgelöst. Spezielle Fahrradspuren innerhalb des Oderbruchs sind jedoch Mangelware.

Weit erstrecken sich die Sonnenblumemfelder

Für manche interessante Ideen fehlt dagegen schlicht das Geld. Im Oderbruch gab es beispielsweise bereits ein kostenloses Leihfahrradsystem mit vielen Stationen. Man konnte das Fahrrad wie einen Einkaufswagen benutzen, einen Euro an dem einen Ort hineinstecken und anderenorts das Geldstück bei Abgabe wieder erhalten. Das System trug sich durch Werbung am Rad, allerdings haben sich die Sponsoren mittlerweile zurückgezogen. Es wäre zu hoffen, dass die Deutsche Bahn ihr Leihfahrradsystem, das andernorts bereits gut funktioniert, auch auf das Oderbruch ausdehnt.

Der Begriff ›nachhaltiger Tourismus‹ wirkt jedenfalls bisher eher wie ein sinnentleertes Schlagwort als gelebtes Bestreben. Ein einheitliches Konzept einer überregionalen Tourismusentwicklung für das gesamte Oderbruch ist nicht zu erkennen, obwohl gerade dies ein möglicher Ausweg aus der Sackgasse wäre. Das Argument der fehlenden finanziellen Mittel klingt manchmal hohl, denn Pläne der Landesregierung sehen mal vor, eine Autobahntrasse zu bauen, dann wieder, eine Billigfluggesellschaft in Hardenberg anzusiedeln, die sich bislang schon an jedem Standort in Deutschland über erhebliche Subventionen freuen durfte.

Man kann also gespannt sein, mit welchen neuen Ideen die Region belebt werden soll.

Der Trassenbau

Eine Beschäftigung mit dem in den 90er Jahren geplanten Trassenbau ist auf den ersten Blick überflüssig, denn das Projekt ist vor kurzem um über zehn Jahre vertagt worden. Doch es zeigt, welche Ideen, losgelöst von der Landschaft, am Reißbrett entwickelt werden. In diesem Fall wurde das Oderbruch zum Spielball großräumiger Planspiele, die keine Rücksicht auf die Landschaft und ihre Bewohner nehmen.

Dass die Zukunft des Oderbruchs auch und gerade im sanften Tourismus liegt, ist eindeutig und auch für jeden Reisenden auf den ersten Blick erkennbar. Seit Februar 2001 sieht der brandenburgische Landesentwicklungsplan jedoch den Bau einer Schwerlasttransporttrasse nach Polen quer durch das Oderbruch vor, die diese Zukunft in Gefahr bringen würde. Eine Trasse ist zwischen Rathsdorf und Güstebieser Loose vorgesehen. Auf polnischer Seite würde sie zunächst in einem Naturschutzgebiet enden. Die gewaltige Ortsumgehung von Bad Freienwalde bis nach Wriezen stellt nur den Prolog für weitere vollkommen überdimensionierte Pläne dar. Diese Art von Ortsumgehungen soll bis Seelow und Eberswalde bis hin zur Autobahn A 11 weitergeführt werden.

Berechnungen für die neue Trasse nach Polen gingen von rund 3000 Fahrzeugen pro Tag aus, erste Planungen sprachen sogar von rund 7000 Fahrzeugen. Nach Meinung der Bürgerinitiativen wäre der Schadstoffausstoß so oder so enorm. Möglicherweise wären die Agrarprodukte des Bruchs deswegen nicht mehr zu verkaufen.

Noch gibt es keine konkrete offizielle Planungsverkündung, doch es besteht die berechtigte Angst, dass diese Trasse das Oderbruch teilt und in letzter Konsequenz das Ökosystem komplett zerstört. Ein Baumeister, der sich besonders auf die Restaurierung historischer Bauten im Oderbruch spezialisiert und der auch so manchem Fachwerkkleinod am Wegrand ein neues Leben eingehaucht hat und deshalb die Bodenverhältnisse genau kennt, bezeichnet den Boden des Oderbruchs als ›Wackelpudding‹, der durch die Trasse außer Form gebracht würde. Die Fundamente der Häuser würden dadurch destabilisiert und durch den veränderten Wasserhaushalt die Bedingungen für die Landwirtschaft enorm verschlechtert werden.

Die Planungen respektieren weder die Notwendigkeiten des Hochwasserschutzes und die Wasserkreisläufe in der Gegend noch die derzeitige Ausformung des Oderbruchs als Kulturlandschaft, zudem werden die Belange des Umweltschutzes nicht berücksichtigt. Die Folgen des Trassenbaus, der der sonstigen regionalen Entwicklungsplanung diametral entgegengesetzt ist, wären verheerend. So missachten die Pläne die Lebensplanung vieler Anwohner, beeinträchtigen die vorhandene Landwirtschaft und stören den Wert des Oderbruchs als Erholungsgebiet. Man darf zudem annehmen, dass mit der steigenden Emissionsbelastung der Status Bad Freienwaldes als Kurort gefährdet wäre. Die Nutzung des Oderbruchs als Transitraum würde insgesamt vermutlich mehr Arbeitsplätze kosten als schaffen.

Im Bundesverkehrswegeplan 2003 wurde aus Geldmangel der Bau der Trasse unter ›weiterer Bedarf‹ eingestuft. Das bedeutet, dass mit dem Bau in den nächsten 15 Jahren mit hoher Wahrscheinlichkeit nicht gerechnet werden kann. Für die Bürger im Oderbruch ist das eine Atempause, aber die Bedrohung des Lebensraumes Oderbruch ist damit nicht gänzlich vom Tisch.

Protest gegen unsinnige Vorhaben

Im Gegenteil. Die Randlage und die dünne Besiedelung des Oderbruchs scheinen für Planungen jeglicher Art eine ideale Fläche zu sein. Denen wird sich aber ganz nach dem Motto ›Seid wachsam und wehret euch täglich‹ entgegengegestellt. Erfolgreich bisher, denn das geplante CO_2-Endlager scheint vorerst vom Tisch, genauso wie die Trasse. Allerdings erscheint der Unmut gegen Windräder und Hochspannungsleitungen im Kontext der Energieversorgung dagegen etwas fragwürdig.

Egal wie die weitere Entwicklung verlaufen wird: Das Oderbruch ist ein sensibles Ökosystem, das sorgfältig gepflegt und in sich geschlossen bewahrt werden muss. Die weltweiten Naturkatastrophen, darunter auch die Hochwasser im Sommer 2002 an Elbe und Mulde, zeigen immer mehr, wie sensibel die natürlichen Lebensräume sind. Es bleibt zu hoffen, dass die Verantwortlichen im Oderbruch in diesem Sinn entscheiden.

Die Trockenlegung

Die letzte große Trockenlegung Mitte des 18. Jahrhunderts, von der man im Zusammenhang mit dem Oderbruch immer spricht, war nur die Krönung eines Jahrhunderte währenden Kampfes mit dem Wasser. Und wie die letzte Hochwasserkatastrophe 1997 bewiesen hat, bleibt der Fluss nach wie vor unberechenbar.

Die Bruchlandschaft glich einst dem Spreewald. Sümpfe, Moore und Flussadern, die sich wieder und wieder verzweigten, wechselten mit urwaldähnlichen Wäldern und sandigen Hügeln. Die erhöhten Flächen boten Schutz vor Überschwemmungen, und so entstanden auf ihnen die ersten Bruchdörfer. Das waren Rundlingsdörfer, um die aus Kuhmist, Abfall und Astwerk erste Wasserbarrieren errichtet wurden. Von diesen Hochflächen war es leichter als von den weiter abgelegen, wenn auch sicheren Rändern des Oderbruchs, den Fischreichtum zu nutzen.

Die Bruchdörfer waren untereinander nur mit dem Kahn zu erreichen, weil das Wasser jeden Weg wegspülte. Regelmäßig wurden die Felder und Wiesen überschwemmt, sie verschlammten und versandeten. Bei Hochwasser wurden Häuser weggespült, Tiere und Menschen ertranken. Immer schon versuchten die Menschen die Natur zu bändigen. Bereits im Mittelalter schütteten sie Wälle auf, allerdings nur mit zeitweiligem Erfolg.

Schon Kurfürst Joachim I. (1499–1535) ließ Pläne entwickeln, um den Weg zwischen Küstrin und Seelow ganzjährig zu nutzen. 1539 wurden zwischen Lebus und Küstrin Sommerdämme errichtet, die Kurfürst Johann Georg zwischen 1571 bis 1598 erhöhen ließ. Nach seinem Tod erbten die Kinder von Kurfürst Joachim I. das Land.

Vor allem der eine Sohn, Markgraf Hans, versuchte, um die Festung Küstrin zu schützen, der Oder zwischen Reitwein und Görzig einen bleibenden Lauf zu geben. Rinnsale und Abflüsse, sogenannte Pardaunen, wurden geschlossen und die Sommerdämme ausgebessert. Im Dreißigjährigen Krieg (1618–1648) machte General Wrangel die bisherigen Erfolge zunichte. Im Herbst 1636 ließ er, um die durch ihn eingenommene Festung Küstrin zu schützen, die Dämme zwischen der Reitweinschen Landzunge und Entenfang durchstechen.

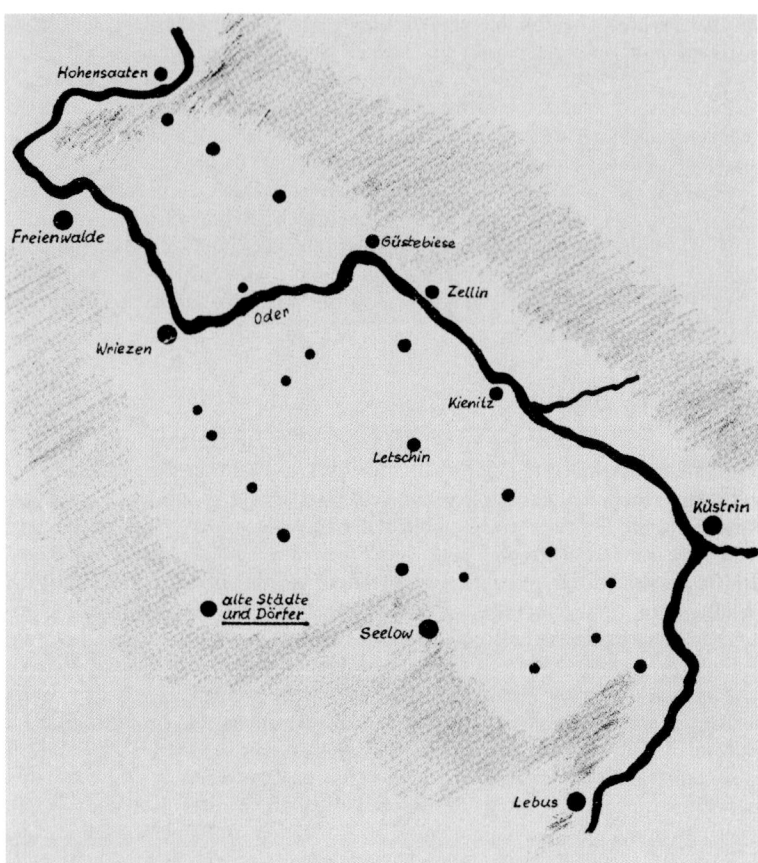

Die Besiedlung im Oderbruch vor ...

Nach dem Krieg fehlten Geld und die Menschen in diesem dünn besiedelten Gebiet, um weiter zu meliorieren. Erst mit Friedrich Wilhelm I. (1688–1740) begann eine neue Phase. Er brauchte Weiden, Ausrüstung, Futter für die Pferde der Reiterei seines Heeres, das um das Doppelte auf 80 000 Mann angewachsen war. Kurzum: Er brauchte Land. Der König setzte eine Kommission ein, die einen neuen Damm vorschlug. Er sollte 2731 Ruten lang sein – eine Rute entspricht 3,76 Meter oder zwölf preußischen Fuß – und um 3 Fuß höher als der höchste Wasserstand.

Im Jahr 1717 war der neue Deich von Zellin bis Lebus fertiggestellt. Vor und hinter dem Damm pflanzte man je eine Reihe Kopfweiden, die nicht nur Geäst lieferten, sondern auch den Damm verfestigten. Eine Deichordnung trat in Kraft. In den Jahren von 1730 bis 1738 wurde ein Entwässerungssystem entworfen und gebaut. Hierbei wurden die alten Wasserläufe und ihr Gefälle benutzt. Die Alte

Land und Leute

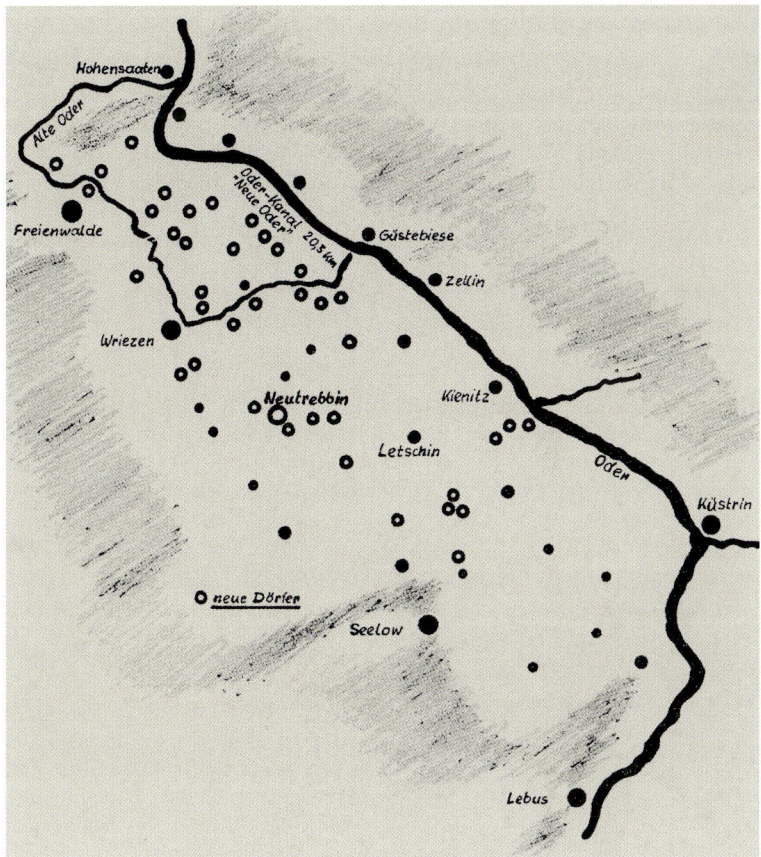

... und nach der Trockenlegung

Oder wurde bei Küstrin zugedämmt. Mit dem Bau eines Kanals 1787/88 wurde die Warthe nördlich von Küstrin in die Oder geleitet und damit ihre Mündung 3,5 Kilometer stromauf verlegt.

Durch die Trockenlegung des Oberoderbruchs, das ungefähr bis nach Groß Neuendorf gerechnet wird, gewann Friedrich Wilhelm I. 117 000 Morgen Ackerfläche. Aber was für das Oberoderbruch nützlich war, brachte für das ohnehin feuchte Niedere Oderbruch verheerende Folgen: Der Fluss suchte sich an dieser Stelle sein Ventil und überschwemmte nun das Land.

Damit war es notwendig geworden, auch das Niedere Oderbruch trockenzulegen. Doch der König war inzwischen zu alt für diese große Aufgabe geworden und wollte sie seinem Sohn überlassen, den er ›in halber Freiheit‹ zwei Jahre nach der Hinrichtung Kattes in diese Provinz Preußens verbannt hatte.

Die große Trockenlegung unter Friedrich II.

Was in den Jahren zwischen 1747 und 1753 im Oderbruch geschah, war eine grandiose technische Leistung und zudem eine, wenn nicht sogar die bevölkerungspolitisch-ökonomische Großtat der damaligen Zeit. Friedrich II. wollte nicht nur das Niedere Oderbruch trockenlegen und kultivieren, es sollten auch Kolonisten aus aller Herren Länder das neu gewonnene Land bevölkern, denn Brandenburg, ohnehin dünn besiedelt, war durch die ständigen Kriege ausgeblutet. Friedrich II. rief und sie kamen: Menschen, die in ihren Heimatländern wegen ihres Glaubens verfolgt wurden oder durch maßlose Abgabenforderungen verarmt waren.

Friedrich II. befahl dem Minister von Marschall die Ausarbeitung eines Entwässerungsplanes. Diesen Plan ließ der noch zweifelnde König von dem Schweizer Mathematiker Leonard Euler (1707 – 1783) auf seine Durchführbarkeit prüfen. Erst nach seiner Zustimmung erfolgte im Juli 1747 der Baubeginn. Das Kernstück dieses Planes sah die Verlegung der Oder von Güstebiese bis nach Hohensaaten in ein 20,3 Kilometer langes neues Bett vor. Das beabsichtigte stärkere Gefälle des neuen, verkürzten und begradigten Oderlaufs verringerte die Überschwemmungsgefahren im Niederen Oderbruch grundlegend. Die Eindeichung, die Friedrich Wilhelm I. von Lebus bis Zellin bereits hatte durchführen lassen, musste noch bis Hohensaaten fortgesetzt werden. Die Alte Oder sollte am linken Ufer von Güstebiese bis hinunter nach Oderberg von einem starken Damm eingefasst, ebenso sollte ein anderer Lauf der Alten Oder von Güstebiese bis Neu Tornow eingedämmt werden.

Am 2. Juli 1753 wurde die Alte Oder bei Güstebiese abgeriegelt und der Fluss in sein neues Bett geführt. Aber erst 1832 wurde durch die Coupierung der Alten Oder der neue Flusslauf alleinig wasserführend. Damit verkürzte sich der Schifffahrtsweg um 25 Kilometer. Heute wirkt diese Strecke wie das normale Bett der Oder, Abzugskanäle und Gräben haben das Aussehen ganz normaler Wasserläufe. Die gewaltigen Eingriffe von damals sind nurmehr zu erahnen.

Noch heute kann man die Hauptader des Wasserlaufs der Alten Oder in Teilstücken hier und da entdecken. Ein Teil der Alten Oder soll bei Güstebiese als Badestelle genutzt werden, und seit 2007 verkehrt hier eine Fähre von April bis Oktober zur polnischen Seite, denn

Denkmal für Friedrich II. in Letschin

die touristische Nutzung des neuen EU-Gebietes beiderseits der Oder ist für den Reisenden interessant. Erst dann wäre eine zusammengehörige Landschaft des historischen Brandenburg zu erfassen.

Wie das Oderhochwasser 1997 gezeigt hat, kann man die Natur nicht endgültig zwingen. So setzen sich die Meliorations- und Deicharbeiten bis in die heutige Zeit fort.

Zeittafel zur Trockenlegung

1539 Errichtung von Sommerdämmen zwischen Lebus und Küstrin.

1571–1598 Erhöhung der Dämme unter Kurfürst Johann Georg.

1662–1669 Bau des Friedrich-Wilhelm-Kanals zwischen Oder und Spree.

1717 Fertigstellung des Oderdamms zwischen Zellin und Lebus unter Friedrich Wilhelm I.

1730–1738 Bau eines Entwässerungsgrabensystems unter Leitung des Ingenieurs G.F. Worthmann.

1736 Zudämmung der Alten Oder bei Küstrin unter Leitung des Oberdeichinspektors von Haerlem.

1744–1757 Bau des Finowkanals zur Verbesserung der Schifffahrtsmöglichkeiten zwischen Oder und Havel.

1747 Auftrag zur Trockenlegung des Niederoderbruchs durch Friedrich II. am 21. Januar an Minister von Marschall.

1748 Große Überschwemmungen in Altwriezen; Hohenwutzener Brücke wird fertiggestellt; Kanaldurchstich bei Neuglietzen ist fast fertig.

1749 Arbeiten am Krummen Ort.

1750 Weiterführung der Arbeiten durch die Grüneberger Feldmark, Eisverstopfung bei Bralitz, Überschwemmung in Altwriezen.

1751 Fortsetzung der Kanalarbeiten unter Oberstleutnant von Retzow und Ingenieurkapitän Petri unter der Oberaufsicht von Haerlems.

1752 Dammarbeiten im Gebiet von Rüdnitz, Abschluss der Kanalarbeiten bei Lietzegöricke.

1753 Bau der Brücke bei Lietzegöricke/ Zäckerick, Durchstich des Querdamms bei Güstebiese; Eröffnung des Kanals (des neuen Oderbettes) am 2. Juli.

1770 Dammbrüche an sieben Stellen; Erhöhung der Dämme.

1780 Erneute Dammbrüche aufgrund von Eisverstopfungen.

1783 Alle neugegründeten Dörfer werden überschwemmt.

1784 Zerstörung von 110 Häusern, einer

Der Mathematiker Leonard Euler war an der Ausarbeitung der Pläne beteiligt

Friedrich Wilhelm I.

Kirche, einer Schleuse und vier Brücken.
1838 Überschwemmung von 28 Orten durch drei Deichbrüche; Schöpfwerk für Neurüdnitz.
1849–1859 Schließung der Deichlücke bei Hohensaaten, dadurch Verlegung des Wasserrückstaupunktes 17 Kilometer stromabwärts nach Stützkow; Bau eines Wehres zum Wasserausgleich und zur Eindeichung des Lunow-Stolper und Zehdener Bruchs.
1876 Inbetriebnahme des Schöpfwerkes in Hohensaaten.
1924–1928 Ausbau des Hauptvorfluters des Oderbruchs.
1940 Überschwemmung des Zehdener Polders wegen Deichbruchs.
1945 Nach Kriegsende Reparatur der Schöpfwerke und Dämme.
1947 Ein Hochwasser zerstört Dämme und Schöpfwerke erneut.
Ab 1970 Bau leistungsstärkerer Schöpfwerke, ständige Wartung der Dämme.
1997 Die Dämme halten der Jahrhundertflut stand; teilweise Erneuerung und Erhöhung der Dämme

Die Kolonisation

Noch während der Meliorationsarbeiten – der Bau des neuen Oderlaufs war noch nicht abgeschlossen und erst ›40 Prozent des gesamten Areals in Kultur‹ genommen – ließ Friedrich II. bereits Pläne zur Besiedlung des neu gewonnenen Landes erarbeiten. Der König war bemüht, in seinem insgesamt recht dünn besiedelten Land ›die Zahl seiner Untertanen durch fremde Einwanderer‹ zu vergrößern. Nach einer ausgedehnten Besichtigungsreise durch das trockengelegte neue Land stand entsprechend seinen Regierungsprinzipien fest, dass es grundsätzlich Ausländer – ›Bedrängte und Verfolgte‹ – sein sollten, denen er eine neue Heimat geben wollte. Mit dem Edikt vom 1. September 1747 rief Friedrich II. zur Auswanderung nach Brandenburg auf. Diesem Aufruf folgten insgesamt 6137 Auswanderer, von denen 1134 Bauern- und 363 Wollspinnerfamilien im Oderbruch eine neue Heimat fanden.

Der Ruf aus Preußen wurde überall dort, wo Menschen ›durch Frondienste und Steuerlast eines willkürlich schaltenden Despotismus oder durch Intoleranz katholischer Fürsten allzusehr bedrängt wurden‹, gern aufgenommen.

Bedrängte Protestanten kamen nicht nur aus den benachbarten Ländern Sachsen, Mecklenburg, Polen und Schweden, sondern auch aus den österreichischen Alpenländern – dem katholischen Erzbistum Salzburg, Kärnten und Tirol –, der Pfalz, Hessen-Darmstadt und Württemberg. Eine Besonderheit bildeten dabei die eingewanderten Schweizer. Es waren im weitesten Sinn Hugenotten, französische Emigranten, die nach der Aufhebung des Ediktes von Nantes (1685) an die Ufer des Genfer Sees ausgewandert waren. Sie wurden vom Grafen von Kameke (Prötzel) auf Veranlassung Friedrichs II. 1756 in Vevais und Beauregard angesiedelt. Die französischen Ortsnamen erklären sich ›aus der Vorliebe des Grafen für das Französische Wesen‹.

Insgesamt knapp 110 000 Morgen Land wurden gewonnen. 48 Prozent der Fläche besaß der König, die er den Kolonistendörfern zur Verfügung stellte, 26 Prozent gehörten dem Johanniterorden, 18 Prozent lagen in den Händen des Adels, und 8 Prozent gehörten den Städten. Dass die Dörfer, die auf dem königlichen Land entstanden, die größten waren, verstand sich von selbst. Der Ansiedlungsplan von 1752 sah vor, ›dass auf jeder Feldmark, sofern sie den Hauptanteil des zu einem Dorf gehörigen Reviers bildete, eine Kolonie angelegt werden sollte‹.

In Neulietzegöricke zeigte sich der König am schnellen Fortgang der Arbeiten persönlich interessiert. Die Kolonien, bei Neulietzegöricke noch gut zu erkennen, waren mit preußischer Genauigkeit als Straßendorf oder als Reihendorf geplant. In der Mitte durchzog ein Graben für das Sammelwasser den Ort, der Grabenaushub diente als Grundlage für den erhöhten Hausbau. Die Bauten waren Typenbauten und standen parallel zur Straße. Die Doppelhäuser (Zankhäuser) waren für die Kolonisten mit 10 bis 20 Morgen Land gedacht. Die zugesprochene Größe der Flächen entsprach ungefähr dem aufgegebenen Besitz. Die größten Kolonistenstellen umfassten 90 Morgen Land.

Bei der Vermessung der neu zu errichtenden Ortschaften kam es häufig zu Streitigkeiten mit den Altdörfern – heute meist am Namenspräfix Alt erkennbar – wie Kleinbarnim, Mädewitz, Trebbin, Reetz, Großbarnim, Lewin, Wustrow. Folglich kann der Besucher davon ausgehen, dass Orte mit der Vorsilbe Neu während der Kolonisation entstanden sind – Neuhardenberg bildet die Ausnahme von dieser Regel.

Noch während des Siebenjährigen Krieges, 1762, konnte die Kolonisation unter schwersten Bedingungen abgeschlossen werden. Insgesamt entstanden 40 neue Kolonien, nebenbei ließ Friedrich II. zehn Herrenwiesen zur Pacht einrichten. Daran erinnert noch der Ortsname Herrenwiese östlich von Bad Freienwalde.

Bei ihrer Ankunft erhielten die Kolonisten einen Kolonistenbrief. Sie waren damit 15 Jahre lang von Steuerzahlungen befreit, erhielten Religionsfreiheit und Freiheit von Leibeigenschaft zugesichert, in den königlichen Dörfern erhielten sie Land zu Erbpachtrecht. Außerdem waren die Männer vom Militärdienst freigestellt.

Man kann sich die Konflikte zwischen den Altdörflern, denen ihr traditioneller Broterwerb – der Fischfang – durch die Trockenlegung beinahe vollständig genommen wurde, und den mit Privilegien ausgestatteten Neusiedlern wohl nur ansatzweise vorstellen. Heute, nach 200 Jahren, sind die Fremdlinge von einst die Vorfahren der jetzt alteingesessenen Brücher, die dem Besucher auf den Streifzügen begegnen könnten. Möglicherweise hat sich durch diesen Prozess bis heute eine gewisse Toleranz gegenüber Neuankömmlingen erhalten.

Zeittafel zur Kolonisation

Jahr	Ort/Kolonistensiedlungen	Angesiedelte Familien
1753	Neulietzegöricke	47
	Neuwustrow	19
	Kerstenbruch	16
1754	Beauregard	20
	Grube	10
	Neurüdnitz	69
	Rathsdorf	21
1755	Karlsbiese	30
	Neubarnim	96
	Neuglietzen	30
	Neukietz bei Freienwalde	16
	Neukietz bei Wriezen	20
	Neulewin	80
	Neumädewitz	38
	Neu Königlich Reetz (Neureetz)	58
	Neutornow	42
	Neutrebbin	131
	Vevais	14
1756	Burgwall	7
	Eichwerder	312
	Heinrichsdorf	17
	Karlshof (Vorwerk)	7
	Neu Adlig Reetz (Neureetz)	57
	Sietzing	32
	Wuschewier	32
1757	Kiehnwerder	27
1758	Neuküstrinchen	36
1759	Neubliesdorf	27
1760	Croustillier (Vorwerk)	15
	Neuranft	6
1763	Ferdinandshof (Vorwerk)	5
1774	Karlshof	15
1776	Broichsdorf Wollspinnersiedlungen	33
1766	Baiersberg (Buschdorf)	46
	Gerickensberg (Buschdorf)	46
	Lehmannshöfel (Buschdorf)	21
	Rehfeld	21
	Sophienthal	76
	Sydowswiese	41
1767	Neulangsow	107

Wasser

Die letzte große Oderflut von 1997, die Dank gemeinsamer Anstrengungen insgesamt einen glimpflichen Verlauf nahm, bewies die Künstlichkeit des Lebensraums Oderbruch. Die Deiche hielten damals und wurden anschließend noch höher, stabiler gebaut.

Die Deiche trennen die Landschaft von der Oder, die über der Landoberfläche des Niederoderbruchs dahin fließt. Zweimal im Jahr schwillt der Fluss an, und das Leben im größten geschlossenen Flusspolder Deutschlands lebt somit immer mit der Bedrohung durch eine Flut, wie sie jahrhundertelang immer wieder stattgefunden hat. Erinnert sei an die Katastrophe 1947. Der Winter war in diesem Jahr hart und lang. Als das Tauwetter am Oberlauf der Oder einsetzte, war die untere Oder noch gefroren. Die Wassermassen stauten sich vor dem Eis, und bei Reitwein brach der Damm auf einer Breite von 100 Metern. Drei Stunden später war die Bruchstelle bereits 1000 Meter breit, und nur einen Tag danach hatte das Hochwasser Neutrebbin erreicht. Insgesamt waren damals über 70 000 Hektar Land überflutet, 17 000 Menschen mussten zeitweilig ihre Dörfer verlassen.

Selbst wenn die Dämme immer höher gebaut werden, man sich dadurch sicherer wähnt, bleibt die Gefahr von unten, denn der Fluss liegt deutlich über der Landoberfläche des Oderbruchs. Ständig drücken große Wassermassen, die als Dränagewasser bezeichnet werden, unter dem Deich hindurch in die Niederung. Diese Wasser speisen einen Teil der alten Oderarme und die Entwässerungsgräben. Würden diese Wassermassen nicht abgeleitet, wäre das Niederoderbruch zu feucht für den Ackerbau. Die permanente Vorflut, also das einströmende

Kleine Wehre dienen der Regulierung des Wassers

Wasser und sein freies Abfließen, ist genauso bedeutsam wie der Dammschutz vor Hochwasser.

Die unterirdisch eindringenden Wassermassen müssen über ein anderes künstlich geschaffenes Flussbett zurück in die Oder geleitet werden. Das geschieht durch die Hohensaaten-Friedrichsthaler Wasserstraße. Das geringe Gefälle der Oder begünstigt Rückstau, und die Vorflut aus dem Bruch kann dann nur noch über Schöpfwerke abgepumpt werden.

Dieses gesamte Wassersystem erfordert eine permanente Pflege, einen sorgsamen Umgang und bringt erhebliche Kosten und einen hohen Energieaufwand mit sich. Zwischen der Abwehr der Flut und der Sicherung der Vorflut besteht ein Spannungsverhältnis, das bei einer Begegnung mit der Landschaft eine besondere Beachtung verdient.

Regelmäßige Veranstaltungen

Neben den Dorffesten in fast jeder Gemeinde, den Feuerwehrfesten und Erntefesten, den Feiern zur Sonnenwende, allgemeinen Traditionen wie Maibaumsetzen, Osterfeuer und Weihnachtsmärkten gibt es eine Reihe regelmäßiger Veranstaltungen.

April
Lebus: Adonisfest (Fest zur Andonisblüte an den Pontischen Hängen)
Gorgast: Militär- und zivilhistorisches Treffen

Mai
Neuküstrinchen: Butterblumenblütenfest, mit Konzert im ›Dom des Oderbruchs‹ (Anfang Mai)
Buckow: Literatursommer (Veranstaltungen im Brechthaus von Mai bis September; Lesungen, Gesprächsrunden, Ausstellungen, Konzerte)
Lebus: Fliederblütenfest (Ende Mai)
Wochenende vor Pfingsten: Kunst-Loose-Tage (Künstler öffnen ihre Ateliers für Besucher)
Deutscher Mühlentag (Bockwindmühle Wilhelmsaue, Wassermühle Worin), immer Pfingstmontag

Juni
Reitwein: Heiratsmarkt
Gusow: traditionelles Lämmerschwanzfest
Quappendorf: traditionelles Wiesenfest
Offene Gärten im Oderbruch, info@odergaerten.de
Brandenburger Landpartie: Landwirte öffnen ihre Höfe für Besucher

Juli
Zechin: Reitertag
Zechin/Friedrichsaue: Bulldogtreffen

›Die Märker und die Berliner und wie sich das Berlinertum entwickelte‹

Die Märker haben viele Tugenden, wenn auch nicht voll so viele, wie sie sich einbilden, was durchaus gesagt werden muß, da jeder Märker ziemlich ernsthaft glaubt, daß Gott in ihm und seinesgleichen etwas ganz besonderes habe. So schlimm ist es nun nicht. Die Märker sind gesunden Geistes und unbestechlichen Gefühls, nüchtern, charaktervoll und anstellig, anstellig auch in Kunst, Wissenschaft und Religion, aber sie sind ohne rechte Begeisterungsfähigkeit und vor allem ohne rechte Liebenswürdigkeit. Auch ohne Stammesgenie – die Schwaben und die Rheinländer haben viel mehr davon ...

Theodor Fontane

Die Märker haben viel Pflichtgefühl und verstehen zu gehorchen und zu befehlen, und das ist besser als der ›Mut ohne Ende‹. Das Pflichtgefühl der Märker, ihr Lerntrieb, ihr Ordnungssinn, ihre Sparsamkeit – das ist ihr Bestes. Und das sind die Eigenschaften, wodurch sie's zu was gebracht haben. Im übrigen sind sie neidisch, schabernackisch und engherzig und haben in hervorragenderweise den ridikülen Zug, alles, was sie besitzen oder leisten, für etwas ganz Ungeheures anzusehen. Eine natürliche Folge früherer Ärmlichkeit, wo das Kleinste für wertvoll galt. Es gibt in der Mark bis diesen Tag zahllose Leute, die mit ihren 100 000 Mark ganz aufrichtig glauben ›sie kämen gleich nach Gould oder Van der Bilt‹. Was aber auch nicht ganz richtig ist, wenigstens nicht im Ausdruck, weil der echte Märker weder Gould noch Van der Bilt kennt, sondern alle Größen, wenn er vergleichen will, aus seiner eigenen Provinz und am liebsten aus seinem Kreise nimmt.

Ja, es sind tüchtige, aber eingeengte Leute. Wenn sie einem eine Tasse Kaffee präsentieren, so rechnen sie sich's an, nicht dem, der den Mut hat, diesen Kaffee zu trinken, und gab es gar noch eine Semmel dazu, so wird es als eine ›Mahl‹ angesehen, das Anspruch darauf hat, in die Stadt- und Dorfchronik eingezeichnet zu werden.

Theodor Fontane (Auszug)

August
Altreetz: Fischerfest
Altfriedland: Fischerfest, Klosterfest
Buschdorf: Backofenfest
Friedersdorf: Dampfpflügen (Ende des Monats)
Fort Gorgast: OBOA (Oderbruchopenair)

September
Golzow: Sonnenblumenfest
Wilhelmsaue: Kunstmarkt
Altlewin: Kalenderfest (die Kalender für das nächste Jahr werden vorgestellt)
Tag des offenen Denkmals (bundesweit)

Oktober
Bleyen: Drachenfest

Dezember
Wilhelmsaue: Weihnachtsmarkt (2. Advent)

Erntebräuche

Durch den Zustrom der Kolonisten, die aus verschiedenen Regionen Europas gekommen waren, gab es keine einheitlichen Erntebräuche. Der Erntebeginn wurde durch Feldbegehung und Probemähen festgesetzt, dann folgte das für das Oderbruch typische Einläuten der Ernte.

Früh besuchte man noch einen Gottesdienst, stärkte sich mit gutem Essen, beging mit einer kleinen Feier die kommende Erntearbeit, die erst am Nachmittag dieses Tages begann. Man zog gut gekleidet und mit roten und bunten Bändern und Sträußen geschmückt aus dem Dorf aufs Feld. Die Binderinnen trugen weiße Schürzen und Handschuhe. Nach den Worten ›Walt's Gott‹ setzte dann der Vorschnitter zum Mähen an.

Das Ernteende wurde besonders gestaltet. Der letzte Halm, die letzte Garbe dachte man sich als Wohnung des Fruchtbarkeits-Korngeistes, der in Gestalt eines Hahnes, Wolfes oder alten Mannes, des ›Ollen‹, verehrt wurde. Wer die letzten Halme abmähte, die letzte Garbe band, einen lebenden Hahn beim Hahngreifen nach dem letzten Schwad auf dem Feld griff, hatte traditionell eine besondere Stellung auch beim Erntefest. Bis 1962, als schon viele Bräuche vergessen waren, wurde noch in einzelnen Dörfern im Oderbruch der ›Olle‹ aus der letzten Garbe gebunden und als alter Mann ausstaffiert und ausgestellt. Mit dem letzten Fuder fuhr die ganze Familie bei der Heimkehr dreimal um das Gehöft. Die letzte Garbe verblieb auf dem Hof des Bauern oder wurde als ›Alter‹ dem Gutsherrn übergeben.

Im Oktober oder November, nachdem alle Felder abgeerntet waren, selten direkt nach der Getreidemahd, leitete ein Gottesdienst das Erntedankfest ein. Vormittags wurde gebacken, gekocht und geschmückt, am frühen Nachmittag zog

Land und Leute

ein Festzug mit Kapelle zum Gutshof und überreichte dem Gutsherrn oder dem Dorfschulzen die Erntekrone. Die üblichen Erntesprüche schilderten die Ernte und erbaten oder forderten gerechte Belohnung für die schwere Arbeit.

Das große Erntemahl – ›Aust- oder Oostköste‹ genannt – mit viel Fleisch und Gemüse, Bier und Branntwein, Kaffee und Kuchen nahm großen Raum ein. Im Oderbruch gab es zusätzlich noch spezielle Erntebackwaren wie Semmel-, Klieben- oder die Mohnstrietzel dazu.

Danach wurde ausgelassen wie heute bis in den Morgen getanzt. Traditionelle Spiele unterstrichen die Freude der Menschen über den Abschluss dieses wichtigen Ereignisses ihrer ländlichen Tätigkeit.

Essen auf dem Land

Die Alltagskost spiegelte die allgemeine Situation der einfachen Leute wider. In schlechten Zeiten wurde zuerst am Essen gespart, doch zu festlichen Anlässen wurde in der dörflichen Gemeinschaft gegessen, was der Hof hergab. Bei Taufe, Hochzeit und Leichenschmaus war die Festtafel mehr als üppig.

Vor 1600 aß man alles Flüssige, in das Brotkanten getunkt wurden, mit dem Holzlöffel. Das Fleisch wurde wie Brot geschnitten oder auf das Messer gespießt. Um 1610 kamen zuerst in der Oberschicht Teller mit Vertiefungen in Mode, erst ab 1650 zählte die Gabel zum Besteck. Die unteren Bevölkerungsschichten passten sich allmählich den veränderten Essgewohnheiten an. Zu Feiern aß man nicht mehr aus einer gemeinsamen Schüssel, sondern brachte das eigene Besteck mit.

Bis ins 18. Jahrhundert blieb Hirse das wichtigste Nahrungsmittel. Zu Festen machte man aus dem einfachen Brei eine leckere Süßspeise. So heißt es in einer Kulturgeschichte des Oderbruchs: »Eine alte Hochzeitsspeise, vor Einführung der Kartoffel, bestand aus Milchhirse, mit rotem Zucker und kleinen Rosinen bestreut. Sie wurde sowohl an die Gäste als auch an die gesamte Dorfjugend in großen Kesseln ausgegeben. Die Kinder hatten dazu einen Brotkanten mitzubringen, auf den die Hirse gestrichen wurde. Für die Gäste gab es Biersuppe, Braten mit Rosinentunke, Erbsen mit Speck und Sauerkohl mit Fleisch in polnischer Tunke. Getrunken wurde Bier und Branntwein.«

Im Folgenden eine kleine Auswahl traditioneller Gerichte, die allerdings heute kaum mehr auf den Speiseplänen zu finden sind.

Produkte des Oderbruchs

Rezepte

Quappe, braungekocht

Als der Fischfang noch die Haupterwerbsquelle der Oderbruchbewohner war, gehörte der Fischkessel, in dem man die dicke Fischpaste zubereitete, zum wichtigsten Küchengerät.

Der Kessel war so wichtig, dass er ein rechtlich geregeltes Erbstück war. Nach der Trockenlegung wurde im Bruch weiterhin viel Fisch gegessen. Obwohl es hier heute keine hauptberuflichen Fischer mehr gibt, stehen Fischgerichte in jedem Lokal und in fast jedem Haus ganz weit oben auf der Speisekarte. Vor allem die Quappe, die mit dem Dorsch verwandt ist und deren Leber als Delikatesse gilt, gehört zu den heißgeliebten Fischen der Einheimischen und wird nicht selten zur Weihnachtszeit zubereitet.

Beim Ausnehmen darf die Galle nicht gedrückt werden, damit die Leber nicht verdorben wird. Mit kaltem Wasser wird der Fisch nach dem gründlichen Säubern angesetzt. Man gibt Gewürzkörner, Salz, Zwiebeln, Lorbeer und etwas Butter hinzu. Danach wird das Essen stark erhitzt, ohne dass es kochen darf. Danach ziehen lassen und die Leber hinzugeben.

Der Fischsud wird mit einer Mehlschwitze und viel saurer Sahne zur Soße verarbeitet. Am Schluss gibt man eine Messerspitze Fliedermus hinzu und schmeckt süß-sauer ab.

Fliedermus ist der stark eingekochte Saft ausgepresster Holunderbeeren, der in pastenähnlicher Konsistenz in einem Steinguttopf etwa ein Jahr haltbar ist.

Quappensuppe nach Art des Oderbruchs

ca. 1,5 kg Quappe
1 TL Salz
1 TL Senfkörner
1 Prise Pfeffer
6–8 Pimentkörner
2 Lorbeerblätter
4–5 mittlere Zwiebeln
1 1/2 EL Zucker
1 TL Essig
1 TL eingedickter Holundersaft
50 g Butter

Die Quappe säubern, wässern und in Stücke schneiden. Das Salz, die Prise Pfeffer, Senfkörner, Pimentkörner, Lorbeerblätter, Zwiebeln (in Stücken) über die Quappe geben. Danach mit 1 Liter Wasser auffüllen, so dass die Stücke gut bedeckt sind.

Das Ganze dann auf kleiner Stufe zum Kochen bringen, zehn Minuten simmern lassen, während des Kochens Zucker, Essig, Holundersaft und die 50 Gramm Butter dazugeben.

Bevor man die Suppe serviert, wird sie mit 2 Esslöffeln Mehl (in etwas Fischsud angerührt) angedickt. Dazu reicht man Salzkartoffeln.

Ein alter Feldbackofen

Brotsuppe

Unter Brot verstand man in der Vergangenheit lange Zeit nur Roggenbrot. Das Weizenbrot wurde erst während der Belagerung durch die Franzosen Anfang des 19. Jahrhunderts in den unteren Bevölkerungsschichten bekannter, weshalb es im Volksmund lange ›Franzbrot‹ hieß.

Im Dorfbackofen gebackenes Roggenbrot war bis zu 14 Tagen haltbar. Blieb dennoch ein Brotkanten übrig, wurde auch er verwertet und zu einer kräftigen Brotsuppe veredelt.

Schwarzbrot (möglichst nur die Kruste) in Wasser einweichen. Milch kochen und darüber gießen, mit Salz und Zucker abschmecken.

Die Suppe wurde mit gekochten Apfelstücken verfeinert. Oder man passierte das aufgeweichte Brot durch ein Sieb. Manchmal kam auch Zimt hinein.

Biersuppe

Der Kaffee kam um 1670 nach Deutschland und war bereits um 1720 das beliebteste Getränk in Deutschland. Zunächst demonstrierten Adel, die Beamten und Geistlichen mit dem Genuss dieses teuren Importprodukts ihre vornehme Lebensart ganz nach dem damals dominierenden französischen Vorbild. Schnell erreichte das Getränk alle Bevölkerungsschichten, der Bierkonsum ging derart zurück, dass Friedrich II. sogar kurzzeitig ein Kaffeeverbot erließ.

In einem Schreiben an den Magistrat von Halberstadt von 1779 regte er an, dass die Leute auch mit Biersuppe erzogen werden könnten. Diese Suppe war in Brandenburg besonders an kalten Tagen beliebt.

1/2 Liter braunes Bier (nicht zu bitter)
1/2 Liter Berliner Weiße (obergäriges Bier aus Weizenmalz und Gerste)
1/4 Liter Wasser
2–3 Scheiben trockenes Brot, sehr fein gerieben
Etwas Zitronenschale
4 Eier
1 Prise Zimt, Zucker
4 abgeschälte Zitronen

Bier, Weiße und Wasser in einen Topf geben und das geriebene Schwarzbrot zehn Minuten darin quellen lassen. Eier, Zitronenschalen, Zucker und Zimt hinzugeben und bei mittlerer Hitze mit dem Schneebesen solange schlagen, bis die Suppe anfängt, dicklich zu werden. Sie darf nicht kochen!
Als Einlage eignen sich gequollene Korinthen.

Gänseschwarzsauer
Im 18. Jahrhundert ging die Schweinezucht erheblich zurück, da eine Mästung in den Wäldern nicht mehr möglich war und die Küchenabfälle nur für die Haltung einzelner Tiere ausreichten. Die Geflügelhaltung nahm zu, und Hühner, Gänse, Enten und Tauben standen zunehmend auf dem Speiseplan. Gänseschwarzsauer ist ein typisches Gericht für die damalige Zeit, bei dem selbst Gänsefüße verwendet wurden.

Gänseklein (Magen, Darm, Herz, Flügel, Hals)
2 Gänsefüße
1 1/2 Liter Wasser, Salz
1/2 Lorbeerblatt
4 Gewürzkörner
10 zerdrückte Pfefferkörner
Essig, Suppengrün
250 g eingeweichte Backpflaumen
Gänseblut

Das Gänseblut wird beim Schlachten aufgefangen und mit Essig verrührt, damit es nicht gerinnt. Die Gänsefüße werden gebrüht, gehäutet und mit gründlich gesäuberten Därmen umwickelt.
Die Gänsefüße und das Gänseklein in einem Topf kochen und abschäumen. Das Suppengrün in kleine Stücke schneiden, mit Salz, Gewürzen und etwas Essig in den Topf geben. Nach rund 90 Minuten Kochzeit das Suppengrün wieder entfernen und das Fleisch von den Knochen abtrennen und in Stücke schneiden. Das Backobst wird in der Gänsebrühe weichgekocht.
Von 1 1/4 Liter Brühe, 250 Gramm Mehl, 2 bis 3 Eiern, etwas Fett und Salz eine Brandmasse herstellen und mit dem Teelöffel Klößchen abstechen und in die Brühe geben. Anschließend Fleisch und Suppengrün wieder zugeben und mit dem Gänseblut unter ständigem Umrühren die Soße binden. Mit Zucker abschmecken.

Mohnstrietzel
Traditionell zur Weihnachtszeit gab es diese aus Schlesien stammende Süßspeise.

2 Brötchen
3/4 Liter Milch
250 g gemahlener und gebrühter Mohn
100 g Rosinen
150 g Zucker
Etwas Vanillezucker
120 g gehobelte Mandeln
1 Prise Salz
1 Gläschen Rum
1/4 Liter Sahne

Der Mohn wird in einer Reibesatte gemahlen (weißer Mohn wurde für Mohnstrietzel besonders bevorzugt). Die Brötchen werden in Milch eingeweicht und dann
vorsichtig ausgedrückt. Die Milch mit dem Mohn, Zucker, Vanillezucker, Rosinen
und Mandeln zehn Minuten langsam kochen, Salz und Rum zugeben und abküh-
len lassen. Sahne steif schlagen, unter die Mohnmasse heben und schichtweise
mit den ausgedrückten Brötchen in eine Schüssel füllen. Mohnstrietzel sollten etwa
zwei Tage kühl stehen und durchziehen.

Hirsebrei
500 Gramm Hirse werden zehn Minuten in Wasser gekocht. Anschließend wird
das Wasser abgegossen. 1 1/2 Liter Milch kocht man mit etwas Zucker. Diese gießt
man über die Hirse und lässt alles nochmal 15 Minuten kochen.
Vom Feuer genommen, muss die Hirse 20 Minuten nachquellen. Vor dem Verzehr
streut man Zucker darüber.

Frisch geerntete Kürbisse

Sanfte Hügel und weitflächige Felder
prägen die Landschaft. Festungen,
alte Siedlungen und märkische Dörfer
spiegeln die Siedlungsgeschichte
dieses Landstrichs wider und verknüpfen
Vergangenheit und Gegenwart.

Das südliche Oderbruch

Auf direktem Weg gelangt man von Berlin auf der B 1 nach Seelow bis Küstrin und dem polnischen Kostrzyn. Wer von weiter her kommt, gelangt über den Autobahnabzweig Berlin-Hellersdorf auf die B 1. In Seelow zweigt die B 167 ab, auf der man einerseits den südlichen Teil des Oderbruchs bis Lebus entdecken kann. Biegt man auf dieser Straße in die andere Richtung ab, gelangt man andererseits auch nach Gusow und weiter nach Neuhardenberg. Die Niederbarnimer Eisenbahn (NEB) fährt ab Bahnhof Berlin-Lichtenberg über Seelow bis nach Kostrzyn. Da die gut ausgebaute und stark befahrene Bundesstraße 1 wahrscheinlich nicht jedermanns Geschmack ist, wird in Jahnsfelde ein beschaulicher Abzweig nach Neuhardenberg empfohlen, der am Bahnhof in Trebnitz (Eisenbahnanschluss in Müncheberg) auch die Fahrradreisenden empfängt.

Schlösser, Festungen, Kriegsgeschichte, große Namen wie Friedrich I. und Fried-

Das südliche Oderbruch

rich II., Theodor Fontane und Adelbert von Chamisso begegnen den Reisenden, ebenso wie unvertrautere, dennoch nicht weniger beeindruckende Personen und reizvolle Plätze.

Wer die B 1 wählt, sollte sich über ihren autobahnartigen Charakter im klaren sein. Sie ist für eine Vergnügungsfahrt nicht unbedingt geeignet, für eine Fahrradfahrt erst recht nicht.

Nicht nur deshalb sollten sich mindestens Besucher aus Berlin ernsthaft überlegen, mit dem Fahrrad in der Bahn bis Seelow zu fahren und vom Bahnhof aus Entdeckungstouren links und rechts des Zentrums zu unternehmen. Bei dieser entspannten Variante genießt man zurückgelehnt, bereits hinter Rehfelde, märkische Landschaft, bestaunt die Berlin umgebende Natur. Rehe und Hasen sind oft auszumachen, im Herbst stehen tellergroße Schirmpilze am Bahndamm, und Fliegenpilze leuchten im Gras. Bereits in diesem Moment hat sich der Ausflug gelohnt. Diese erste Berührung mit der Natur, der märkischen Landschaft, noch hinter der trennenden Fensterscheibe, ist kitschig, aber schön.

Mittelalterliches Erbe: die Komturei Lietzen

Zwischen Berlin und Seelow

Der schnellste Weg von Berlin nach Seelow führt auf der B 1 schnurgerade über Müncheberg und die Hügel des Lebuser Landes. **Müncheberg** wurde 1945 stark zerstört, die **Stadtmauer** mit Tortürmen und die **Marienkirche** mit Schinkelturm deuten das frühere Aussehen an.

Einen Abstecher wert, wenn auch nicht zum Oderbruch gehörig, ist der traditionsreiche Ort **Lietzen**, wenige Kilometer südwestlich von Seelow und reizvoll zwischen See und sanften Hügeln gelegen. Hier waren im Spätmittelalter zunächst die Templer, später der Johanniterorden ansässig. Einige Relikte aus dieser Zeit sind erhalten, vor allem die **Kirche** ist zu nennen. Daneben lohnen **Verwaltungsgebäude**, **Herrenhaus** und **Speicher** einen Blick.

Seelow

Wer in Seelow Halt macht, wird wohl vorrangig wegen der schaurigen Vergangenheit kommen oder ihr sehr häufig begegnen: der Schlacht auf den Seelower Höhen, die im Frühjahr 1945 hier tobte. Noch heute liegen die Gebeine so manch eines verschollenen Soldaten unter der fruchtbaren Erde des Bruchs. Seelow wurde in den Kämpfen erheblich zerstört. Zu DDR-Zeiten entstanden dahingewürfelte Unterkünfte, zu ihnen haben sich in jüngerer Zeit neuere Wohnbauten hinzugesellt.

■ Sehenswürdigkeiten

Ein knapp drei Meter hoher gusseiserner **Meilenobelisk** begrüßte die Reisenden kurz vor Seelow. Er wurde bei dem Bau der von 1820 bis 1830 errichteten neuen Straße, der heutigen B 1, gesetzt und entspricht ganz den sächsischen Post-meilensäulen.

Am Markt steht die einzige bauge-schichtliche Sehenswürdigkeit Seelows, die **Schinkelkirche**, 1832 fertiggestellt. Seit Kriegsende besaß die Kirche keinen Turm, erst 1997/98 ließ der hier gebo-rene Herr Otto vom gleichnamigen Ver-sandhaus den Turm neu errichten.

Um die Kirche herum hat sich so etwas wie ein **Stadtzentrum** entwickelt, das einige Cafés und Lokale zu bieten hat. Gut sichtbar und klug ist hier auch die Stadtinformation angesiedelt, die jede Menge Tipps für Entdeckungen bereit hält. Man fühlt sich willkommen.

Ansonsten hat die Stadt bis auf das Antikriegsmuseum stadtauswärts am Hang zum Oderbruch kaum etwas Er-wähnenswertes zu bieten.

Zum Gedenken an die Gefallenen

■ **Gedenkstätte Seelower Höhen**

Am Rand des Ortes erhebt sich das monumentale Ehrenmal eines sowjeti-schen Soldaten unübersehbar aus einer Senke. Mit umgehängter MPi-41 schaut er heroisch über das Schlachtfeld des Oderbruchs. Der Bronzesoldat ist ein Werk des sowjetischen Bildhauers Lew Kerbel, das 2002 restauriert wurde. Auf dem Vorplatz des Museums stehen ein Geschütz, ein T-34-Panzer und der von der Wehrmacht gefürchtete Raketen-werfer, der von den sowjetischen Solda-ten, mit einer weiblichen Endung verse-hen, liebevoll Katjuscha genannt wurde. Von den deutschen Soldaten ging der Geschosswerfer als ›Stalinorgel‹ in den Sprachgebrauch ein.

Im Museum ist die Schlacht dokumen-tiert. Tagebuchaufzeichnungen sind zu lesen über das Elend der deutschen Sol-daten, die im Aprilschlamm des Oder-bruchs starben, und Briefe von Ehefrau-en der Vermissten, die über die letzten Lebensstunden der Gefallenen von über-lebenden Kameraden Näheres erfahren wollten.

Anfang der 90er Jahre wurden ganze Busladungen mit ehemaligen deutschen Kriegsteilnehmern aus ganz West-deutschland hierher gekarrt. Sie stan-den auf den Höhen und spielten ihre Strategiespiele – was wäre gewesen wenn. Die Brücher standen staunend und irritiert daneben. Mag man über die Schule in der DDR denken, was man will, doch konsequent wurde der Zweite Weltkrieg als deutscher Vernichtungs-feldzug behandelt. Und jetzt fanden diese Gespräche statt, die 40 Jahre lang so nicht geführt werden konnten.

Besucher der Ausstellung erfahren an-hand von Exponaten und Beschilderun-gen, was Fahnenflucht und standrechtli-che Erschießung bedeuteten. Ansonsten erfährt man den technischen Ablauf der letzten großen Schacht des Zweiten Welt-kriegs. Bespickt mit Daten und Fakten, der Auflistung der Verluste auf beiden

Seiten, Fotos von Soldaten im Schlamm, den zerstörten Ortschaften danach, der Bestattung von deutschen Kriegstoten bis heute. Plastisch mit soldatischen Accessoires und persönlichen Berichten und Briefen von der Front versehen.

Die Ausstellung wirkt wie der hilflose Versuch, die sehr einseitige Geschichtsdeutung der DDR auf gar keinen Fall fortzusetzen und es nun allen anderen Seiten recht zu machen. Das heißt, man beschränkt sich auf die Darstellung technischer Abläufe, ohne die Zusammenhänge und die Voraussetzungen dieses Krieges ausreichend zu beleuchten. Weshalb, woher und warum es diesen Krieg gab, erfährt der Besucher nicht. Täter-Opfer-Konturen verwischen, wie auch die politischen Hintergründe verschwimmen. Und so bleibt dieser Ort ohne politische Vorbildung schwer verständlich. Immerhin hält die Ausstellung zumindest das Gedenken an die Gräuel eines Krieges wach.

Die Umgebung Seelows

Schaut man von den Seelower Höhen hinunter auf die Bruchlandschaft, auf die im Frühjahr prächtig blühenden riesigen Felder, wird die Vergangenheit nebensächlich. Auch dieser Teil des Oderbruchs war vor hunderten von Jahren sumpfiges Land, das Friedrich Wilhelm I. (1688–1740), der Soldatenkönig, trockenlegen und kultivieren ließ.

Obwohl er in der Betrachtung viel schlechter als sein Sohn abschneidet, dessen Faible für Soldaten und Disziplin den Ruf Preußens begründete, führte er im Gegensatz zu Friedrich II. keinen maßgeblichen Krieg, und er ließ mehr Morgen Land als sein Sohn urbar machen. Allerdings tat er dies weniger spektakulär als sein Nachfolger, was dessen Würdigung im oberen Teil des Oderbruchs, wegen der Verlegung und Kanalisation der Oder, wiederum rechtfertigt.

Das Bruch ist somit auch das Ergebnis eines produktiven Vater-Sohn-Konfliktes, und was der Vater auf Grund seines Alters nicht mehr umsetzen konnte, vollendete sein Sohn.

Die Landschaft erscheint wüst, die Felder noch ausgedehnter als die weiter nördlich gelegenen. Die mit Betonplatten befestigten Fahrspuren enden beinahe immer auf Feldern. Die darin vereinzelt stehenden Gehöfte sind die einzigen Belege dafür, nicht ganz in der Weite verloren zu sein. Wenn hier Regen

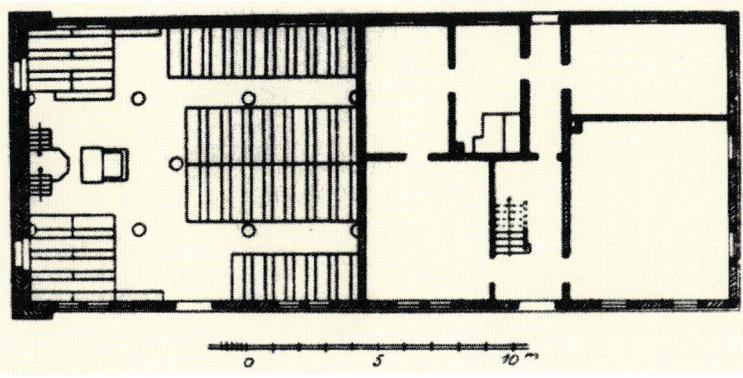

Grundriss des Schul- und Bethauses in Altlangsow

Das südliche Oderbruch

fällt, ist die Tristesse ebenso groß, wie die Felder weit sind.

Unweit von Seelow erreicht man so über Umwege das Dörfchen **Altlangsow**. Erwähnenswert ist der Ort durch sein **Schul- und Bethaus.** Karl Friedrich Schinkel fertigte in seiner Funktion als Preußens oberster Architekt Pläne für sogenannte kleine evangelische Gemeinden. Dieses Schul- und Bethaus ist eine Variante davon. Eine Trennwand teilt den 27 Meter langen Backstein-Fachwerkbau in der Mitte in Schule und Kirche, holzverkleidete Säulen gliedern den Kirchenteil in ein Hauptschiff mit Tonnengewölbe und zwei schmalere, flachgedeckte Seitenschiffe. Als Sängerempore wurde ein Teil des Dachgeschosses der Schule ausgebaut. Durch ein großes, halbkreisförmiges Fenster an der westlichen Giebelwand strömt Licht.

Seit 1988 dient das Haus als Begegnungsstätte. Ein rühriger Förderverein organisiert Ausstellungen, Keramiksymposien, Konzerte und Lesungen. Im ehemaligen Pfarrhaus nebenan lebte Werner Stötzer (1931–2010) zusammen mit seiner Lebensgefährtin, Bildhauerkollegin und Verwalterin seines Nachlasses Sylvia Hagen. Im Garten des Hauses stehen Plastiken, sie korrespondieren mit der sie umgebenden Landschaft. Viel mehr ist im Ort nicht auszumachen.

Nicht weit von diesem Dorf befindet sich **Neulangsow**, eine der sechs Wollspinnersiedlungen, die während der Kolonisierung durch Friedrich II. angelegt wurden. **Sophienthal** und **Sydowswiese**, nicht weit von hier an der Oder gelegen, gehörten ebenfalls zu diesen speziellen Neugründungen. Der Bedarf an Uniformen war in jener Zeit erheblich gestie-

gen, und so ließ der König in dem neu gewonnenen Landstrich diese Nachfrage befriedigen.

Das Lebuser Land

Als Lebuser Land wird eine Landschaft zu beiden Seiten der Oder bezeichnet, die ihren Namen möglicherweise dem Wilzenfürsten Liubus verdankt. Er wird 823 genannt und war der Fürst eines seit dem 10. Jahrhundert als Lutizen bezeichneten slawischen Stammesverbandes. Die Stadt Lebus soll nach ihm benannt worden sein und somit auch dieser Landstrich. Hier erinnert kaum etwas an die weite, platte Felderlandschaft östlich von Seelow.

Zum geographischen Südpunkt des Oderbruchs, dem Städtchen Lebus, das inmitten des Lebuser Landes liegt, gelangt man über hügeliges Land auf der gut befahrenen B 167 Richtung Frankfurt/Oder.

Friedersdorf und Dolgelin

Nur wenige Kilometer südlich von Seelow liegen die Orte Friedersdorf und Dolgelin. Beim Durchqueren von **Friedersdorf** fällt mitten im Dorf der alte Speicher auf, der als **Kunstspeicher** genutzt wird. In ihm finden Theatervorführungen, Konzerte und Lesungen statt, und in einer Dauerausstellung kann man über die Geographie, die Geschichte, die Entstehung der Landschaft in der Eiszeit und die Bildung von Ortsnamen in Märkisch Oderland Aufschlussreiches erfahren. Bilder und Plastiken von Künstlern aus der Region sind ebenso zu sehen wie die funktionstüchtigen technischen Einbauten im Speicher von 1920. In der ersten Etage befindet sich eine

Das südliche Oderbruch

Eine der Figuren Werner Stötzers in Altlangsow

Verkaufsausstellung mit Produkten aus der Region wie allerlei Töpfer- und Korbwaren, Senf und Essig. Kunst und Baumwollkleidung fehlt ebenso wenig wie hilfreiches Informationsmaterial über das Oderbruch. Erwähnenswert ist auch das ›Wirtshaus im Speicher‹, in dem man nicht nur für Oderbruchverhältnisse außergewöhnlich gut essen kann.

Die Geschichte Friedersdorfs beginnt mit der Gründung des Bistums Lebus im Jahre 1133, aber erst 1323 findet man in einem Testament die Ersterwähnung des Dorfes als ›Frederichsdorf‹, Dorf des Frederik. Von 1441 bis 1529 war die Familie von Schapelow Lehnsherr. Die Familie blieb ohne Erben, und so übertrug Kurfürst Joachim das Lehen dem Melchior Phuel zu Quilitz. Ein Darlehen von Generaloberst Joachim von Görtzke zahlte er nie zurück, und so blieb Friedersdorf im Pfandbesitz derer von Görtzke. 1682 ging das ganze Gut durch Heirat an die Familie Hans-Georg von der Marwitz. In dieser Familie blieb es bis zur Enteignung 1945.

Seit 1991 lebt der Landwirt Hans-Georg von der Marwitz mit seiner Frau und seinen vier Kindern in Friedersdorf. Hier betreibt er ein Agrarunternehmen, das zum Teil Flächen nutzt, die früher seiner Familie gehörten, nach 1945 enteignet wurden und die er zurückgekauft hat. Außerdem ist er Geschäftsführer des Lokals im Kunstspeicher und engagiert sich in zahlreichen Gremien für das Wohl Friedersdorfs.

Auf dem Friedhof der **Barockkirche**, die bereits im 13. Jahrhundert erwähnt und im Dreißigjährigen Krieg zerstört wurde, liegt von Görtzke, der auch das Gotteshaus im Zeitgeschmack des 17. Jahrhunderts wieder aufbauen ließ. Der nächste Ort auf dem Weg nach Lebus heißt **Dolgelin**. Das Dorf ist interessant, weil es nach der Niederlage Napoleons und der folgenden Neuaufteilung Europas vom Wiener Kongress als der Mittelpunkt Preußens bestimmt wurde.

Lebus

Wenige Kilometer hinter Dolgelin hat man bereits die Vororte der Stadt Lebus erreicht, überquert noch die Bundesstra-

▲ *Der Kunstspeicher in Friedersdorf*

ße 112, die hier stetig ansteigt, und folgt weiter der schnell zur Oder hin abfallenden Straße. Die Stadt ist auf einem zu allen Seiten steil abfallenden Bergrücken von 550 Meter Länge und bis zu 100 Meter Breite erbaut, Querrinnen gliedern das Gelände, drei Bergrücken erheben sich auf Höhe der verlassenen Straße, die von der Oder aus gesehen wie ein Mittelgebirgsmassiv erscheinen. Es sind der Pletschen-, der Schloss- und der Turmberg, auf denen sich eine etwa fünf Hektar große, dicht bebaute und durch Holz-Erdwälle, später durch Mauern geschützte Siedlung befunden haben muss.

Ein fünf Meter tiefer Schacht mit menschlichen Skeletten weist auf Opferhandlungen in der Mitte der frühen Eisenzeit (ca. 800 bis 100 v. Chr.) hin, aber andere Funde belegen eine Besiedelung schon in der jüngeren Bronzezeit (ca. 1200 bis 700 v. Chr.). Der Ort war ein slawisches Zentrum und Rückzugsgebiet der sogenannten Frankfurter Siedlungskammer um die Oder herum. Von etwa 500 v. Chr. an blieb das Gebiet um den Burgberg unbewohnt. Er wurde erst im 8. bis 9. Jahrhundert von Slawen erneut mit Erd- und Holzwällen befestigt und diente etwa 500 Jahre lang als Volksburg. Bis in das 13. Jahrhundert blieb es das polnische Land Lebus. Von hier wurde die Handelsstraße Magdeburg–Poznań (Posen) kontrolliert.

Nach dem Zerfall des polnischen Großreichs 1138 war das strategisch bedeutende Gebiet Spielball unterschiedlicher Interessen, bis es 1226, mit deutschem Stadtrecht ausgestattet, Bischofssitz wurde, der dann nach der wiederholten Zerstörung seiner Kathedrale 1373 unter Karl IV. seinen Sitz in Fürstenwalde nahm. 1250 ging es endgültig vom polnischen in deutschen Besitz über. Mitte

Blick vom Schlossberg

des 13. Jahrhunderts wurde Frankfurt als Stadt durch die Askanier gestärkt, und Lebus fiel in die Bedeutungslosigkeit eines kleinen Ackerbürgerstädtchens zurück.

■ Sehenswürdigkeiten

Es ist wenig Betrieb in der Stadt von rund 2000 Einwohnern, die mehr wie ein verschlafenes Dörfchen wirkt. Nur einige kleine Ausflugslokale lassen auf einen historisch bedeutenden Ort an der ehemaligen Furt über den Fluss schließen, dort wo sich Handwerker- und Kaufmannssiedlungen im 11. bis 12. Jahrhundert befunden haben.

Ein **Grenzpfahl** markiert heute die östliche Grenze Deutschlands. Wendet man sich zur Stadt, thront auf einer dem Turmberg vorgelagerten Anhöhe die **Pfarrkirche St. Marien**, ein Putzbau von 1810. Neben zwei Grabtafeln an der Außenwand der Kirche, gewidmet Johann Friedrich Hille (gest. 1731) und der Ehefrau des Hans zu Lebus (gest. 1522), sind noch die Grundmauern des ursprünglichen Kirchbaus zu sehen, der 1803 abbrannte.

Wer den Weg nach oben wählt, wird in mehrfacher Hinsicht belohnt. Weniger der Tourist, der es gewohnt ist, die Informationen über Daten und Fakten zum zu besichtigenden Ort in einer bekömmlichen Form präsentiert zu bekommen, wird befriedigt als vielmehr der Entdecker in ihm. Neue Wohnhäuser sind an den Hang gebaut. Auf der breiten Freifläche entdeckt man, wenn man weiß, wo man suchen muss, die bei Ausgrabungen in den 1990er Jahren freigelegten Grundmauern einer **Wehrmauer** und ihrer drei Schutztürme. Eine Schautafel gibt desorientierende Hinweise, da der Standort des Interessierten nicht eingezeichnet ist und man somit eher Vermutungen anstellt. Die Mischung aus frühgeschichtlichen Besiedelungsüberresten und neuen Einfamilienhäusern, so arglos nebeneinander, mit dem phantastischen freien Blick über die Oder, weit ins polnische Land, lässt den eigentlichen Grund für die Besiedelung dieses privilegierten Standortes in neuzeitliche Schwärmerei versinken: Es war die Angst vor Hochwasser und den wechselnden Feinden.

Von Lebus nach Gorgast

Es geht den Hügel vor Lebus wieder hinauf und auf der Bundesstraße 112 zurück in die vertraute Landschaft, in das Oderbruch um Seelow herum. Die Straße fällt allmählich ab, und das Blickfeld weitet sich angenehm. Das Feldermeer würde den Reisenden bis nach Gorgast, dem Dörfchen zwischen Seelow und Küstrin begleiten, würde nicht rechter Hand ein langgestreckter Hügel, der **Reitweiner Sporn**, den Blick verstellen. Von der Lebuser Hochfläche springt

dieser, bildhaft als Reitweiner Nase bezeichnet, in die Oderaue vor. Er trennt das Lebuser Bruch vom Oderbruch. Folgt man am Abzweig der Straße zum Dörfchen Reitwein, gelangt man zum Tor eines reizvollen Areals, in dem sich slawische Historie, Preußische und Zweite Weltkriegsgeschichte sowie botanische Kleinode finden lassen.

Reitwein und Umgebung

Das am alten Hauptarm der Oder gelegene Dorf Reitwein wurde als ›Rhuthewyn‹ erstmals 1316 erwähnt. Einen markanten Blickfang bietet die backsteinerne **Kirche**, die nach Entwürfen des Schinkelschülers Friedrich August Stüler (1800–1865) wegen der nahen Oder auf einem Hügel erbaut wurde. Hervorzuheben sind die Schmuckelemente aus 63 verschiedenen Formsteinen, die verwendet wurden. Die imposante Größe des Baus erklärt sich durch ein Schloss in diesem Ort, das 1945 wie auch die Kirche selbst zerstört wurde. Von dem Schloss ist nichts mehr vorhanden, auf der Fläche des ehemaligen Schlossparks befindet sich heute der **Sowjetische Ehrenfriedhof**.

Der Sakralbau wird von einem Förderverein nach und nach wiedererrichtet. Bänke stehen aufgereiht im dachlosen Kirchenschiff vor der zur Bühne für Benefizkonzerte umfunktionierten Apsis. An den noch nicht sanierten Ziegelwänden sind Einschusslöcher zu erkennen. Kritzeleien in kyrillischer Schrift, eingeritzte russische Namen erzählen von den Kämpfern, den Befreiern, die hier für einen Augenblick wieder zu Touristen wurden, bevor ihr Weg im Frühjahr 1945 weiter in Richtung Berlin führte. Andere Schmierereien erzählen vom kindlichen Liebespaar, dem ersten Kuss an einem versteckten Ort.

Karte S. 40 ▲

Ungewöhnlicher Anblick: die mächtige Stülerkirche

Fährt man links vor der Kirche in den dichten Wald hinein, gelangt man zu den Resten einer historisch bemerkenswerten, konzentrisch angelegten **slawischen Burganlage**. Man erkennt noch zwei etwa acht Meter hohe Erdwälle, innerhalb dieser erahnt man auf den grasbestandenen 36000 Quadratmetern die ehemalige Siedlungsfläche einer slawischen Volksburg, die sich heute wunderbar als Rastplatz während eines Ausflugs eignet. Die Anlage wurde 1930 freigelegt und gilt als eines der schönsten Bodendenkmale der Gegend.

Wählt man an der Kirche den anderen Weg in den Wald, weist ein Hinweisschild zum **Shukow-Bunker**, der sich oberhalb der alten Lehmgrube befunden hat. Marschall Shukow leitete von hier den Sturm der Roten Armee auf die Seelower Höhen.

Heute ist Reitwein überregional durch seinen Heiratsmarkt bekannt. 1921 hatte ein Gastwirt die umsatzträchtige Idee, aus dem jährlich eine Woche nach Pfingsten stattfindenden Fest des Männergesangsvereins einen Heiratsmarkt zu machen. Auch heute noch kann man sich dort kennenlernen und sogleich auf dem ›unordentlichen Standesamt‹ für 24 Stunden auf Probe heiraten.

Der südliche Ausläufer des Reitweiner Sporns gehört zu **Podelzig**, einem Dorf, das keinen eigentlichen Kern besitzt, sondern aus mehreren Ortsteilen besteht. Bemerkenswerter als Podelzig selbst, das am Ende des Zweiten Weltkrieges zu großen Teilen zerstört wurde, sind die in der Gemeinde liegenden **Naturschutzgebiete Priesterschlucht und Zeisigberg**. Auf dem 6,4 Hektar großen Gebiet um den Zeisigberg herum bietet sich eine schützenswerte, selten anzutreffende Steppenvegetation. Hier im Naturschutzgebiet gedeiht das in Deutschland seltene Adonisröschen. Seine gelben Blüten leuchten Ende April und werden zu einem Naturteppich, der die kriegerische Vergangenheit dieses Landstrichs vergessen macht. Aber auch Lebensräume anderer Pflanzen werden hier geschützt, wie die Wiesenkuschelle oder das Echte Federgras. Der Feldulmen-Mischwald am Südhang ist ein kleiner Rest der in diesem Gebiet einst weit verbreiteten Ulmen-Hangwälder.

Eine weitere für Mitteleuropa einzigartige **Steppenvegetation** kann man westlich von Mallnow erleben. Die Höhenlage und die steil abfallenden und warmen Süd- und Südosthänge des 9,4 Hektar großen **Naturschutzgebietes Pontische Hänge** und der kalkhaltige Boden lohnten keine landwirtschaftliche Nutzung, wodurch sich hier trotz der klimatisch veränderten Verhältnisse in unseren Breiten eine Mittelmeerlandschaft erhalten hat. Auch hier findet man im Frühjahr das Adonisröschen.

Manschnow

Manschnow wirkt sehr auseinandergezogen, weit dahin gestreute Häuser, umgeben von Gärten und Feldern. In dieser Region schlossen sich bereits 1911 die Gemüsebauern auf bürgerlich-genossenschaftlicher Grundlage zusammen. Schon lange zuvor war das Oderbruch unter Friedrich II. zum Gemüsegarten Berlins avanciert. Das blieb auch während der DDR so.

Viele Oderbruchbauern bieten heute auf den zahlreichen Berliner Märkten und Ökomärkten ihre Produkte an. Auch heute noch besticht das Obst unter dem Label ›aus der Region‹ durch seinen Geschmack, und an mancher köstlichen Kartoffel vom Berliner Markt klebt noch die Erde des Oderbruchs.

Im April 1945 rannten in der letzten großen Schlacht des Zweiten Weltkrieges sowjetische und polnische Verbände sieben Mal gegen die Festung Küstrin, gegen die Truppen der deutschen Wehrmacht an, bevor sie sich mit der Hauptmacht der Roten Armee mit ihren Brückenköpfen bei Kienitz und Reitwein

vereinigen konnten und so nach der Eroberung des Oderbruchs der Weg nach Berlin freigekämpft war. Bei diesem Vor und Zurück der Truppen hörten der kleine Ort Kietz und die jetzige polnische Stadt Kostrzyn (das frühere deutsche Küstrin) beinahe gänzlich auf zu existieren. Auch waren viele andere Ortschaften bis hinauf nach Wriezen fast völlig zerstört. Die Verluste, vornehmlich auf sowjetischer Seite, waren enorm.

Küstrin-Kietz/Kostrzyn

Die ehemalige Heerstraße, die B 1, endet gemeinsam mit dem Dorf Kietz an der Oderbrücke und dem Grenzübergang nach Kostrzyn. Von Seelow führt die breite Chaussee beinahe schnurgerade die Lebuser Höhen hinunter, durch die Felderlandschaft des Oderbruchs.

Die gesamte Umgebung von Kietz macht einen wüsten Eindruck. Felder liegen brach, Unkraut sprießt aus dem fruchtbaren Boden. Ehemalige landwirtschaftliche Großbetriebe, verlassene Stallgebäude, zertrümmerte Gewächshäuser, rostende Heizungsrohre – ein trauriges Bild so viele Jahre nach der Wende. Jedoch sind auch zaghafte Ansätze landwirtschaftlicher Weiternutzung erkennbar.

Die Ebene ab Manschnow, zwei Kilometer vor Kietz, scheint unnatürlich geformt. Es sind Spuren des Zweiten Weltkrieges, provisorisch zugeschaufelte Laufgräben und Granattrichter, deren Auffüllungen mit den Jahren nachgaben. Die Gebeine getöteter Soldaten befinden sich teilweise noch immer in der Erde. Gelegentlich entdecken Bauern beim Pflügen ihrer Felder noch Gewehre, Munition und Stahlhelme.

Im Frühjahr 1945 schlossen sich die Bewohner des Oderbruchs den Flüchtlingstrecks aus den deutschen Ostgebieten

Karte S. 40

▲ *Zeichen des Krieges*

Die Oder bei Küstrin

an. Die sowjetischen und polnischen Verbände kämpften in der Kietzer Ebene frontal gegen die Festung Küstrin an. Flankiert von den Reitweiner und Kienitzer Verbänden, rannten sie im siebenmaligen Vor und Zurück im Oderbruch gegen das letzte Heeresaufgebot der Wehrmacht an, bevor die Seelower Höhen erobert und damit der Weg nach Berlin freigekämpft war. In diesen Tagen hörte Kietz-Küstrin, beinahe das gesamte Terrain, auf zu existieren.

In Kietz verlaufen die Bahngleise parallel zur Straße, verzweigen sich dann. Der Bahnhof wirkt verlassen, wenige Güterwaggons sind abgestellt, mehrmals am Tag hält die Regionalbahn. Es gibt viele Pläne und noch mehr Spekulationen. Die ausgebaute Straße bis Seelow und der Bau einer neuen Eisenbahnbrücke bei Küstrin künden davon.

Im Zuge der Osterweiterung der EU ist geplant, Autotrassen durch das Oderbruch zu legen und es somit zu zerschneiden. Welche strategische Bedeutung dabei der Bahnhof in Kietz einnehmen wird, ist noch ungeklärt. Bisher ist der Ausbau nur ein Planspiel, das sich allerdings bedrohlich und kontinuierlich durch die Instanzen arbeitet. Selbst das Gerücht, das Oderbruch hier wieder zu fluten, hält sich hartnäckig.

■ Sehenswürdigkeiten

Kietz, nach 1945 ohne Ortskern mit Trümmersteinen weitläufig am Oderlauf wieder aufgebaut, ist ein kleines Dörfchen. Ebenso lieblos wurde das völlig zerstörte Küstrin-Neustadt auf der östlichen, nach 1945 polnischen Seite der Oder als Kostrzyn wieder aufgebaut. Das deutsche Dörfchen Kietz nennt sich heute wieder Kietz-Küstrin und die ganze Gegend wieder Küstriner Vorland.

Zu diesen beiden Ortschaften würde man wohl nicht aufbrechen, wären da nicht die **Reste der Festung**, zu der man gleich hinter der deutsch-polnischen Grenze mühelos gelangt. In ihren Mauern befand sich Küstrin-Altstadt, von der bis auf die Grundmauern nichts mehr zu erkennen ist.

Bei Kietz verzweigt sich die Oder und umschließt eine kleine **Insel**, die noch zu Deutschland gehört. Auf ihr stehen die verlassenen Gebäude einer russischen Kaserne, die 1902/03 als preußische Kaserne erbaut wurde. Die Insel war bis vor kurzer Zeit militärisches Sperrgebiet und für Einheimische wie auch für Touristen unerreichbar. Heute befinden sich dort einige dank ABM angelegte Wanderwege, doch die Hinterlassenschaften der kriegerischen Geschichte verhindern eine weitere Nutzung der Insel. So kann hier ein Naturparadies gedeihen. Erhebliche Reste von Weichholzauwald, in dem die autochthone Schwarzpappel zahlreich vertreten ist, sowie Reste von Hartholzauwald findet man dort.

Das südliche Oderbruch

Im ›brandenburgischen Pompeji‹

Über eine weitere Brücke verlässt man die Insel und Deutschland. Schon am Grenzübergang erkennt man eine Bastion, die zur Straße hervorspringt.
Es ist kaum noch vorstellbar, dass erst 1992 der Übergang wieder eröffnet wurde. Bis dahin fristete Kietz ein Schattendasein. Am 22. November dieses Jahres, es war ein verregneter Samstag, plärrte Blasmusik auf beiden Seiten der Oder, Menschen formierten sich, gingen aufeinander zu. Auf der Mitte der Brücke trafen sich die Bürgermeister der beiden Orte und durchschnitten pathetisch ein Band. Der polnische Marschblock war etwas bunter, unerwiderte Festtagsstimmung trugen sie über die Brücke zur offiziellen deutschen Formation.
Das Dorf Kietz schien bis auf die medienbewusste Inszenierung am Fluss das Ereignis zu verschlafen. Während in Kostrzyn beinahe jeder auf der Straße schien, in den Straßen Familien flanierten, gab es im menschenleeren Imbissteil einer Bäckerei im deutschen Dorf Kietz vertrockneten Pflaumenkuchen.

Inzwischen sind zumindest die sogenannten Polenmärkte von Deutschen stark frequentiert. Auf ihnen kann man von Gartenzwergen und Haushaltswaren bis hin zu Textilien alles und nichts kaufen. Allmählich entwickelten sich die Märkte zu fest gebauten etablierten Handelszentren. Tankstellen und Restaurants gesellten sich dazu, und selbst die Haare lassen sich hier viele Deutsche für wenig Geld schneiden.
Von den Sehenswürdigkeiten wie der Festung und der Geschichte Küstrins wissen viele leider kaum etwas. Noch im 11. Jahrhundert war es ein polnischer Burgort. 1261 wurde er von den Askaniern zur Stadt erhoben. Joachim I. teilte 1536 unter seinen beiden Söhnen Joachim und Johannes die Mark in zwei Teile auf. Markgraf Johannes erhielt die kleinere Neumark rechts der Oder und machte Küstrin 1536 zur Residenzstadt. Er ließ das erste Schloss und die Festung bauen, gilt daher als der ›Vater‹ Küstrins und wurde vom Volksmund ›Hans von Küstrin‹ genannt. Er förderte den Handel und die Wirtschaft seines Gebietes und war wegen seiner Sparsamkeit bekannt. Der italienische Baumeister Goromella leitete den Bau der Festung Spandau, zeitgleich auch den der Festung Küstrin; beide Anlagen gehören zu den sechs brandenburg-preußischen Bastionen, die in jener Zeit entstanden.
Durch die strategische Lage zwischen Oder und Warthe war die Altstadt mehrmals umkämpft, wurde einige Male eingeäschert und entstand jedesmal neu. In den Kämpfen 1945 wurde die Altstadt Küstrins zur Trümmerwüste, in den 60er Jahren wurden die Überreste des Schlosses gesprengt und als Baumaterial für den Wiederaufbau Warschaus genutzt. Die **Festung** überstand das Inferno des letzten Krieges. Von der **Altstadt** blieben

Karte S. 40

nur Mauerreste, Kellereingänge und Überbleibsel des alten Straßenpflasters. Doch wer die Rekonstruktionskünste der Polen und die nach dem Krieg originalgetreu wiederaufgebauten Altstädte in Warschau, Breslau und Danzig kennt, wird die Pläne auf polnischer Seite, die Küstriner Altstadt samt Schloss wiederherzustellen, nicht als reine Phantasterei abtun können. Bis jetzt haben unsere Nachbarn mit enormem Aufwand die Überreste vom Schutt, Schrott und überwucherndem Unkraut freigelegt, so dass die Konturen auch der deutschen Geschichte wieder zu erkennen sind. Wie lange der Wiederaufbau dauern wird, ist ›nur‹ eine Frage des Geldes. Und vielleicht beteiligen sich die Deutschen an der Rekonstruktion ihrer Geschichte.

Dabroszyn

Von Kostrzyn führt die Straße 22 nach Dabroszyn, dem ehemaligen Tamsel. Nach rund sechs Kilometern hat man dieses Dorf mit seinem **Schloss** und der **Kirche** erreicht.

Der Herrenhof wurde ursprünglich durch den Feldherrn Hans Adam von Schöning im barocken Stil von 1680 bis 1690 erbaut. Auch ein dazu gehöriges Vorwerk entstand im 17. Jahrhundert. Beide Bauwerke wurden später mehrfach umgebaut. Berühmt wurde das Schloss, weil dort Kronprinz Friedrich, der spätere Friedrich II., eine Romanze mit der schönen Herrin von Wreech gehabt haben soll. Möglicherweise hat sie ihn über den Verlust seines Freundes Katte hinweggetröstet, der kurz zuvor in Küstrin enthauptet worden war. Das Schloss ist von einem **Landschaftspark** umgeben, in dem man mehrere gut erhaltene Skulpturen, den Cäcilienpavillon und imposante Bäume entdecken kann. Gegenwärtig wird das Schloss restauriert. Man kann sich schon jetzt auf die Fertigstellung freuen und auf einen Besuch der Festung und des Schlosses Tamsel samt seinem Park gespannt sein. Das Herrenhaus soll zukünftig übrigens ein Hotel und den Sitz der Euroregion Pro Europa Viadrina beherbergen.

Das südliche Oderbruch

Die Schlosskirche in Tamsel

Friedrich und Katte

Friedrich Wilhelm I. (1688–1740) – allgemein ›Soldatenkönig‹ genannt – hatte einen erstgeborenen Sohn, der später König von Preußen werden musste. Dies war Friedrich II. (1712–1786), später als ›Friedrich der Große‹ populär und bis heute volkstümlich auch ›Der alte Fritz‹ genannt. Beide sind in die Geschichte eingegangen, jener eine als gestrenger Landesherr und rigider Vater, dieser als für damalige Zeiten liberaler Herrscher, aber auch als musischer und philosophischer Kopf, der sich den strafenden Attitüden seines Vaters gern entzog. Während der Vater gern ›Spießruten laufen‹ und seine langen Kerls Parade aufmarschieren ließ, entwickelte sich der Sohn schnell zu einem künstlerisch begabten Menschen, zu ›Fréderic le philosophe‹, wie man ihn nannte. Der Soldatenkönig übrigens blähte zwar sein Militär zu einer in Europa gefürchteten Streitmacht auf, führte aber ganz im Gegensatz zu seinem Nachfolger keinen Krieg.

Der autoritäre Bildungsfeind Friedrich Wilhelm verbot seinem Sohn eine künstlerische Ausbildung und sogar den Lateinunterricht. Der junge Friedrich wollte, weil ›dero Vater immer ungnädiger geworden‹, als 17-jähriger 1729 das Land verlassen. So entwickelte sich ein Vater-Sohn-Konflikt von großer Tragweite. Friedrich begann sich der strengen Hand des Vaters zu verweigern und plante, sich mit seinem Freund Hans Hermann von Katte (1704–1730) in der Welt umzusehen, statt die erdrückende Zucht des Vaters weiter zu erdulden. Die Pläne der beiden Freunde blieben bei Hofe nicht unbemerkt. Der Soldatenkönig erhielt von den Fluchtplänen Kenntnis und drohte jedem möglichen Aufenthaltsort, jedem Asylland mit Krieg.

Am 16. August 1730 ließ er seinen Sohn verhaften und in die Festung Küstrin bringen. Katte kam ebenfalls in Arrest und zwar in Berlin. An ihm ließ Friedrich Wilhelm seine Wut ab. Immer wieder ließ er Katte verhören und sogar foltern, er selbst misshandelte ihn mit Stock und Stiefeln. Am 28. Oktober 1730 verurteilte ein Kriegsgericht den 28-jährigen Katte zu lebenslanger Haft. Dieses Urteil änderte der Soldatenkönig am 3. November 1730 eigenhändig in die Todesstrafe um.

Um seinem Sohn Friedrich eine bleibende Lektion zu erteilen, schickte Friedrich Wilhelm Katte mit militärischer Begleitung nach Küstrin, um ihn dort, vor den Augen seines Sohnes, enthaupten zu lassen. Es ist allerdings bis heute umstritten, ob Friedrich tatsächlich der Tragödie zuschauen musste oder nur in der Nähe der Hinrichtungsstätte war. Nichts hatte den gestrengen Vater umstimmen können, selbst nicht die Bereitschaft Friedrichs, auf den Thron zu verzichten.

Die Strafaktion war mit der Hinrichtung Kattes für Friedrich noch nicht beendet. Zwei Jahre lang musste er ›in halber Freiheit‹ im Oderbruch und auf der Festung Küstrin zubringen. Diese Zeit nutzte Friedrich, um sich mit allen wirtschaftlichen und politischen Fragen dieser Region zu beschäftigen. Er lernte die Verwaltung einer Provinz kennen, und in dieser Zeit muss auch der Plan gereift sein, das Oderbruch zu kultivieren. Dieser fruchtbare, jedoch von zahlreichen Überschwemmungen der Oder geplagter Landstrich sollte dauerhaft besiedelt werden. Friedrich ließ sein gigantisches Trockenlegungsprojekt von dem Mathematiker Leonhard Euler begutachten, der es zur Ausführung empfahl. 1746, nun als preußischer König, verfügte Friedrich II. die Verlegung des Oderlaufs auf 20 Kilometern.

Nach der Vollendung, 1763, ließ sich Friedrich II. im Fährkrug bei Freienwalde Bericht erstatten. Die dankbaren Neubürger hatten ihr bestes Tuch angelegt und sich dort versammelt. Friedrich II. war gerührt und rief aus:»Ich habe eine Provinz gewonnen!« In den Folgejahren wurde dieser Ausspruch zu: ›Hier habe ich im Frieden eine Provinz erobert‹ glorifiziert. Doch für diesen Wortlaut fehlen die Beweise.

Die Überführung Kattes nach Küstrin vom 3. bis zum 5. November 1730
1. Tag, 3. November 1730
Das Kommando, das Katte innerhalb von drei Tagen nach Küstrin überführte, bestand aus 30 Pferden, einem Rittmeister, einem Leutnant und zwei Unteroffizieren, die neben der Kutsche ritten. Im Wagen selbst saßen Major von Schack, der Feldprediger Müller, ein Unteroffizier und Hans Hermann v. Katte. Der Troß verließ Berlin durch das Landsberger Tor. Es wurde nur am Tage gefahren und als Unterkunft wurden nur Dörfer gewählt. Am Wasserlauf der Landwehr begann der Feldprediger ein ›Singen und Beten‹. Besonders das Lied ›Weg, mein Herz, mit den Gedanken‹ soll seine Wirkung bei Katte gezeigt haben. Im Quartier schrieb Katte einen Abschiedsbrief an seinen Vater, aß danach ein wenig und trank ›ein glas corsicanischen Weins‹.

2. Tag, 4. November 1730
Auf der Fahrt war er mitteilsam wie an jedem dieser Tage. Er sprach darüber, daß man ihn für einen Atheisten gehalten habe und versicherte, daß er immer eine Abscheu vor atheistischen Büchern gehabt habe. Seine Äußerungen entstanden nur, weil er seinen ›Verstand hätte sehen lassen wollen‹, und sie wurden in der Gesellschaft wohlwollend aufgenommen. Früh im Quartier angekommen, trank er Kaffee, ›der überhaupt sein bestes Labsal war‹.

3. Tag, 5. November 1730
Es war ein Regentag, an dem er gegen Mittag in Küstrin ankam. Hier erinnerte er sich an Markgraf Albrecht, den damaligen Herrenmeister des Johanniter Ordens von Sonnenburg, eineinhalb Kilometer östlich von Küstrin. Dort wurde Katte zum Ritter geschlagen und in den Orden aufgenommen. Die höchste Ehre in seinem Leben, wie er meinte. Dem Herrenmeister ließ er durch v. Schack seinen Respekt überbringen. Hinter der großen Oderbrücke vor dem Tor wurde v. Katte vom Platzkommandanten v. Reichmann empfangen, der ihn in eine Stube über dem Tore führte.
Am nächsten Morgen gegen 7 Uhr morgens wurde v. Katte enthauptet. Der genaue Ort der Hinrichtung ist nicht bekannt. Es muß zwischen Bastion Brandenburg und Schloß geschehen sein. Der Kronprinz und Freund Kattes mußte aus seinem Fenster zusehen.
Für den jungen Friedrich war die Hinrichtung seines Jugendfreundes ein Schock. Er selbst mußte nach der Hinrichtung noch zwei Jahre im freien Arrest im Oderbruch verbringen. Er lernte damals vieles über die Verwaltung eines Staates, und die Pläne zur Trockenlegung des Bruchs müssen damals in ihm gereift sein.

Nach Theodor Fontane

Gusow

Vom Bahnhof Gusow sind es nur wenige hundert Meter bis ins Dorf. Die Bundesstraße 167 schlängelt sich ohne Höhepunkte durch den Ort hindurch. Dennoch ist Gusow kein Straßendorf, es hat abseits der Hauptstraße einen versteckten Dorfkern. Gusow wird 1405 erstmals erwähnt als ›Guza‹, auf Deutsch etwas rätselhaft ›Knoten‹. 1413 werden Hans und Lorenz Beyer als erste Besitzer eines ›Festen Hauses‹ genannt. Später gelangte ›Guße‹ in den Besitz derer von Schapelow.

Haus an Haus, kaum eines geht über eine Fensterhöhe hinaus, geduckte Fachwerkhäuser, mit den Jahren grau geworden, häufig von außen mit Platten isoliert oder vereinzelt frisch getüncht, dann ist auch das Fachwerk dunkelbraun hervorgehoben – Gusow ist ein Dorf, das seine Reize sichtlich versteckt.

Eine schmale Straße biegt links von der Bundesstraße ab und vollführt nahezu einen Halbkreis durch den eigentlichen Dorfkern, bis sie wieder an der Hauptstraße endet. Hier steht das **Kirchlein**, das inzwischen wieder aufgebaut ist. Jahrzehntelang bot es einen traurigen Anblick. Es war nicht der Krieg, der seinen ruinösen Zustand verantwortete – nur der Turm wurde im Zweiten Weltkrieg gesprengt –, vielmehr führte der Bürgermeister in den Anfangsjahren der DDR seinen privaten Krieg gegen die Geschichte und ganz besonders gegen die Kirche. Er betrachtete ihre Bauwerke als steinerne Relikte einer verachtenswerten Vergangenheit und gab die Dorfkirche als Baumaterialienspender frei. Und während dieser Zeit wurde gar die Leiche Georg Derfflingers (1606–1695) aus der Kirchengruft gefleddert und das Gerippe in die Bäume gehängt. Ein braver Bauer soll diese gottlose Tat nicht

Georg Derfflinger (1606 – 1695), Zeichnung von Jürgen Fiene

ertragen und den Leichnam im Park vergraben haben. Wo, wird immer ein Geheimnis bleiben.

Die Kirche und das **Schloss mitsamt Park**, ebenfalls versteckt liegend, wurden zu einem Ensemble, das dem damaligen Besitzer, Georg Derfflinger, zu verdanken ist. Fontane schrieb in seinen Wanderungen durch die Mark: »Alles in Gusow, oder doch das Beste was es hat, erinnert an den alten Derfflinger: Schloß, Park, Kirche.« Heute ist die einst gerühmte landschaftlich-architektonische Geschlossenheit nur noch ansatzweise zu erahnen.

An Derfflinger kommt man in Gusow jedoch auch heute nicht vorbei. Die preußische Geschichte hebt ihn hervor, als einen der legendärsten und verwegensten Offiziere Brandenburg-Preußens, der es vom einfachen Soldaten bis zum Generalfeldmarschall brachte. Da sie Protestanten waren, mussten seine Eltern aus dem katholischen Österreich fliehen, wo er als ›geringer Leute Kind‹

zur Welt kam. Das Gerücht, er sei ein armer Schneidergesell gewesen, als er sich anwerben ließ, hielt sich erstaunlich lang, ebenso die Legende, weswegen er überhaupt zum Militär gekommen sei. Er soll auf Wanderschaft gewesen sein und wollte über die Elbe. Der Fährmann ließ ihn, arm wie er war, stehen und beförderte dafür ohne Honorar Soldaten über den Fluss. Er erklärte dem jungen Derfflinger, ›ja das sind Kriegsleute, die kommen überall auch ohne Geld durch‹. Daraufhin soll der Schneidergeselle Derfflinger sein Handwerkszeug in den Fluss geworfen und sich als Dragoner anwerben lassen haben.

Einer seiner herausragenden Siege war die Schlacht bei Fehrbellin, nördlich von Berlin, im Jahre 1675 während des Schwedisch-Brandenburgischen Krieges (1674–1679). Wenige Tage zuvor hatte der inzwischen 67-jährige, der vom Großen Kurfürsten immer wieder von seinem Schloss in Gusow zu Hilfe gerufen wurde, mit seinen Truppen, getarnt in schwedischen Uniformen, die Stadt Rathenow im Handstreich erobert. Später trieb er das schwedische Heer unter dem Feldherrn Carl Gustav Wrangel vor sich her und fügte den Truppen eine vernichtende Niederlage eben bei Fehrbellin bei.

Derfflinger war ein echter Haudegen, um den sich Anekdoten ranken. So wird berichtet, dass in einem Gefecht eine Musketenkugel seinen Hut durchschlagen habe. Der ›Kopf erhielt eine Drehung, die einen Ohnmachtsanfall verursachte, welcher bald vorüber, nachdem man dem biederen Feldmarschall rasch einen Schluck Wein gereicht.‹ Solche Schilderungen, die man bei Fontane nachlesen kann, taugen heute nurmehr als Sittengemälde der damaligen Zeit. Neben der kriegerischen Seite muss es

aber noch eine andere Seite in Derfflinger gegeben haben. Er war mit einer von Schapelow verheiratet, und als das Gut ihrer Eltern zwangsversteigert wurde, erwarb er Gusow und gestaltete den 90 Morgen großen Park mit exotischen Bäumen. Davon ist nur noch wenig zu erahnen, auch die als ›prächtige Roßkastanienallee‹ beschriebene Zufahrt zum Schloss ist heute lediglich der Phantasiewelt vorbehalten.

Der jetzige Schlossbesitzer, ein Berliner Architekt und Makler, erwarb, ganz im Sinne der Tradition, das Anwesen bei einer Auktion. Das Eigentümerehepaar erfüllte sich mit dem Schloss einen Traum. Die Mühsal, aus eigener Kraft die Geschichte zu interpretieren, ist den schleppenden Baumaßnahmen anzusehen. Doch Stück für Stück zeichnet sich ein Schlossensemble ab. Anders als in Neuhardenberg, wo in relativ kurzer Zeit das Schloss mit Mitteln der Sparkassenstiftung rekonstruiert wurde und auch großzügige Ergänzungsgebäude geschaffen werden konnten, wird in Gusow aus eigener Kraft gebaut. Hier die Schloss-

Schloss Gusow, Detail

brücke, da der Schlossgraben, die ehemaligen Sichtachsen im Schlosspark werden wieder hergestellt. Die Zimmer erleben eine ständige Aufwertung. In einem Standesamtzimmer werden Trauungen vollzogen.

Auf den Gängen steht altes Mobiliar, an den Wänden hängen alte Bilder. Der Stolz des Hauses ist das Zinnfigurenmuseum mit preußischen Schlachtenszenen und neuerdings eine historische Modeausstellung. Die Veranstaltungen im Schloss reichen von historischen Kostümbällen bis hin zu Abenden zum Thema Friedrich II., sie widmen sich ganz der preußischen Geschichte.

Und nicht zu vergessen: Wo sonst ist Wohnen in einem Schloss auf dem Preisniveau einer Pension noch möglich?

Platkow

Unweit von Gusow liegt das Dörfchen Platkow. Neben den typischen **Fachwerkhäusern** fallen **Holzscheunen** auf, bei denen in mehr oder weniger gleichmäßigen Abständen Latten fehlen und es durch die Öffnungen gelb und braun schimmert. Von weitem könnte man annehmen, Maiskolben oder Fische wurden aufgefädelt und zum Trocknen aufgehängt.

Eine dieser Scheunen gehört zu einem Bauernhof unweit von Platkow. Dort steht eine alte Kartoffellegemaschine, für eine Pferdestärke ausgelegt, und ein Pflug, beides museumsreif. Das große Scheunentor ist weit geöffnet. Drinnen hängt bis unter das Dach nicht etwa das Vermutete, sondern tatsächlich Tabak zum Trocknen. Die obersten Reihen sind bereits braun-gelb gefärbt, die untersten noch frischer und grün.

Es ist das Anwesen von Herrn Grundmann, der hier eine Tradition fortführt, die für das Oderbruch einst von erheb-

licher Bedeutung war. Früher bauten im Altfriedländer Raum und bis nach Bad Freienwalde hinauf 96 Bauern Tabak an. Immerhin standen auf den einzelnen Feldern 8000 bis 30 000 Pflanzen.

Gorgast und Golzow

Bei **Manschnow** begleiten stillgelegte Gewächshäuser mit zerschlagenen Glasscheiben den Weg auf der B 1. Von dieser Straße biegt man von Seelow kommend links von der Hauptstraße nach Manschnow ab und ist auf der Straße, auf der man quer durchs Oderbruch bis nach Wriezen gelangt. Viergeschossige Neubaublocks, hin und wieder zwischen Einfamilienhäuser gestreut, verrottende landwirtschaftliche Industrieanlagen und Wege mit Bänken und Parklampen sind steingewordene Überbleibsel der schönen neuen Landwelt des DDR-Realsozialismus. Hin und wieder entdeckt man auf diesem Weg nach Letschin verblichene oder notdürftig übertünchte Losungen kampfbereiter LPG, die jeden mehr geernteten Maiskolben als Sieg des Sozialismus feierten. An manchen Stellen des Weges scheint es, als ob die Zeit stehen geblieben ist.

Bereits am Ortsausgangsschild von Manschnow erkennt man das weißgetünchte Bahnhofsgebäude von Gorgast. Gegenüber den Resten einer Tankstelle aus den 60er Jahren schlägt man sich über einen halbwegs befestigten Weg an Feldern entlang zum **Fort Gorgast**. Als Deutschland 1871 Frankreich besiegt hatte, der König von Preußen nun zum Deutschen Kaiser gekrönt und somit die Reichseinigung vollzogen war, flossen aus dem besiegten Frankreich ungeheure Summen nach Deutschland, die auch in den Ausbau militärischer Infrastruktur gesteckt wurden. In Erinnerung an die napoleonischen Feldzüge, während derer die Festung Küstrin geschleift worden war, und noch ganz in großspuriger Siegereuphorie sollte die Bastion nun einen starken Verteidigungsring erhalten. Um die Festung entstanden so zwischen 1883 und 1910 vier militärische Anlagen, drei davon östlich des Flusses. Gorgast sollte das westliche Oderufer kontrollieren und Rückzugsraum für die Truppen bieten.

Das Fort wurde zwischen 1883 und 1889 aus Ziegeln gebaut, der Bau mit Erde bedeckt und mit einem Wassergraben umgeben. Geplant war die Kasernierung von 250 Infanteristen und 60 Artilleristen. Doch bereits zur Fertigstellung der Anlage hatte die militärische Entwicklung in Form von weitreichenden Geschützen und veränderten Kampfstrategien die Festungsbauten überholt. Diesem Zustand ist es wiederum zu verdanken, dass Fort Gorgast so gut erhalten ist, denn schon bald nach der Fertigstellung diente es nur noch als Depot und Unterkunft.

Mit dem vorgelagerten Blockhaus und dem eigentlichen Werkeingang, dem

Am Innenring des Forts

Torhaus, mutet das Fort an wie eine alte Bastion. Es wurde auf flachem Ackerland errichtet und mit einem Graben umgeben, der 3 Meter tief und 42 Meter lang ist. Häftlinge aus dem Zuchthaus Sonnenburg mussten dabei den Aushub mit Schubkarren auf die Gewölbe transportieren.

Ein aufgeschütteter Damm bildet heute den einzigen Zugang über den Wassergraben. Ursprünglich leistete dies eine Brücke. Der Hauptzugang war durch ein Hindernisgitter, eine Zugbrücke und sich gegenüberliegende Wachkasematten gesichert. Die hintereinander angeordneten eingeschossigen Sichtziegelbauten von Torhaus, Mittelkaserne und Frontkaserne sind durch Höfe räumlich voneinander getrennt und durch die mittlere Hauptporterne – ein langer Gang – miteinander verbunden. Dort befindet sich auch ein 90 Meter tiefer artesischer Brunnen, der heute noch funktionstüchtig ist. Besonders interessant ist das Kriegspulvermagazin mit seinem Sicherheitssystem, das den Schaden bei einer möglichen Explosion eingrenzen sollte. Zu DDR-Zeiten stapelte hier die NVA Berge von Munitionskisten.

Golzow, etwas weiter gelegen, wirkt wie ein Musterdorf der DDR: Die Gehwege sehen aus wie Flanierwege für Dorfbewohner, die Rabatten sind immer noch gepflegt. In die Versorgungshallen sind Supermärkte eingezogen, und an den Fahnenmasten für die einstigen Kampffahnen der DDR wehen heute Firmenlappen, greller, bunter als damals.

Das Dorf war das Zentrum der Gemüseproduktion für die ehemalige Hauptstadt der DDR. Hier wurde veredelt, umgeschlagen und versucht – im Klubhaus des Dorfes –, den Bauern Kultur näher zu bringen. Eine Golzower Schulklasse diente Barbara und Wilfried Jun-

Das südliche Oderbruch

ge, den Filmdokumentaristen der DEFA, ab 1961 als Langzeitobjekt.

Die Filme beleuchten nicht nur die individuellen Lebensgeschichten der Protagonisten, sondern geben auch einen tiefen Einblick in die Geschichte der DDR und ihrer Vereinigung mit der Bundesrepublik Deutschland sowie in die Ästhetik und den Anspruch des DEFA-Dokumentarfilms. Die Personen und die erzählten Geschichten waren gar nicht so vordergründig sozialistisch, wie man im Nachhinein vermuten könnte. Vielmehr zeigten sie den Alltag von Menschen auf dem Lande in all seinen Facetten. Die Einfachheit des Seins wurde stilisiert. Das **Filmmuseum ›Kinder von Golzow‹** gibt Auskunft über das Projekt.

Heute wirkt das Dorf verschlafen. Vorbeifahrende Reisende werden argwöhnisch beäugt, so scheint es, aber vielmehr schauen die Einheimischen danach, ob sie die Insassen kennen. Sie haben sich daran gewöhnt, nicht mehr in einer landwirtschaftlichen Produktionseinheit zu leben, sondern in einem Gebiet, das immer mehr den Tourismus als Chance begreift.

Zwischen Gorgast und Letschin

Zwischen Friedrichsaue und Zechin gelangt man über einen Abzweig nach **Buschdorf**. Die Gemeinde ist 1926 durch den Zusammenschluss dreier sogenannter Buschdörfer – Baiersberg, Gerickensberg und Lehmannshöfel – entstanden. Die Buschdörfer waren Kolonistenansiedlungen, die ab 1765/66 auf dem ›Hohen Busch‹ Spinnerfamilien beheimateten. Die Ansiedlungen sollten die Wollspinnerei für das Berliner Lagerhaus vergrößern. Der Name ›Busch‹ erinnert an die unter Friedrich II. gerodeten Wälder in dieser Gegend. Die Tradition des Korbmachens hat sich in

Buschdorf/Lehmannshöfel in Person von Thea Müller bewahrt. In der alten Buschdorfer Schule findet man eine liebenswerte **Ausstellung von Korb- und Flechtwaren**. In der ehemaligen Lehrerscheune, die zu einer Backscheune umgebaut wurde, befindet sich unter anderem eine **Schaubäckerei**.

In **Zechin** berichtet ein ziegelrotes Fabrikgebäude mit zerschlagenem Fensterglas einer gesundgeschrumpften Futtermittelfabrik aus besseren Tagen von der über hundertjährigen Tradition industrieller Landwirtschaft in dieser Region. Zechin wird 1313 als ›Zechyn‹ erstmals urkundlich erwähnt. Das **Bahnhofsgebäude** der Oderbruchbahn hat sich in ursprünglicher Bauweise erhalten. Auf dem Campingplatz in Zechin stehen Wohnwagen auf einer Wiese. Das Freibad an der Straße, der Reiterhof der Agrargenossenschaft ›Oderbruch‹ und eine Kegelbahn belegen das Unterfangen, den Strukturwandel zu versuchen. Doch nach wie vor ist die Landwirtschaft der Haupterwerbszweig in der Region.

Nur noch wenige Kilometer von Letschin entfernt durchquert man nun **Wollup**, ein Domänendorf, ein Mustergut mit Parkwegen. Im Jahre 1827 nahm Johann Gottlieb Koppe, ein Tagelöhnersohn mit bis dahin beispiellosen Erfolgen in Reichenow bei Möglin, das Staatsgut für 33 Jahre in Pacht. Durch die Überschüsse aus der intensivierten Landwirtschaft entstanden während seiner Pacht eine **Ölmühle**, eine **Ziegelei** und **Brennereien** – und er ließ Arbeitshäuser für die Wanderarbeiter aus dem Warthebruch errichten.

Bis Letschin wirkt die Landschaft wie ein einziger Acker; sie bietet wenig Anlass zum Verweilen. Wem danach ist, sollte bereits hinter Gorgast nach **Bleyen** nahe der Oder abbiegen. Dort kann man auf

Karte S. 40 ▲

den gut ausgebauten Deichwegen fahrradfahren. Endlos, so scheint es, weitet sich die Landschaft.

Letschin

Nach der Überlieferung soll jedes Haus in Letschin drei bis vier Storchennester getragen haben. Heute sind die Wassermassen in dieser Gegend, die mit solch einem Vogelreichtum verbunden sind, nicht mehr vorstellbar. Ebenso unvorstellbar ist, dass zum Beispiel der Transport von 18 Zentner Getreide von Letschin nach Berlin zwei Tage gedauert haben soll und 20 Pferde benötigte.

Der Ort wird erstmals 1336 urkundlich erwähnt. Durch die Jahrhunderte hindurch hatten die Bauern Letschins durch Hochwasser, Kriege, Abgaben und Spanndienste ein schweres Leben.

Bei näherer Betrachtung des Ortes hat diese selbsternannte Hauptstadt des Oderbruchs etwas Skurriles. Da steht, von Gusow kommend, linker Hand am Dorfanger das fünf Meter hohe bronzene **Standbild Friedrichs II.**, das 1905 eingeweiht und nach 1945 abgetragen wurde. Friedrich II. passte so gar nicht in das sozialistische Bild jener Jahre. Ein Dorfbewohner versteckte die Skulptur über Jahrzehnte in seinem Schuppen und bewahrte Friedrich so vor dem Einschmelzen.

Die Hauptstraße, die Karl-Marx-Straße, führt an diesem Denkmal und am **Anger** vorbei, in dem jede Zeit ihre Heldenverehrung hinterlassen hat und auf dem ein sorgfältig restaurierter **Kirchturm** mit einer kleinen Ausstellung im Fuße des Turms steht. Es ist der Rest der von Schinkel erbauten Kirche, die dem Zweiten Weltkrieg zum Opfer fiel.

Auf der Denkmalseite sieht man eine niedrige, **neoklassizistische Häuserzeile**, die auf kleinstädtische Ambitionen hindeutet. Das Lokal ›Zum Alten Fritz‹ hieß zu Fontanes Zeiten noch ›Deutsches Haus‹. Bei Ausschachtarbeiten legte man 1843 ein Skelett frei, das den Letschinern viel Raum für Spekulationen ließ und dem Dichter die Vorlage für seine Novelle ›Unterm Birnbaum‹ lieferte.

Eine weitere Kuriosität Letschins ist die **Fontane-Apotheke**, die kurzerhand mit Denkmal und Schinkelturm zur Sehenswürdigkeit erklärt wurde. Der Vater Fontanes führte in Letschin tatsächlich von 1838 bis 1850 ein Pillengeschäft, bis er das letzte Geld der Familie versoffen und verspielt, seine Frau ihn verlassen hatte und er nach Schiffmühle weiter ziehen musste. Die Apotheke der Fontanes brannte zehn Jahre nach der Aufgabe 1865 ab. Lange Zeit war unklar, wo sie eigentlich gestanden hat. Inzwischen haben neuere Nachforschungen ergeben, dass zumindest der Standort tatsächlich der alte ist und Fontane hier gewandelt sein muss.

Die versunkene Eisenbahngeschichte des Oderbruchs zum Leben zu erwecken hat sich der Verein des **Eisenbahn-**

Der Rest der Kirche

museums Letschin zur Aufgabe ge-macht. Letzte Spuren werden liebevoll gesammelt und gepflegt. Alte Uniformen, ein Signalgarten und historische Eisenbahnwagen versetzen den Besucher in die gute alte Zeit, ebenso vermitteln Schilder, Stellwerke und Fahrleitungssignale Wissenswertes über die technischen Hintergründe der Eisenbahn.

Dass die Letschiner auch in der Gegenwart leben, beweist das einzige Kino des Oderbruchs außerhalb von Bad Freienwalde, das hier vom Verein ›Altes Kino Letschin‹ betrieben wird. Im **Kulturhaus** des Ortes, in den 1950er Jahren erbaut, gibt es immerhin dreimal pro Woche Filme aus dem aktuellen Programm zu sehen. Gelegentliche Theateraufführungen, Konzerte und Preisskats ergänzen das Angebot.

Der Kleinstadtcharakter, der sich merkwürdigerweise bis heute gehalten hat, rührt von dem Marktrecht, das Letschin 1863 erhielt. Die Karl-Marx-Straße ist sehr breit, übergangslos geht sie in breite Parkspuren über. Die Geschäfte der Häuserzeile strahlen ihre üppige Neonreklame etwas verloren in die dörfliche Nacht, tragen die Sehnsucht der Letschiner nach städtischem Flair bis in den türkischen Dönerladen, in dem Spielautomaten aufgeregt blinken.

Der Letschiner hat Traditionsbewusstsein. Viel mehr ist aus der Anfangseuphorie nach der Wende nicht übriggeblieben. Man setzte auf den Alten Fritz, den Strukturwandel, das Zauberwort Tourismus. Doch frühzeitiger Vorruhestand, über 20 Prozent Arbeitslosigkeit und Ein-Euro-Jobs sind die Realität.

So sitzt Apathie an den Tischen im gefühlt verrauchten Schankraum der Dönerbude. Aus der Musikbox dudeln deutsche Schlager aus den 70er Jahren, man betrachtet die vorbeifahrenden LKW, die Waren zum Supermarkt am Ortsrand transportieren. Mitten im Bruch ist das Oderbruch fern.

Karte S. 40

▲   *Das kleine Eisenbahnmuseum*

Theodor Fontane

Am 30. Dezember 1819 kommt Henri Théodore (oder Heinrich Theodor) Fontane in Neuruppin als Sohn hugenottischer Eltern zur Welt. Eingedenk seiner Herkunft bleibt er – anders als seine heutigen Leser – bis zum Lebensende bei der französischen Aussprache seines Namens.

Von Neuruppin siedelt die inzwischen neunköpfige Familie 1826 nach Swinemünde über. Seine Schulbildung – von der Mutter erhielt er Privatunterricht, das Gymnasium und die Realschulen lösten einander ab – empfindet er Zeit seines Lebens als Stückwerk. Anschließend entscheidet er sich für den Beruf seines Vaters und absolviert eine Apothekerlehre. Das langwierige Anrühren der Rezepturen lässt ihm die nötige Zeit,

Theodor Fontane,
Ölgemälde von Carl Breitbach (1883)

um über Gedichte und Prosastücke nachzudenken, die er dann nach Dienstschluss zu Papier bringt. Im Alter von 20 Jahren schließt er die Lehre als Apothekergehilfe ab, und ein erster Text erscheint als Fortsetzungsgeschichte im Berliner ›Figaro‹.

Von Berlin über Magdeburg, Leipzig und Dresden, wo er stets seine Ausbildung fortsetzt, führt ihn sein Weg zurück in die Apotheke des Vaters, jetzt nach Letschin ins Oderbruch, wohin die Eltern mittlerweile gezogen sind. Nach dem Aufenthalt in den großen Städten, – in Leipzig war er Mitglied des Herwegh-Klubs und ein Verfechter des revolutionären Gedankenguts des Vormärz geworden – muss die Trägheit der ländlichen Kleinstadt deprimierend auf Theodor Fontane gewirkt haben. Er vertreibt sich die Zeit mit Lektüre und Shakespeare-Übersetzungen und schreibt Prosatexte.

Im Jahr 1843, im Alter von 23 Jahren, wird er von einem Freund in Berlin in den Dichterverein ›Der Tunnel über der Spree‹ eingeführt. Dort begegnet der junge Fontane einflussreichen Persönlichkeiten, die seinen weiteren Lebensweg beeinflussen werden: Da sind unter anderem Theodor Storm, Joseph Freiherr von Eichendorff und Gottfried Keller. Einen ersten eigenen Erfolg vor den Kollegen erzielt er 1844 mit einer der damals für ihn typischen Balladen ›Der Tower-Brand‹.

Fontane leistet 1844/45 einen einjährigen freiwilligen Militärdienst ab. In dieser Zeit reist er auch zum ersten Mal nach England. 1845 verlässt er endgültig die Apotheke seines Vaters und nimmt eine Stelle in Berlin an. Bei der Geburtstagsfeier eines Onkels trifft er eine Jugendfreundin, Emilie Rouanet-Kummer, mit der er sich überraschend schnell verlobt. Doch bis zur Hochzeit vergehen noch fünf Jahre, da Fontane die zu einer Ehe nötigen finanziellen Mittel fehlen. An Romantik hat es der Beziehung aber offenbar nicht gefehlt. So schreibt er Ostern 1849 an Emilie:

Das berühmte Schreibtisch-Foto des Berliner Ateliers Zander & Labisch von 1896

» ... Rede mir zu, streichle mich, blicke mich fest und freundlich an – ach, Du kannst das alles auch mit Worten, wenn Du mir fern bist – tu es, und zu meiner Liebe gesellt sich mein wärmster Dank. Ich will ein Mann sein, Dein Mann sein und bitte Dich: behandle mich wie ein Kind. Wie bin ich Dir gegenüber doch ein andrer Mensch geworden! Jedes Liebeswort machte mich sonst lachen, und jetzt les ich die zärtlichsten Stellen Deiner Briefe oft zwanzigfach und klammre mich an sie an.«

Fontane ist ein überaus eifriger Briefeschreiber. Er benutzt zum Schreiben, nicht nur für die Briefe, immer eine Schwanenfeder und beginnt jeden Brief mit einer kalligrafischen Anrede. Auch sein literarisches Schaffen – es sind weiterhin überwiegend Balladen – setzt er fort. 1847 hatte er das Staatsexamen in Pharmazie bestanden und ist nun ›Apotheker erster Klasse‹. Für eine eigene Apotheke reicht das Geld nicht, also bleibt er angestellter Apotheker und bessert seinen Lebensunterhalt als Journalist auf, wobei er im Ruf steht, ein radikaler Linker zu sein, 1848 steht er sogar mit auf den Barrikaden.

Im September 1849 endet seine Apothekerstellung im Berliner Krankenhaus Bethanien. Obwohl seine finanzielle Situation noch immer alles andere als gut ist, entschließt er sich, den Apothekerberuf aufzugeben und sich ausschließlich dem Schreiben zu widmen. Er bringt ab und zu einen Text in einer Zeitung unter und veröffentlicht seine ersten Bücher.

Das Jahr 1850 bringt Fontane zwei wichtige Veränderungen: Ein ›Tunnel‹-Freund bringt ihn in der PR-Abteilung des Innenministeriums unter, die damals ›Literarisches Kabinett‹ und später ›Centralstelle für Preußenangelegenheiten‹ heißt. Fontane kommentiert das mit den Worten: »Ich habe mich heute der Reaction für monatlich 30 Silberlinge verkauft ... Man kann nun mal als anständiger Mensch nicht durchkommen.« Und am 16. Oktober heiratet er endlich Emilie Rouanet-Kummer. Sein erster Sohn George Emile erblickt am 14. August 1851 das Licht der Welt. Das Positive an seiner beruflichen Tätigkeit – er wertet unter anderem für das Ministerium die englische Presse aus – ist, dass er sie zumindest zeitweise in London ausüben darf. Daneben schreibt er eigene Beiträge für die Adler-Zeitung, das Presseorgan des Innenministeriums, und veröffentlicht 1854 ein Buch über seine Englandreise, ›Ein Sommer in London‹. Auch als Hauslehrer bessert er seine Einkünfte auf. Damit nicht genug, er gibt auch noch das erste Jahrbuch des ›Tunnels‹ heraus, das zwei eigene Beiträge enthält.

Im Jahr 1855 reist Fontane erneut nach England; diesmal bleibt er drei Jahre und ist unter anderem als Presseattaché der Preußischen Botschaft tätig. Von London reist er nach Paris und nach Schottland. Unter dem Titel ›Jenseits des Tweed‹ wird er die Reiseeindrücke später veröffentlichen.

Erneut ein ›Tunnel‹-Freund verschafft ihm 1860 eine Stelle als Redakteur bei der erzkonservativen ›Neuen Preußischen Kreuz-Zeitung‹, bei der er zehn Jahre bleiben wird. Er soll dort englische Zeitungsartikel so umformulieren, dass sie wie von einem Korrespondenten vor Ort geschrieben wirken. Ab 1861 erscheinen seine ›Wanderungen durch die Mark Brandenburg‹, 1863 der Band mit dem Titel ›Oderland‹.

Seine finanziellen Verhältnisse sind konsolidiert, der Familie mit inzwischen vier Kindern geht es gut, man kann sich die jährliche Sommerfrische leisten. Nun, im Alter von über 40 Jahren, beginnt Fontane mit den ersten Skizzen zu seinen später so berühmt gewordenen Romanen. Auch die Broterwerbstätigkeit wendet sich zum Besseren: Theodor Fontane wird Theaterkritiker bei der liberalen, auflagestarken ›Vossischen Zeitung‹.

Im September 1870 lässt er sich beurlauben und reist nach Frankreich, um über den Krieg zu berichten. Er wird als Spion verhaftet, kommt aber bald wieder frei und verarbeitet die Erlebnisse im später veröffentlichten ›Kriegsgefangen‹. Zurück in Berlin arbeitet er weiter an den ›Wanderungen‹. Die Familie zieht ein letztes Mal um, in die Potsdamer Straße 134c. 1876 verlässt Fontane die ›Vossische Zeitung‹, um den pensionsberechtigten Posten eines Sekretärs der Akademie der Künste anzunehmen. Doch das Beamtentum währt nicht lange, Fontane kommt mit der Stellung nicht zurecht und gibt sie wieder auf, was seine Ehe schwer belastet. Seine Frau fürchtet sich vor Unsicherheit und Armut. Doch Fontane, immerhin schon im 57. Lebensjahr, kann sich nun endlich seinen Romanen widmen. Seine Lieblingsthemen: Preußische Geschichte und märkisches Junkertum.

Sein erster Roman (›Vor dem Sturm‹, vierbändig) wird kein großer Publikumserfolg. Doch Fontane ist äußert produktiv, veröffentlicht Jahr für Jahr ein neues Werk und erwirbt sich nach und nach die Anerkennung des Lesepublikums. Den Höhepunkt seines Schaffens erreicht er 1895 mit der Veröffentlichung von ›Effi Briest‹. Innerhalb eines Jahres erfährt das Buch fünf Neuauflagen. Sein letzter Roman, ›Der Stechlin‹, erscheint postum. Am 20. September 1898 stirbt Theodor Fontane.

Auch wenn Fontane selbst das Leben in den großen Städten der Beschaulichkeit des Landlebens vorzog, hat ihn die märkische Landschaft doch soweit geprägt, dass er ihre Schönheit in seinen Wanderungen eindrucksvoll beschrieben hat und zum Schauplatz seiner Romane und Erzählungen werden ließ. Besonders zu erwähnen ist an dieser Stelle die Kriminalnovelle ›Unterm Birnbaum‹, die, 1885 erschienen, dem Gasthof in Letschin, heute ›Zum Alten Fritz‹, ein literarisches Denkmal setzt. Wer die Geschichte kennt, kann hingehen und nach dem Birnbaum suchen.

Wilhelmsaue

Das kleine und abgeschiedene Wilhelmsaue entstand 1724, zur Zeit der Eindeichung, aus einem Domänenvorwerk. Es ist nicht weit von Letschin entfernt. Eine Reihe typischer **Loosehöfe**, eine alte **Schmiede** und die **Fachwerkkirche** von 1880 ohne Turm, auf deren Kirchhof klassizistische Grabsteine zu entdecken sind, bilden eine geschützte Dorfanlage. Aber die eigentliche Attraktion des Dorfs ist die für Brandenburg einzigartige **Bockwindmühle**. Sie ist die einzige im Oderbruch erhalten gebliebene Mühle, denn 1945 wurden beinahe alle größeren Objekte von der Wehrmacht gesprengt, damit sie der Roten Armee keine Orientierungshilfe bieten konnten.

Diese Mühlen gelten als die ältesten von einem Windrad angetriebenen Mahlwerke in einem drehbaren Mühlenhaus. Das Innere verwirrt durch sein Gebälk, die Zahnräder, Wellen und Transmissionen, alles aus Holz gearbeitet. Bei dieser Variante einer Mühle ist das ganze Mühlenhaus um seine eigene Achse drehbar, damit die Mühlenflügel immer gut im Wind stehen. Bei der anderen Form einer Mühle dreht sich nur die Kuppel. Die Wilhelmsauer Mühle steht auf einen Sockel, dem Bock. Sie ist eine Außenstelle des Freilichtmuseums Altranft.

Interessant wird das Dorf auch durch seine Bewohner. Großstadtmüde aus Dresden und Berlin kauften um die Wende herum einige heruntergekommene Gehöfte. Sie gründeten einen Verein, der es sich zur Aufgabe macht, Wilhelmsaue als Dorfensemble zu erhalten und zu beleben. Die Bewohner versuchen die Gehöfte weitestgehend original aufzubauen, setzen dazu selbstgezimmertes Fachwerk wieder ein, sie benutzen ihre Scheunen als Werkstätten, die Schafe allerdings dienen nur als Rasenmäher und für die touristische Optik.

Aus der **alten Schule** wurde, auch dank Fördermitteln, inzwischen eine Landherberge und ein Haus für Workshops, Tagungen und Projekte. Aus einem anderen alten Gebäude wurde die Kneipe ›So oder so‹.

Gemeinsam mit der Gemeinde Letschin konnte die Kirche restauriert werden. Die weit über das Oderbruch hinaus bekannten und alljährlich stattfindenden Kunst-Loose-Tage haben hier ihren Mittelpunkt.

Außerdem findet zweimal im Jahr der ›Wilhelmsauer Kunstmarkt‹ statt, am ersten Wochenende im September und am zweiten Adventswochenende zeigen und verkaufen Oderbruch-Künstler und Gastkünstler ihre Arbeiten.

Die Bemühungen des Vereins lassen Wilhelmsaue als eine harmonische Einheit erscheinen, eine in sich geschlossene Welt, die Besucher aber gern betreten dürfen und ausdrücklich sollen.

Das südliche Oderbruch

Orte: www.manschnow.de, www.wilhelmsaue.de.

Stadtinformation Müncheberg, Im Torwärterhäuschen, Ernst-Thälmann-Straße 101, 15374 Müncheberg, Tel. 03 34 32/77 09 31 und 811 43.

Tourist-Information Seelow, Berliner Straße 1–3, 15306 Seelow, Tel. 033 46/84 98 08, Fax 84 98 07, www.oderbruch-tourismus.de.

Touristinformation Letschin, Birkenweg 1, 15324 Letschin, Tel. 03 34 75/507 97.

Die Kunst-Loose-Tage

Bereits seit den 1970er Jahren haben sich Künstler aus den umliegenden Städten, vor allem aus Berlin, im Oderbruch ihr Refugium geschaffen. Sie fanden im Oderbruch, meist in den weit auseinander stehenden Gehöften, den Loose-Gehöften, den Platz für ihre Kunst. Scheunen wurden zu Ateliers, und die Weite des Raums füllte sich mit künstlerischer Phantasie.

Das Oderbruch, bestehend aus weiten Äckern und Wiesen, schwacher Besiedelung, wenig Industrie, schallgedämpftem Lärm, auch seine Nähe zum Fluss, dieses ›Nichts‹ provoziert geradezu die künstlerische Auseinandersetzung.

Die künstlerische Immigration aus den Städten ist nicht abgeschlossen, immer wieder finden gerade Bildhauer und Maler zum Oderbruch. Gemeinsam mit den Stadtaussteigern und einigen Alteingesessenen, die sich dem traditionellen Handwerk und dem Öko-Landbau verschrieben haben, bilden die Künstler eben in dieser neuartigen Kolonisationsform die Personen, die behutsam mit ihrem Lebensraum umgehen und gleichzeitig eine neue Lebensader im Oderbruch schaffen. Der Tourismus, und zwar der nachhaltigen und einfühlsamen Art, nimmt nur langsam zu, aber immer deutlichere Konturen an. So sind es auch die Künstler, die gegen die Landschaft bedrohende Bauprojekte protestieren. Beinahe entsteht der Einruck, als habe sich eine Parallelgesellschaft zur allgemeinen Administration entwickelt. Man könnte meinen, dass den Entscheidern die Arbeitsplätze bei dem Bauunternehmer aus dem Nachbardorf wichtiger sind als eine langfristige Nutzung des ihnen anvertrauten Landstrichs.

Einmal im Jahr, immer am Wochenende nach Himmelfahrt, befindet sich das Oderbruch im Ausnahmezustand, denn dann öffnen sich mehr als 30 Ateliers von Künstlerinnen und Künstlern den Besuchern. Aus den verborgen gelegenen Künstlerwerkstätten werden Stätten der Begegnung und des Gesprächs. Die Kunst-Loose-Tage werden durch Musik, Theater, Literatur und Kunsthandwerk mehr als ergänzt. Im Wilhelmsauer Gasthof ›So oder so‹ und in der Kirche ist dann ein Informationspunkt eingerichtet. Hier findet man die nötigen Informationen wie Atelieradressen und die Straßenkarte, eine Art Leitsystem zu diesen Ateliers. Hinweise zu gastronomischen Einrichtungen bekommt der Gast, ebenso die Empfehlungen besichtigungswürdiger Orte. Die begrenzte Fahrradausleihe direkt am Lokal verführt an diesem Frühlingswochenende, wenn die Sonne noch dazu scheint, den kulturinteressierten Städter zu einer Landpartie.

Im Atelier Engelhardt

Über die Autobahn A 10, Abzweig Hellersdorf, dann über die B 1. Von Berlin aus dem Zentrum immer über die B 1.

Aktuelle Bahnverbindungen stets unter www.vbb-online.de.
NE 26 von Berlin über Strausberg, Müncheberg, Seelow-Gusow nach Küstrin-Kietz und Kostrzyn, www.neb.de.
Während der Adonisröschenblüte (etwa Anfang April bis Mitte Mai) halten ausgewählte Züge der Regionalbahn OE 60 in Schönfließ-Dorf. Bis zu den Adonisröschenwiesen sind es dann noch rund zwei Kilometer zu Fuß. Infos über www.odeg.info bzw. Servicetelefon: 030/514 88 88 88.

Gasthof und Pension Schwarzer Adler, Puschkinplatz 18, 15306 Seelow, Tel./Fax 033 46/311, RTWirt@web.de.
Hotel Brandenburger Hof, Apfelstraße 1 (Ecke B 1), 15306 Seelow, Tel. 033 46/889 40, Fax 889 42; www.hotel-BrandenburgerHof.de.
Waldhotel Seelow, Eichendamm 9, 15306 Seelow/Waldsiedlung Diedersdorf, Tel. 033 46/888 83, Fax 888 85; www.waldhotel-seelow.de.
Gasthaus und Pension Am Anger, Hauptstraße 38, 15326 Podelzig, Tel./Fax 033 601/209, www.gasthaus-am-anger.de.
Landherberge Lustiger Strohsack, Jugendherberge, Bruchweg 8, 15326 Lebus/OT Mallnow, Tel. 03 36 02/26 44.
Schloss Gusow, Schloßstraße 7, 15306 Gusow-Platkow, Tel. 033 46/87 25, Fax 84 55 42, info@schloss-gusow.de. Wohnen im Schloss zu Pensionspreisen.
Gasthaus/Pension Wagner, Haupt-

straße 67, 15328 Golzow, Tel. 03 34 72/502 96, Fax 518 01, info@gasthaus-pension-wagner.de.
Gasthof Wagenrad, Dorfstraße 31, 15328 Bleyen, Tel. 03 34 79/537 90, Fax 53 79 17; Gasthof-Wagenrad@t-online.de.
Herberge Haus Regenbogen, Jugendherberge, Oderstraße 69, 15324 Letschin/OT Sophienthal, Tel. 03 34 73/356, Fax 909 95.
Landheim/Pension Wilhelmsaue, Dorfstraße 19, 15324 Letschin/OT Wilhelmsaue, Tel./Fax 03 34 75/501 44, info@wilhelmsaue.de.
Parkhotel Schloss Wulkow, Hauptstraße 24, 15320 Wulkow, Tel. 03 34 76/580. Hochzeitshotel.
Niedrigenergiehaus Domspace (genannt UFO), Wulkow, Tel. 03 36 02/46 90, www.oekospeicher.de. Das Haus kann als Ferienwohnung gemietet werden, Preis pro Nacht 190 Euro. Büro: Mo–Fr 8–12 u. 13–16 Uhr. Der ortsansässige Verein Ökospeicher e.V. bemüht sich um eine nachhaltige Orts- und Regionalentwicklung.

Gaststätte Adonisröschen, Bruchweg 8, 15326 Lebus/OT Mallnow, Tel. 03 36 02/26 44.
Eiscafé, Fontanestraße 1, 15324 Letschin, Tel. 03 34 75/233. Bestes Eis der Region, Richtung Groß Neuendorf gelegen.
Gaststätte Zum Alten Fritz, Friedrichstraße 1, 15324 Letschin, Tel. 03 34 75/223.
Land- & Buffethaus Treptow, Karl-Marx-Straße 6, 15324 Letschin, Tel. 03 34 75/576 66, www.landhaustreptow.de.
Gaststätte Wirtshaus im Speicher, Frankfurter Straße 39, 15306 Vierlin-

den/OT Friedersdorf, Tel. 033 46/ 85 58 50, www.kunstspeicher-frieders dorf.de/wirtshaus.

Gasthaus So oder So, 15324 Letschin/ OT Wilhelmsaue, Tel. 03 34 75/570 78 oder besser 01 73/723 78 73, hin und wieder Veranstaltungen.

Ausflugsgaststätte Zum Heiratsmarkt, Triftweg 3, 15328 Reitwein, Tel. 03 36 01/31 74, Funk 01 72/3 03 87 12, Fax 03 35/869 86 26, sylvia.pohlers@ arcor.de. Blueskonzerte: www.live-in-reitwein.de.

Gaststätte Oderblick, Kietzer Straße 22, 15326 Lebus, Tel. 336 04/205. Lohnt allein der Lage wegen.

Alte Dampfbäckerei, Kleine Kirchstraße 1, 15306 Seelow, Tel. 033 46/800 02. Galerie und Keramikwerkstatt, in der auch Veranstaltungen stattfinden. Betreiber ist der Förderverein ›Alte Dampfbäckerei e.V.‹

Bockwindmühle Wilhelmsaue, Tel. 03 34 75/50 29, www.freilichtmu seum-altranft.de. Letzte funktions-tüchtige Bockwindmühle des Oder-bruchs.

Förderverein Schul- und Bethaus Alt-langsow e.V., Lindenstraße 6, 15306 Altlangsow, Tel. 033 46/84 43 43. www.amt-seelow-land.de/schul_bh. htm; Mi–So 13–16 Uhr.

Fort Gorgast, Fort der ehemaligen preußischen Festung Küstrin, Bahnhof-str., 15328 Gorgast, Tel. 03 34 72/71 51; www.fort-gorgast.de.

Gedenkstätte/Museum Seelow, Küs-triner Straße 28 a, 15306 Seelow, Tel. 033 46/597, Fax 598, www.gedenk staette-seelower-hoehen.de. Ausstel-lung, Dokumentarfilme über die Kampfhandlungen 1945; Di–So 10–17 Uhr (Nov. bis März 10–16 Uhr).

Heimatstube Bleyen, Schulstraße 2, 15328 Bleyen, Tel. 03 34 79/251.

Heimatstube Lebus, Kietzer Chaussee 1, 15326 Lebus, Tel. 03 36 04/230; Ausstellung zur einstigen Bischofstadt, Mo–Mi und Fr 8–16.45 Uhr, Do 12–18 Uhr.

Heimatstube Wollup, Im Speicher (al-ter Kornspeicher), 15324 Wollup, Tel. 03 34 75/500 01 oder 500 73; Besich-tigung nach Voranmeldung.

Heimatstube Letschin, Birkenweg 1, 15324 Letschin, Tel. 03 34 75/507 97, www.letschiner-heimatstuben.de.

Heimatstube Neulewin, Dorfstraße 53, 16259 Neulewin, Tel. 03 34 52/ 32 15; April bis Oktober Sa/So 14–16 Uhr. Die Heimatstube bewahrt die Erinnerung an das Alltagsleben der Tagelöhner im Oderbruch.

Kulturhaus Küstriner Vorland, Karl-Marx-Straße 38, Kietz-Küstrin, Tel. 03 34 79/59125, Fax 591 26, kh-kues triner-vorland@web.de Im Jahr 2000 wiedereröffnet; Raum für Seminare, Konzerte, Veranstaltungen; beherbergt den Geschichtsverein Küstrin und den Seniorenverein. Besichtigung des Mu-seum des Geschichtsvereins und der Ölbildausstellung von Manfred Zickert Di 13–18 und Do 8–14 Uhr.

Wassermühle Worin, Lösnitzstraße 20, 15306 Vierlinde/OT Worin; Di–Fr 10–15, Sa/So 14–17 Uhr. Gruppenbe-suche und Besuche außerhalb der re-gulären Öffnungszeiten nach Möglich-keit bitte vorher anmelden unter Tel. 03 34 77/43 56 oder 03 34 77/229, www.woriner-wassermuehle.de.

Kunstspeicher Friedersdorf (An der B 167), Frankfurter Straße 39, 15306 Friedersdorf, Tel. 033 46/84 38 56; www.kunstspeicher-friedersdorf.de. In dem Speicher finden von April bis Oktober Ausstellungen, Konzerte und

Theateraufführungen statt.

Schloss Gusow, Schloßstr, 7, 15306 Gusow; Tel. 033 46/87 25, www. schloss-gusow.de.

Zinnfigurenmuseum, Ausstellung zur Geschichte Brandenburg/Preußens, www.schloss-gusow.de.

Filmmuseum Kinder von Golzow, Hauptstraße 16, 15328 Golzow, Tel. 03 34 72/518 82, info@golzow-oder bruch.de, www.kinder-von-golzow.de; Mo–Fr 11–17 Uhr, Sa/So 10–16 Uhr. Museum zur gleichnamigen Langzeit-filmdokumentation der Extraklasse.

Verein des Eisenbahnmuseums Letschin, Tel. 03 34 75/503 71, www.evl-letschin.de. Das Museum ist direkt am Bahnhof, Sa 9–12 Uhr.

April: Adonisfest (Fest zur Andonis-blüte an den Pontischen Hängen) in Lebus, Militär- und zivilhistorisches Treffen in Gorgast.

Mai: Fliederblütenfest Lebus (Ende des Monats), Kunst-Loose-Tage (Künstler öffnen ihre Ateliers für Besucher, am Wochenende vor Pfingsten); am Deutschen Mühlentag – stets der Pfingstmontag – stehen die Bockwind-mühle Wilhelmsaue und die Wasser-mühle Worin Besuchern offen.

Juni: Heiratsmarkt in Reitwein (www. heiratsmarkt-reitwein.de), traditionel-les Lämmerschwanzfest in Gusow.

Juli: Deutsch-polnischer Spinnwett-streit mit Volksfest in Sophienthal, Reitertag und Bulldogtreffen in Ze-chin.

August: OBOA (Oderbruchopenair) im Fort Gorgast, Backofenfest in Buschdorf.

September: Sonnenblumenfest in Gol-zow, Kunstmarkt in Wilhelmsaue, Dampfpflügen in Friedersdorf.

Oktober: Drachenfest in Bleyen.

Dezember: Weihnachtsmarkt in Wil-helmsaue (zweiter Advent).

Lichtblick Kino Letschin, Infos über das aktuelle Programm unter www. altes-kino-letschin.de.

Fahrradverleih:

Fahrrad-Verleih Gusow, Maik Gesche, Marxwalder Straße 4, 15306 Gusow-Platkow/OT Platkow, Tel. 01 62/ 722 90 44, info@kajak-gesche.de.

Fahrradhandel & Service Wolfgang Mielitz, Berliner Straße 31 a, 15306 Seelow, Tel. 01 70/837 63 90, Anita. Mielitz@t-online.de.

Hannelore Marth, Kienitzer Oder-straße 20, 15324 Letschin/OT Kienitz Nord, Tel./Fax 03 34 78/45 96.

Badestellen in Sophienthal (Badestelle zwischen Damm und Wiesen), Gusow (Badewiese am Baggersee), Bleyen (Badestelle am Bruchsee) und Zechin (Freibad). **Schiffsanlegestellen** in Le-bus und Küstrin-Kietz.

Kandis Kanuverleih, Jürgen Kandeler, Genschmarer Chaussee 25, 15328 Küstriner Vorland, Tel. 03 34 72/ 588 79, info@abenteuertouren.com. **Kajakverleih Maik Gesche**, 15306 Gu-sow-Platkow/OT Platkow, Tel. 01 62/ 722 90 44, info@kajak-gesche.de.

Angelkarten erhältlich bei:
Detlef Schneider, 15328 Küstrin-Kietz, Fischereihof/OT Kuhbrücke, Verkaufs-stelle: Brücke am Umflutkanal, Tel.

01 72/382 39 58.
Gaststätte Oderblick, Kietzer Straße 22, 15326 Lebus, Tel. 03 36 04/205.
Nickel, Oderstraße 4, 15326 Lebus, Tel. 03 36 04/216.
Ansprechpartner im KAV Märkisch Oderland (Gewässerbereich Seelow): Torsten Hoffmann, Tel./Fax 033 46/ 84 32 11.

Auskunft über geführte Wanderungen gibt die Tourist-Information Seelow (→ S. 66).

Ponyhof Birkenhof Lebus, Kirschallee 55, 15326 Lebus, Tel. 01 72/901 52 84, www.birkenhof-lebus.de. Reiterferien, Kremserfahrten.
Pferdepension und Spargelhof, Bernd-Dieter Krüger, 16837 Dorf Zechin.

Hofläden:
Schau-Mosterei Reiner Droßel, Wriezener Straße 76, 15324 Letschin, Tel. 03 34 75/577 38. Produkte: kundenorientierte Lohnvermostung von Äpfeln und anderen Früchten, Moste und Säfte, sozusagen frisch gepresst; September bis November Mo–Sa 8– 12 Uhr.
Vorwerk Basta Landwirtschaftsbetrieb, Wolf-Peter Huth, Bastaer Straße 10, 15324 Letschin/OT Steintoch, Tel. 03 34 75/509 40. Produkte: Schweinefleisch, Wurst, Speck, Futtergetreide, Weizen, Mais; Sa 9–13 nach Vereinbarung.
Dalchau und Dahle GbR Gartenbau Gusow, Siedlung 1, 15306 Gusow-Platkow, Gusow, Tel. 033 46/87 27. Produkte: frisches Gemüse, Blumen, Frühjahrsblüher, Beet- und Balkonpflan-

zen, Gemüsepflanzen, Gemüse; Juli–April Mo–Fr 8–12 und 13–16.30, Mai/Juni Mo–Fr 8–17, Sa 8–11 Uhr.
Fischerei Engel, Am Fort Haus 2 (direkt am Fort Gorgast), 15328 Küstriner Vorland, Tel. 03 34 72/512 00, Fax 512 00, www.fort-gorgast.de/Fischerei/Fischerei.htm. Produkte: Frischfisch, Räucherfisch, Fischplatten, Imbiss; Di–So 10–20 Uhr.
FONTANA Gartenbau GmbH, Friedensstraße 23, 15328 Küstriner Vorland Manschnow, Tel. 03 34 72/527, Fax 529, FONTANA.Manschnow@ t-online.de. Produkte: Tomaten, Gurken, Balkonpflanzen; Mo–Fr 8–17.30, Sa 8–11 Uhr.
Dorfgut Friedersdorf GmbH & Co. KG, Frankfurter Straße 39, 15306 Vierlinden/OT Friedersdorf, Tel. 033 46/ 84 38 56, Fax 85 49 22, speicher laden@odergebiet.de; Mi–So 11–18 Uhr. Produkte: Milchprodukte aus Ziegen- und Kuhmilch, frisches Obst und Gemüse der Saison aus der Region, Marmelade, Gelee, Honig und Honigprodukte, Wurstwaren, Wildwurst, Sanddorn-, Holunder-, Sauerkirsch-, Erdbeersaft und vieles mehr.
Jahnsfelder Landhof, Herr Prochnow, Obersdorfer Weg 11, 15374 Müncheberg/OT Jahnsfelde, Tel. 03 34 77/240, Fax 54980. Produkte: Kartoffeln, Wurst, Fleisch, Getreide; Mo–Fr 7–12 und 12.45–16 und nach Vereinbarung, BIOLAND – ökologischer Landbau.
Öko-Jule, Julianenhof 18, 15377 Märkische Höhe-Reichenberg-Julianenhof, www.oeko-jule.de. Direkt am Europawanderweg E 11 und am Radwanderweg R 1. Produkte: Obst, Kartoffeln, Gemüse aus ökologischem Anbau.

Trockengelegtes Land, das kulturelle Schwergewicht Neuhardenberg, Kultur- und preußische Geschichte in Kunersdorf und Altfriedland und eine faszinierende Flusslandschaft in Groß Neuendorf sind die Attribute für diesen Teil des Oderbruchs. Ein überraschend gutes Fahrradwegeleitsystem lädt dazu ein, die Gegend mit dem Rad zu erkunden.

Das mittlere Oderbruch

Auf der Bundesstraße 1 bis Jahnsfelde oder gar weiter bis Küstrin erlebt man den am wenigsten attraktiven Weg ins Oderbruch. Wenn man diese Strecke auf dem Fahrrad absolvieren will, braucht man schon eine gute Portion Leidensfähigkeit. Hinter Rüdersdorf wird die ehemalige Heerstraße, die heutige Bundesstraße 1, zur gut ausgebauten Piste, die bis Berlin oftmals einer Autobahn gleicht.

Die Nebenstrecken der Eisenbahn, über die man früher beschaulich das Oderbruch erreichte, sind sukzessive stillgelegt worden, dafür wird eine Straße nach der anderen den – vermeintlichen – Erfordernissen angepasst. So drängt sich die Bundesstraße 1 östlich von Berlin als Autobahn bis an die Ortschaften, umgeht teilweise die Orte oder zwängt sich zwischen den Hauszeilen durch die Kleinstädte und Dörfer. Es ist, nebenbei gesagt, der Weg, den damals der Jugendfreund Friedrichs II., Leutnant von Katte, von seinem Arrest in Köpenick zu seiner Hinrichtungstätte nach Küstrin im Jahre 1730 nehmen musste. Wegen des Verkehrs sollte der Reisende daher lieber den Abzweig in Jahnsfelde nach Neuhardenberg nehmen.

Das mittlere Oderbruch

0   4   8 km

Jahnsfelde

Jahnsfelde empfängt den Besucher sogleich mit einem **Herrenhaus** aus dem 18. Jahrhundert. Das neogotische Backsteingebäude mit glasierten Klinkern wirkt jüngeren Ursprungs, doch schon Theodor Fontane ließ sich bei einem Besuch vom Inneren des Herrenhauses beeindrucken. Es war der Herrensitz derer von Pfuel. Die Familie hinterließ mit Ernst Heinrich von Pfuel (1779–1866) ihre Spuren in der Preußischen Geschichte. Er war General und kurzzeitig 1848 preußischer Ministerpräsident. Als junger Mann reiste und studierte er mit Heinrich von Kleist, stand während der Befreiungskriege an der Seite des Freiherrn von und zum Stein und war 1815 Stadtkommandant von Paris. Während seiner Lebenszeit war das Schloss ein geistig-kulturelles und politisches Zentrum. Und, nicht zu vergessen, der General gilt als Erfinder des Brustschwimmens.

Der Schlossbau wurde im 18. Jahrhundert auf den Fundamenten eines Vorgängerbaus aus dem 17. Jahrhundert errichtet. Nur noch der Keller mit dem Kreuzgratgewölbe unter dem grauverputzten Mittelteil des Schlosses stammt aus dieser Zeit. Von der von Fontane bewunderten Inneneinrichtung ist nichts mehr erhalten. Das Schloss wurde inzwischen von einer Käufergemeinschaft erworben und wird von dieser auch bewohnt. Der einst gepriesene Park ist öffentlich und macht nach einer Phase der Vernachlässigung nun wieder einen gepflegten Eindruck. Abgerundet wird das kleine Ensemble durch die mittelalterliche Feldsteinkirche. Das Wappenepitaph aus Sandstein im Inneren entstand im 16. Jahrhundert, der Altar und die Kanzel stammen aus dem 19. Jahrhundert.

Herrenhaus Jahnsfelde, Detail

Zwischen Jahnsfelde und Neuhardenberg

Der nächste Ort heißt **Trebnitz**, ein Dorf mit 500 Seelen. Erwähnenswert wird das Dorf eigentlich vor allem durch seine Bahnstation. Durch sie stoßen die Fahrradfahrer, die den bequemeren Zug ab Berlin-Lichtenberg gewählt haben, zur Tour.

Auch dieses Dorf besitzt ein **Schloss mit einer Parkanlage** von 1730, die die Gartenbaudirektoren Neide und Lenné umgestalteten. Das Schloss in seiner jetzigen Form erfuhr durch umfangreiche Umbauten um 1900, wie den Anbau der beiden Seitenflügel, sein neobarockes Aussehen. Zuvor war es ein schlichtes Gutshaus der Familie von Brünneck, die bis zu ihrer Enteignung 1945 hier lebte. Danach wurde es als Lazarett, Wohn- und Bürogebäude, Schule, Kindergarten und als Ferienlager benutzt. 1992 haben das Land Brandenburg und der Bund das Schloss zu einem Begegnungszentrum

Schloss Trebnitz

und Seminarhaus ausgebaut. Vom Bahnhof erreicht man nach wenigen Minuten die Anlage.

Hinter dem Dorf geht die Strecke sanft bergab. Im nächsten Dorf, **Wulkow**, taucht zwischen Bauernhäusern unvermutet wieder ein edel renoviertes **Schloss** auf, das als Hotel genutzt wird. Von 1361 bis 1646 war dieses Anwesen im Besitz der Familie von Schapelow, die uns im Oderbruch häufiger begegnen. Auch der Generalfeldmarschall Derfflinger aus Gusow war einst Schlossbesitzer von Wulkow. 1912 wurde die Residenz für damalige Begriffe modern um- und ausgebaut, was heute allerdings das Schloss nicht besonders interessant erscheinen lässt.

Die Straße vollführt eine Rechtskurve, den welligen und hier bewaldeten Barnim hinab. Nach wenigen Kilometern ist Neuhardenberg erreicht, das sofort durch sein Schloss rechter Hand des Weges auffällt.

Neuhardenberg

Die Vorsilbe Neu legt nahe, dass es sich bei Hardenberg ebenfalls um ein Kolonistendorf handelt. Der Ort wurde jedoch tatsächlich schon 1348 erwähnt und hat seitdem eine wechselvolle Geschichte hinter sich gebracht. Sie war gar nicht so glanzvoll, wie es das mit Mitteln der Sparkassenstiftung aufwendig sanierte **Schloss mitsamt Pücklerpark** vermuten lässt. Es ist sicherlich die prächtigste Anlage weit und breit und nicht zufällig ein an schönen Tagen gut besuchtes Ausflugsziel.

Vor dem Dreißigjährigen Krieg teilten sich das damalige Quilitz noch drei Grundbesitzer, die verarmt 1680 ihren Besitz an Kurfürstin Dorothea von Brandenburg-Schwedt (1636 – 1689) verkauften. Auch danach war Quilitz vor allem ein Handelsobjekt, das eine rasche Folge an Eigentümern verzeichnete. Ein geplanter Herrensitz kam über eine Kelleranlage von 1717, die heute noch unter

Karte S. 74

dem jetzigen Schloss existiert, nicht hinaus.

Markgraf Carl, der sich lieber in seinem Schloss in Ludwigsfelde aufhielt, ließ dennoch zwischen 1737 und 1745 einige Wirtschaftsgebäude errichten und die vorhandene Feldsteinkirche zu einer Saalkirche umbauen. Anstelle der geplanten Residenz ließ er ein Fachwerkamtshaus errichten. Der Markgraf war Herrenmeister des Johanniterordens, und als das Oderbruch trockengelegt wurde, erhielten die Johanniter die Aufgabe, dieses Großprojekt mit Ansiedlungen zu unterstützen. Da Markgraf Carl von den Einnahmen und Abgaben der Fischer im Oderbruch lebte und diese Geldquelle mit der Umwandlung des Landes in Ackerland entfallen würde, folgte er nur schleppend den Anweisungen des Königs. Nach mehreren Mahnungen wurden einige Orte mit seinem Namen gegründet, die allesamt in deutscher Tradition nach seinem Tode umbenannt wurden. Genannt sei Carlsburg, das heute Wuschewier heißt. Nach seinem Tod fielen 1762 die Besitzungen wieder an die Krone zurück, da Markgraf Carl als Ordensmann keine Erben hatte.

Doch schon im Jahr darauf gab der König – zum Dank für die Rettung seines Lebens in der Schlacht bei Kunersdorf 1759 (im heutigen Polen) – seinem damaligen Oberst und späteren General Joachim Bernhard von Prittwitz (1726–1793) das Rittergut Quilitz als Lehen. 1790 ließ der General ein erstes Schloss errichten, 1797 wurde der älteste Sohn, Friedrich Wilhelm Bernhard von Prittwitz (1764–1843), neuer Besitzer von Hardenberg.

Den Geschichtsbüchern kann man nun eine Kette von Fehlentscheidungen entnehmen, die den Aufstieg des Dorfes

Quilitz eher bremsten als förderten. Der Rentmeister Friedrich Schreiber war bis 1802 Verwalter des Gutes, bis er eigenmächtig und wahrscheinlich entnervt kündigte. Zunächst wurde 1800 mit dem Bau von Stall- und Scheunengebäuden begonnen. Die Planung eines Vorwerks in **Bärwinkel** war bereits abgeschlossen. Baumeister David Gilly (1745–1808) beauftragte seinen Schüler Karl Friedrich Schinkel (1781–1841) mit der Errichtung des **Vorwerks**, das dann 1801/02 auch in Form einer römischen Basilika gebaut wurde. Wenn man Neuhardenberg Richtung Quappendorf verlässt und wenige Kilometer weiter, in Bärwinkel, scharf nach links abbiegt, kann man das etwas versteckt liegende und mit einem Wohnanbau versehene Schinkelsche Frühwerk entdecken, ein architektonisches Kleinod.

Der damals 20-jährige Schinkel war mit den Umbauten des Buckower Schlosses beauftragt und bekam als junger Architekt die Arbeiten in Quilitz zusätzlich von seinem Mentor anvertraut. Die Absprachen zum Umbau des Schlosses in Quilitz traf von Prittwitz direkt mit David Gilly in Berlin. 1802 beklagte sich Prittwitz über die teuren Entwürfe Schinkels in einem Brief: »Schinkel zeichnet immer auf gutes Glück, an Einsparungen denkt er nicht und was es kosten soll, kümmert ihn gar nicht.«

Das Dorf brannte 1801 ab. Der Neubau des Dorfes wurde zur Brandvorbeugung entsprechend des Königlichen ›Edikts wegen des Auseinanderbauens der Unterthanengehöfte und Gebäude‹ von 1795 neu errichtet. Man vermaß das Dorf und reduzierte die 57 Hofstellen auf 48. Der Abstand der Höfe zueinander wurde auf 38 Meter festgesetzt. Die **Wohnstallhäuser** zeigten alle mit dem Giebel zur Straße. Man kann noch

Das mittlere Oderbruch

einige Bauten dieser Art an der östlichen Dorfgrenze entdecken.

Die Dorfstraße verlängerte sich durch diese Maßnahmen um 300 Meter. Die Finanzierung erfolgte über die Feuersozietät, die allerdings die einfachen Bauern nicht vollständig auszahlte. Der Gutsbesitzer von Prittwitz gewährte 18 Kossäten Überbrückungskredite, die diese in noch größere Abhängigkeit trieb. Er mischte sich auch erheblich in den Wiederaufbau ein und wollte sogar zur Wiederherrichtung der öffentlichen Gebäude wie Schule, Kirche und Pfarrhaus seine Untertanen zu Geld- und Arbeitsleistungen verpflichten. Hinzu kam die ungeklärte Baufinanzierung.

Der Unmut in der Bevölkerung muss groß gewesen sein, denn eigentlich gehörte es zu den Pflichten des Grundherrn, für die Unterkunft seiner Untertanen zu sorgen. Der befand sich jedoch in solchen Geldnöten, dass er seinen Anbefohlenen sogar die Aufhebung der Leibeigenschaft anbot, wenn diese den Wiederaufbau ihrer Hofstellen selbst finanzierten. Die Betroffenen waren natürlich noch ärmer als ihr Herr und mussten auf diesen Weg in die Freiheit verzichten. Von Prittwitz entzog sich dem Dilemma, indem er sich ab 1801 fast ausschließlich in Berlin aufhielt. Den Wiederaufbau betrieb im wesentlichen der erwähnte ›vielseitig befähigte‹ Rentmeister Friedrich Schreiber. Bis zur französischen Besetzung 1806 zog sich dieser Streit hin. Von Prittwitz klagte noch bis 1808 vor dem Berliner Kammergericht gegen seine Untertanen, zog dann allerdings entnervt und gleichzeitig gönnerhaft seine Klage zurück: »Die armen Leute sind zugrunde gerichtet, sie haben nichts, ich habe meinen Kindern pro futura nichts bedeutendes zu vergeben und für meine Person bin ich es in die-

sem leidigen Krieg schon gewöhnt con amore für die Untherthanen zu bluten, also mag dieses auch hin gehen.«

Im Jahr 1808 schied von Prittwitz aus gesundheitlichen Gründen aus dem Staatsdienst aus, 1811 verkaufte er für eine große Summe sein Quilitzer Gut an die Krone und zog sich auf sein neuerworbenes Gut nach Kasimir im heutigen Polen zurück. Er lebte dort weitab von den Geschehnissen in Quilitz und starb hochbetagt 1843.

Heute stellt das Dorf mit der **Schule**, die später zu einem Wohnhaus umgebaut wurde, und dem **Pfarrhaus** eine im wesentlichen von Schinkel geplante einheitliche Siedlungsanlage dar, die mit dem **Vorwerk in Bärwinkel**, dem **Bleichhaus** im Schlosspark und der **Orangerie** bis 1803 entstand. Die beiden **Wirtschaftsgebäude** vor dem Schloss gehören ebenfalls dazu.

Erst 1810 begann mit der Ernennung des Ministers Karl August Freiherr von Hardenberg zum Staatskanzler die Blütezeit von Quilitz/Hardenberg. Der neue Staatskanzler auf dieser neu eingerichteten Schaltstelle des preußischen Staates hatte erheblichen Einfluss auf die Staatsbelange. Hardenbergs Hauptanliegen waren Veränderung auf gesetzlichem Weg, um die Revolution von unten wie in Frankreich zu verhindern. Neben vielen anderen Reformen setzte er 1807 die neue Städteordnung und 1808 die Landgemeindereform durch. 1813 distanzierte sich Hardenberg von Frankreich und trat in die Koalition gegen Napoleon ein. Nach dem Wiener Kongress 1814/15 war Preußen erneut als Großmacht etabliert. Für seine großen Verdienste um den neuen preußischen Staat wurde Hardenberg 1814 in den erblichen Fürstenstand erhoben und erhielt den Güterkomplex Quilitz als Geschenk. Ihm zu

Ehren wurde Quilitz in Neu-Hardenberg umbenannt.

Mit dem neuen Besitzer von Neuhardenberg begann auch eine neue Schaffensperiode für Schinkel im Dorf. Er errichtete von 1814 bis 1817 die **Dorfkirche**. Die gusseisernen Altarleuchter und die Taufe entstanden ebenfalls nach Entwürfen des Architekten. Die Kirchendecke ist dem Himmel nachempfunden und von Sternen übersät. Dementsprechend hat sich der ›Förderverein Schinkel-Kirche Neuhardenberg e.V.‹ eine originelle Beteiligung für die willkommenen und notwendigen Geldspender überlegt: Sie werden Sternenpaten der Kirche.

Nach dem Tod des Fürsten von Hardenberg 1822 in Genua arbeitete Schinkel an einer Begräbnisstätte an der Kirche. Der zweite Entwurf, der zur Ausführung gelangte, sah einen dorischen Säulenportikus an der Ostseite der Kirche vor. Heute befindet sich das **Gräberfeld** der Familie von Hardenberg davor.

Um den **Schlosspark** rankt sich eine Geschichte, die mit einem anderen großen Namen zusammenhängt. Gartenbauarchitekt Fürst von Pückler-Muskau (1785–1871) war Schwiegersohn des Grafen und noch ein junger Heißsporn. Er diskutierte mit seinem Schwiegervater über die Umgestaltung des schwülstigen barocken Gartens. Doch der Staatskanzler wollte sich von dem jungen Mann nicht überzeugen lassen.

Und so ließ Pückler während der Abwesenheit des Schwiegervaters die Axt ansetzen und begann damit, Sichtachsen zu einem angrenzenden Waldstück zu schlagen und das Gelände nach englischem Vorbild umzugestalten. Der Graf soll, so Fontane, erst bei Tisch davon erfahren haben: »Ein Kreis nächster Freunde war bei Tisch versammelt, und in dem schon erwähnten Gartensalon aus der Prittwitz-Zeit herrschte jene Tafelheiterkeit, an der das Herz des Fürsten hing und auf deren Pflege und Hervorrufung er sich so wohl verstand. Nun war das Mahl beendet und Wirt und Gäste traten auf die Veranda hinaus, die den Blick hat auf Wiese und Park und Monument. Der alte Fürst stand wie getroffen – das war der Park nicht mehr, dessen großen Mittelgang er noch vor Tisch in lebhaftem Geplauder durchschritten hatte. In der Tat, der Park war während der Stunde des Dinners ein anderer geworden, ein solcher wie er jetzt ist, wie er nach des Schwiegersohns Ansicht werden musste. Eine Allee war verschwunden und wo ein Elsbruch war, eine Parkwiese entstanden, an deren Ausgang das Wasser des Kanals blitzte.«

Die Eigenmächtigkeit seines Schwiegersohns soll den Grafen unangenehm berührt haben, dennoch muss ihm der gestalterische Ansatz gefallen haben,

Die berühmte Schinkelkirche

Das geschmackvoll renovierte Schloss, Eingang vom Park

denn noch 1822 ließen Graf von Hardenberg und sein Nachfahr diese Arbeiten – nun von Lenné – fortführen.

Eine weitere Ära derer von Hardenberg und des Schlosses ist von Bedeutung. 1944 wurde das Schloss Treffpunkt des Widerstandskreises um Graf Stauffenberg. Das Attentat scheiterte, die meisten Attentäter starben, und von Hardenberg (1891–1958) war bis 1945 im KZ Sachsenhausen inhaftiert. Danach wurde Neuhardenberg volkseigen, die Hardenbergs wurden enteignet und zogen sich wie viele Adlige auf ihre Besitztümer nach Westdeutschland zurück. Die hier gefallenen Rotarmisten wurden auf dem Schlosshof in einem Massengrab beigesetzt.

Nach der Wende fristete das Schloss ein unentschlossenes Dasein als Café und Tagungsstätte, bis es die Sparkasse Mitte der neunziger Jahre erwarb und ein nobles Quartier für Begegnungen schuf. Ambitionierte Pläne mit Hubschrauberlandeplatz und Managerseminaren blieben im Oderbruchschlamm stecken, das Haus widmet sich nun den qualitativ hochwertigen Kulturevents. Die Veranstaltungen sind tatsächlich bemerkenswert und die Freiluftkonzerte hinter dem Schloss eine Reise wert. Allerdings scheinen die Angebote losgelöst vom Umfeld stattzufinden. Nur die ortsansässige freiwillige Feuerwehr übernimmt die Absperrungen und die Parkplatzlogistik. Ansonsten bestaunt man wohlwollend die städtischen Besucher. Das Haus sieht sich selbst als Refugium und Bühne zur Welt. Gewusstes soll neu gedacht, Gehörtes wieder zur Sprache gebracht, Gesehenes neu betrachtet und Empfundenes berührbar gemacht werden. Das wird besonders bei dem Gesamtprogramm mit Lesungen, Konzerten und Diskussionsforen deutlich.

Die Atmosphäre des Schlossensembles ist von Leichtigkeit erfüllt, in der man die Zeit vergisst. In der **Alten Brennerei** und der **Orangerie** kann man zudem hervorragend speisen.

Karte S. 74

Karl August Fürst und Carl-Hans Graf von Hardenberg

Neuhardenberg verdankt seinen Namen dem preußischen Staatskanzler Karl August Fürst von Hardenberg (1750–1822) und einem entsprechenden Erlass Friedrich Wilhelms III. (1770–1840) vom 5. April 1815: »Seine Majestät haben allergnädigst befohlen, dass die dem Staatskanzler Herrn Fürsten Hardenberg allerhöchst erteilten Güter den Namen Herrschaft Neuhardenberg führen sollen und dass insbesondere der Ort Quilitz künftig Neu-Hardenberg genannt werden soll.«

Karl August von Hardenberg wurde am 31. Mai 1750 in Essenrode (bei Braunschweig) geboren. Er entstammte einer hoch angesehenen Adelsfamilie, sein Vater war Oberst in Hannoverschen Diensten und ließ dem Spross eine aufgeklärte Erziehung zukommen. Bereits im Alter von 16 Jahren studierte er Jura, zunächst in Göttingen, später in Leipzig, wo er zusammen mit Johann Wolfgang Goethe Zeichenunterricht nahm.

Hardenberg trat 1770 in den Hannoverschen Staatsdienst ein. Im Jahr 1774 wurde die erst 15-jährige Christiane Gräfin von Reventlow seine Frau. Aus der Ehe gingen der Sohn Christian und die Tochter Lucie hervor, die später Fürst Pückler-Muskau heiratete.

Während einer Dienstreise nach England begann seine Frau Christiane ein Verhältnis mit dem Prinzen von Wales. Daraufhin quittierte Karl August von Hardenberg den Dienst beim Kurfürsten und trat 1782 in die Dienste des Herzogs von Braunschweig. 1788 ließ sich Karl August scheiden, um die zu diesem Zwecke ebenfalls geschiedene Sophie von Lente zu heiraten. Damals war das ein Skandal und Grund zur Entlassung aus dem Staatsdienst. Eine neue Stellung fand Karl August von Hardenberg als Minister des Markgrafen von Ansbach-Bayreuth.

Seine Aufgabe war es dort, die Provinz Franken in den Preußischen Staat einzugliedern und deren Verwaltung zu leiten. Hardenberg erwies sich als geschickter Diplomat; so konnte er in den Verhandlungen zum Sonderfrieden zwischen Frankreich und Preußen in Basel 1795 erhebliche rechtsrheinische Gebietsgewinne durchsetzen. Damals gehörte Alexander von Humboldt zu seinen Mitarbeitern.

Hardenberg wurde 1798 nach Berlin berufen, wo er 1804 die Leitung des Außenministeriums übernahm. Auf Druck Napoleons wurde er entlassen, wieder in seine Ämter eingesetzt und wieder entlassen. Hardenberg wich nach Riga aus, von wo er den preußischen König Friedrich Wilhelm III. beriet. Beispielsweise empfahl er, Heinrich Friedrich Karl

Karl August von Hardenberg um 1810, Gemälde

Carl-Hans von Hardenberg um 1915

Freiherr vom und zum Stein, mit dem er schon früher zusammengearbeitet hatte, als leitenden Minister einzusetzen. Er empfahl aber auch, vom Stein 1810 wieder zu entlassen, um selbst Staatskanzler zu werden.

Wie auf allen seinen bisherigen Stationen versuchte er auch in dieser Position umfangreiche Reformen durchzusetzen. Er scheiterte zwar an der Durchsetzung einer einheitlichen Besteuerung – der Widerstand des Adels war zu groß –, aber er erreichte vieles bei der Aufhebung der Leibeigenschaft, bei der Durchsetzung der Gewerbefreiheit, bei der Schaffung einer einheitlichen Verwaltungsstruktur, bei der Trennung von Staat und Kirche und der Gleichstellung der Juden.

Auch in der Außenpolitik, insbesondere in den Beziehungen zu Frankreich, war er sehr aktiv. Auf dem Wiener Kongress 1814/15, auf dem die Neuordnung Europas verhandelt wurde, vertrat er Preußen mit solchem Erfolg, dass er unter anderem für diese Dienste das Gut Quilitz verliehen bekam.

Hardenberg muss ein energischer Mensch gewesen sein, der immer und überall Ideen zur Verbesserung von Staat und Gesellschaft entwickelte und mit Elan daran ging, sie umzusetzen. Auch sein Privatleben blieb abwechslungsreich. 1807 heiratete er zum dritten Mal, diesmal die ebenfalls geschiedene Sängerin Charlotte Sophie Schöneknecht.

Auf einer Dienstreise 1822 wurde er krank und verstarb in Genua. Sein Leichnam wurde nach Neuhardenberg überführt und an der Kirche beigesetzt. Wunschgemäß wird sein Herz auch heute noch im Altar der Kirche aufbewahrt.

Carl-Hans Graf von Hardenberg hat entscheidend dazu beigetragen, den Namen Hardenberg im Gedächtnis der Deutschen zu verankern: Er gehörte zum Kreis um Graf von Stauffenberg (›Kreisauer Kreis‹), der das gescheiterte Attentat auf Hitler am 20. Juli 1944 verübt hat.

Am 22. Oktober 1891 wurde Carl-Hans Graf von Hardenberg im schlesischen Glogau geboren. Nach einer schweren Verwundung im Ersten Weltkrieg quittierte er den Militärdienst. Er erhielt eine Ausbildung im Bankwesen sowie in der Land- und Forstwirtschaft.

Im Jahr 1921 erbte er von seinem Onkel Cuno die Besitzungen der Familie im Oderbruch. Trotz der Weltagrarkrise der 20er Jahre gelang es ihm und seiner Frau Renate, geb. Gräfin von der Schulenburg-Lieberose (1888–1959), das Gut erfolgreich zu führen.

Hardenberg, typischer Vertreter seiner Schicht, engagierte sich als Deutschnationaler in der Kommunalpolitik des Kreises Lebus, zu dem Neuhardenberg gehörte. Er legte seine Ämter nach der Machtergreifung der Nationalsozialisten nieder, da er sich nicht von den neuen Machthabern vereinnahmen lassen und auch nicht der NSDAP beitreten wollte.

Mit Beginn des Zweiten Weltkriegs wurde er zur Wehrmacht eingezogen und diente unter anderem als Adjutant von Generalfeldmarschall Fedor von Bock. Mit dessen Neffen tauschte sich von Hardenberg schon bald über Umsturzpläne aus. 1942 kehrte der Graf nach Neuhardenberg zurück. Seit dieser Zeit diente das Schloss als Treffpunkt der führenden Köpfe des militärischen Widerstandes, darunter Claus Graf Schenk von Stauffenberg, Werner von Haeften und Ludwig Beck. Man entwickelte Pläne für einen Staat nach Hitler, in dem Carl Hans Graf von Hardenberg Oberpräsident von Berlin und Brandenburg werden sollte.

Nach dem Krieg urteilte er: »Die Schwierigkeit der Aufgabe war uns voll bewußt. Es galt, zu aktiven Taten zu schreiten, d. h. mit allem zu brechen, was uns von den Vätern gelehrt und was mit der Ehre eines preußisch-deutschen Soldaten verbunden war. Besitz, Familie, eigene und Standesehre mußten in die Waagschale geworfen werden, wenn dieser Weg beschritten werden sollte ... Wir müssen handeln. Das Wohl des Volkes verlangt den vollen Einsatz von uns. Auch im Falle des Mißglückens muß der Welt gezeigt werden, daß es in dieser Zeit Männer gegeben hat, die Ungnade wählten, wo Gehorsam nicht Ehre einbrachte.«

Am Tag des Attentats hielt sich der Graf im Berliner Bendlerblock auf. Er konnte entkommen, wurde jedoch vier Tage später unter dramatischen Umständen – sein Selbstmordversuch scheiterte, er verletzte sich dabei schwer – zusammen mit seiner Tochter Reinhild im Gartensaal des Schlosses von der Gestapo verhaftet. Die Besitzungen Neuhardenberg wurden 1944 von den Nazis konfisziert und waren als Wohnsitz für Rüstungsminister Speer vorgesehen. Den Aufenthalt im KZ Sachsenhausen überlebte Hardenberg nur dank der Hilfe seines kommunistischen Mithäftlings Paul Hofmann.

Am 22. April 1945 wurde das KZ befreit. Hardenberg stellt sich noch im Mai 1945 dem Berliner Magistrat zur Verfügung, denn er wollte am Wiederaufbau teilhaben. Doch Schloss und Gut wurden im Rahmen der Bodenreform in der sowjetischen Besatzungszone als Großgrundbesitz enteignet, und Hardenberg zog mit seiner Familie auf den alten Familienbesitz Nörten-Hardenberg bei Göttingen. Dort widmete er sich der Hohenzollernschen Vermögensverwaltung. Seine Frau wurde Geschäftsführerin der ›Stiftung Hilfswerk 20. Juli‹. Später lebte er in Kronberg/Taunus. Er starb am 24. Oktober 1958 in Frankfurt. Anlässlich seines 100. Geburtstages 1991 wurden die Urnen von Carl-Hans Graf von Hardenberg und seiner Frau an die Ostseite der Neuhardenbergschen Schinkelkirche in die Familienbegräbnisstätte umgebettet.

Heute trägt eine 1997 von seiner Tochter Astrid gegründete Stiftung seinen Namen. Sie hat ihren Sitz in der Komturei Lietzen, bemüht sich um die Kinder- und Jugendarbeit in Märkisch-Oderland und angrenzenden Gebieten und vergibt beispielsweise Stipendien an Oderbrücher, die an der Viadrina in Frankfurt/Oder studieren.

Altfriedland

Biegt man, von Neuhardenberg kommend, am Ortseingang in Altfriedland scharf rechts von der Bundesstraße 167 ab, lassen die zahlreichen gepflegten Parkplätze vermuten, dass Altfriedland sich als touristische Attraktion versteht und bereit ist, viele Besucher zu empfangen. Gleich nach der Wende wollte die Gemeinde ihr Dorf rasch mit EU-Mitteln auf westdeutsches Niveau trimmen. Die marktwirtschaftlichen Intentionen kamen rasch in der Realität an, und heute erinnert nur noch das Lokal mit Zimmervermietung ›Zur Wende‹ an die Aufbruchszeit nach 1989. Altfriedland ist nun wieder das, was es immer war und was diesen Ort so sympathisch macht: ein Klosterdorf mit Kirche, Klostersee, Fischteichen und einer faszinierenden Geschichte.

■ **Sehenswürdigkeiten**

An erster Stelle ist das **Kloster** zu nennen, nun gesichert und teilweise restauriert. Im Refektorium finden qualitativ anspruchsvolle Konzerte und auf dem übrigen Gelände Veranstaltungen statt. Die Anlage ist wohltuend überschaubar, nicht so pompös wie Neuhardenberg und mit der nötigen Erdung versehen. Während Neuhardenberg seine frisch lackierten und von der Sparkasse aufwendig sanierten Schinkelbauten präsentiert, erfüllt Altfriedland seine Klostertraditionen mit neuem, diesseitigem Leben und wird dadurch zu einer authentischen Attraktion für den Besucher. Hinter dem Klostergebäude entstand eine **Klosterschänke**. Die Fläche der **Klosterwiese** wird behutsam umgestaltet. All das braucht in Anbetracht leerer Kassen viel Geduld und Zeit, doch in Altfriedland scheint das zu glücken, was in anderen Orten im Oderbruch verspielt scheint. Der Besucher wird zum Gast, dem über Vereine eine sehr anschauliche Führung durch die illustre Geschichte des Klosters angeboten wird. Altfriedland liegt zwischen dem **Kietzer See** und dem **Klostersee** wie auf einer Insel. Der Kietzer See dient mit seinen vielen kleinen und größeren parzellierten Teichen der Fischaufzucht.

In der Geschichte Altfriedlands haben vor allem Frauen eine wichtige Rolle gespielt. Die erste urkundliche Erwähnung 1230 betrifft dann auch das Nonnenkloster der Zisterzienserinnen. Erst 41 Jahre später folgte das damalige Dorf Friedland, wie Altfriedland bis zur Kolonisierung hieß.

Es ist überliefert, dass Zisterzienserinnen zur Kultivierung des Landes beitrugen und hervorragende Landwirtinnen waren. Neben dieser Tatsache wirft eine Urkunde von 1385 ein aus heutiger Sicht ganz anderes, aber ebenso freundliches Licht auf die Nonnen von Altfriedland. Diese Urkunde beinhaltet Maßnahmen, um einen ›Sittenverfall‹ im

Helene Charlotte von Friedland

Kloster zu stoppen. Demnach nahmen es die lebenslustigen Nonnen mit der Abgeschiedenheit, mit Besuchern und dem Keuschheitsgelübde nicht allzu genau. Theodor Fontane merkte dazu an, dass das Altfriedländer Kloster zu einem gesellschaftlichen Mittelpunkt wurde, da alle Familien mit Rang und Namen ein schwarzes Schaf oder eine Tochter im Kloster unterbrachten. Das Kloster erhielt von diesen Familien deswegen erhebliche finanzielle Zuwendungen. Damit hatten jedoch die strengen Klosterregeln keine Chance, und der religiöse Ort wurde zu einem ›Rendezvousplatz‹, einer Nachrichtenbörse.

Die herausragenden Frauengestalten waren erst Mutter Helene Charlotte von Friedland und anschließend ihre Tochter Henriette Charlotte von Friedland. Die Mutter, eine Tochter des Generalmajors von Lestwitz, löste, bereits schwanger, ihre unglückliche Ehe nach nur einem Jahr in Berlin und erreichte mit königlicher Erlaubnis, den Ehenamen abzulegen. Ab diesem Zeitpunkt durfte sie sich Frau von Friedland nennen. Zunächst lebte sie in Berlin, verkehrte in den adligen Salons der Stadt und mit Intellektuellen, war überall eine interessante Gesprächspartnerin und soll noch dazu gespielt haben. Heute würden wir wohl von einer Szenefrau sprechen. Erst als keine Zahlungen mehr vom inzwischen geerbten Gut Friedland/Kunersdorf eingingen und wohl auch die Spielschulden zu groß wurden, begann sie sich um ihren Besitz zu kümmern.

Umgehend verkaufte sie ihren Familienschmuck und zog auf ihr Familienschloss nach Cunersdorf. Von 1788 bis zu ihrem Tod 1803 leitete sie mit forscher Hand das Doppelgut Kunersdorf-Friedland. Kurzerhand eignete sie sich das nötige Wissen an. Durch moderne Lehren – da-

Friedrich August von der Marwitz

mals steckte die wissenschaftliche Landwirtschaft noch in den Kinderschuhen – nahmen Landwirtschaft und Viehzucht einen rasanten Aufschwung. Ihr Gutsnachbar, General von der Marwitz (1777 – 1837), muss Frau von Friedland als sehr exotisch empfunden haben. Staunend formulierte er, sie habe ›Wälder auf bisher öde Berge versetzt‹. Von Marwitz gestand später in seinen Memoiren, dass er vieles in der Landwirtschaft von dieser Frau gelernt habe. Und Fontane, ein weiterer maßgeblicher Zeitzeuge, äußerte sich zu dieser Frau folgendermaßen: »Auf der Grenze ihrer Herrschaft kam uns Frau von Friedland, eine der merkwürdigsten Frauen, die existiert haben, im vollen Trabe entgegen, sprang vom Pferd, und setzte sich zu uns in den Wagen.«

Helene Charlotte von Friedland machte aus Bauern Förster, Jäger und Verwalter. Sie schöpfte den Reichtum der Natur aus und veredelte diesen gleich in eigenen, neu entstandenen Mühlen und Brauereien. 48-jährig starb sie am

Die Kirche des Klosterkomplexes

23. Februar 1803 an einer Lungenentzündung, die sie sich beim Brandlöschen in Wuschewier zugezogen hatte.

Die Tochter Henriette (1772–1848), verheiratet mit Peter Ludwig Graf von Itzenplitz (1768–1834), führte Kunersdorf im Sinne der Mutter weiter. Ihr nacheifernd, fand auch unter der Tochter Henriette »alles was hervorragte, sei es in Staat, Leben und Wissenschaft, die gastlichen Tore von Schloß Kunersdorf offen.« So erneut Fontane.

Henriette von Friedland machte Kunersdorf zu einem geistig-kulturellen Mittelpunkt des Oderbruchs und sogar ganz Preußens. Die Mitglieder der ›Gesetzlosen Gesellschaft‹ fanden sich zahlreich unter den Gästen von Kunersdorf. Diese Gesellschaft war eine kurz nach der napoleonischen Besetzung gegründete Vereinigung im Kampf um Vaterland

und Freiheit, deren Mitglieder auch die Geselligkeit pflegten. Der Graf von Itzenplitz war selbst ein Mitglied. In dieser Nische fanden die kulturellen und geistigen Eliten des Landes ein Zuhause – und in Kunersdorf sozusagen ihre Sommerfrische.

Bereits Helene Charlotte von Friedland zog die damalige gesellschaftliche Elite auf ihr Schloss, darunter die Brüder von Humboldt, den Juristen Friedrich Carl von Savigny, den preußischen Geschichtsschreiber Leopold von Ranke, den Staatskanzler Karl August von Hardenberg, die Bildhauer Christian Daniel Rauch, Christian Friedrich Tieck und Gottfried Schadow. Sie überredete auch den bedeutendsten Agrarwissenschaftler der damaligen Zeit, Albrecht Daniel Thaer (1752–1828), seine sichere Existenz in Celle aufzugeben und sich in Möglin am Rand des Oderbruchs niederzulassen.

Adelbert von Chamisso verbrachte später bei der Tochter Henriette Charlotte in Kunersdorf ein ganzes Jahr und erfand 1813 hier den Mann, der seinen Schatten verlor, ›Peter Schlemihls wundersame Geschichte‹. In dieser Novelle findet die Heimatlosigkeit des Emigranten ihren Ausdruck. Chamisso, selbst ein Franzose und strenger Royalist, ging während der Revolution in Frankreich zunächst in preußischen Militärdienst, verlor die Schlachten gegen Napoleon und zog sich dann enttäuscht als Botaniker und Schriftsteller zurück.

■ Altfriedländer Teiche

Das Europäische Vogelschutzgebiet Altfriedländer Teiche ist Brutstätte für zahlreiche Vogelarten, darunter Tafel- und Reiherente, Flussseeschwalbe, Beutelmeise, Graugans, Lach- und Silbermöwe sowie Eisvogel. Gleichzeitig sind die Teiche auch Durchzugsgebiet und Rastplatz

Karte S. 74 ▲

für jährlich 6000 bis 7000 Gänse auf ihrem Weg in ihre Sommer- und Winterquartiere. Das Vogelparadies, das den EU-Richtlinien für ein Europäisches Vogelschutzgebiet (›Important Bird Area‹) entspricht, entstand auf der Grundlage einer bewirtschafteten Teichlandschaft. Zwei **Aussichtskanzeln** bieten Besuchern gute Beobachtungsmöglichkeiten.

Kunersdorf

Verlässt man Altfriedland, vorbei an der immerhin acht Meter im Umfang messenden Franzoseneiche, sieht man bald die Kirche von Kunersdorf.

Heute gibt es in Kunersdorf kein Schloss mehr. Es wurde im Krieg zerstört und ebenso wie die barocke Kirche nach dem Hochwasser 1947 abgerissen. An ihre Stelle trat, zwischen 1951 und 1955 errichtet, eine neue **Kirche**, ein im Oderbruch einzigartiger dreiteiliger Kuppelbau, bestehend aus Turm, Schiff und Altarraum, der sich sanft und zugleich beinahe expressionistisch in die Oderbruchlandschaft einfügt.

Im hinteren Teil des sich anschließenden **Friedhofs** befinden sich die Begräbnisstätten der Besitzer von Kunersdorf: Eine wunderschöne Säulenkolonnade mit Porträts des Vaters der Frau von Friedland, des Generals von Lestwitz (1718–1788) und dessen Ehefrau (1734–1789), geschaffen von Schadow. Das Grabmal von Helene Charlotte von Friedland (1754–1803) wurde von Heinrich Keller geschaffen, das der Tochter Henriette Charlotte und ihres Mannes Peter Alexander von Itzenplitz (1769–1834) entwarf Christian Daniel Rauch. Das Grabmal von Marianne Louise Emilie Gräfin von Itzenplitz (1805–1831), die sehr früh verstarb, wurde von Christian Friedrich Tieck nach Entwürfen Schinkels geschaffen. Weitere Familiengräber befinden sich auf dem Erbgrab, so auch die des letzten Besitzers von Oppen. Er hatte wiederum nur eine Tochter, die Achim von Arnim, gefallen 1940, heiratete. Somit waren die Arnims die letzten Bewohner von Kunersdorf.

Vom ehemaligen **Schlosspark**, der einst von Lenné angelegt wurde, sind nur einige Trauerweiden erhalten. Ein Teich

Das mittlere Oderbruch

Das ungewöhnliche Denkmal im Schlosspark

wurde angelegt, an dem sich ein von ABM-Kräften angelegter und nicht ganz stilechter Rastplatz befindet.

Seit 2004 steht ein ganz besonderes **Denkmal** im Schlosspark. Auf dem Sockel liegt ein bronzenes Kissen, das einen übergroßen Apfel und eine goldene Kugel trägt, die damit so wertvoll werden wie Orden, Rathausschlüssel, Kronen. Der Apfel steht für das fruchtbare Wirken der Frau von Friedland, die goldene Kugel für Schätze, die vermeintlich unseren Eigenwert mitbestimmen. Eine halbrunde Bank dahinter lädt zum Verweilen ein und zum Nachdenken über das Zitat, wie Erika Stürmer-Alex, die Künstlerin, ihre Arbeit nennt.

Zwischen Gottesgabe und Groß Neuendorf

In Gottesgabe zweigt einer der Fahrtwege nach Neutrebbin über Neufriedland ab. Er nähert sich dem **Kietzer See** bei Neufriedland derart, dass sich zur rechten ein sumpfiges Dickicht bis zum Asphalt ausbreitet. Ein Abzugsgraben sammelt die Wasser.

Ahorn verschiedener Wachstumsstufen, Schilfgras und Erlen lassen ein wenig die Ursprünglichkeit des Landstrichs erahnen. Kurz darauf weicht das Dickichtgrün den Kohl- und Rübenpflanzen. Üppige Gemüsegärten schließen sich an, in denen sich unter anderem große Kürbisse und Rhabarber finden.

Auf der anderen Seite füllt ein endlos scheinender von Baumgruppen und Hecken durchsetzter Acker den Raum, so weit das Auge schaut. Das typische Bild des Oderbruchs auf dieser Höhe: Felder mit Roggen, Weizen, Gerste, mit Raps, der im Frühling wunderbar gelb blüht und einen öligen Geruch verströmt, und Sonnenblumenfelder ziehen sich endlos am Weg entlang.

Vor Neufriedland kreuzt der **Friedländer Strom**, der eher als Flüsschen daher kommt. Er ist nach Norden hin begradigt oder fließt eher wie in einem Kanalbett durchs Ackerland. Zum Kietzer See hin verschwindet dann der Fluss hinter einer baumbestandenen Biegung. Das Wasser ist klar, so dass man darin Schlingpflanzen auf dem flachen Grund sehen kann, die einer ansonsten nicht wahrnehmbaren Strömung nachgeben. Forellen springen, Jungfische tummeln sich in kleinen Schwärmen.

Gleich hinter der Brücke steht parallel zum Flusslauf ein vom Mühlen- zum Wohnhaus umgebautes Gebäude, dessen Dach bereits löchrig ist. Noch ist es bewohnt. Dreigeschossig und ausladend, gibt es die ehemalige Funktion zu erkennen und bietet ein in dieser Landschaft nicht häufig anzutreffendes Bild. Was wird werden: Sanierung oder Abriss?

■ Grube

Unmerklich geht das an den Straßenrand dahin gestreute Neufriedland in Neutrebbin über, oder genauer, zunächst in die als Grube bezeichnete Ansiedlung, die heute ein Vorort des größten Dorfs aus der Kolonisation Friedrichs II. ist. Der Boden des Ortes Grube liegt paradoxerweise höher als das umliegende Land und wurde von den regelmäßigen Überschwemmungen bisher nicht heimgesucht. Und nun begegnet uns wieder Markgraf Carl, der uns schon aus Neuhardenberg bekannt ist, dem dieses Gebiet, nämlich das Amt Friedland, zur Kolonisation übergeben wurde. Er ließ neben anderen Orten wie Carlsburg (das spätere Wuschewier), Carlsfelde (heute Sietzing) und Carlswerder (Kiehnwerder) auch den Ort Carlshof anlegen, der bereits zur Fertigstellung 1769 als

Neusiedlung Grube bezeichnet wurde. Schon vor der Eingemeindung der Siedlung 1800 zu Neutrebbin gingen die Kinder im Hauptdorf zur Schule. Nur der **Friedhof** zeugt heute noch von der ehemaligen Eigenständigkeit der zehn Kolonistenstellen.

Inzwischen hat auch dieses Gebiet eine Vielzahl von Verwaltungsreformen über sich ergehen lassen müssen, und es scheint kein Ende in Sicht. Wurde noch die Auflösung der Länder und die willkürliche Grenzziehung der Bezirke der DDR von der BRD heftig kritisiert, so waltet jetzt eben jene Willkür bei der identitätsauflösenden Zusammenfassung der Gemeinden zu riesigen Ämtern. So reicht das Amt Barnim-Oderbruch, zu dem Neutrebbin gehört, von Prötzel über Wriezen bis nach Zäckericker Loose.

Noch ein Denkmal für Friedrich II.

■ Neutrebbin

Neutrebbin wurde 1755 mit 131, zum größten Teil aus der Pfalz stammenden Familien besiedelt. Die Dorfmitte bildet der Kirchenbau von 1816. Er entstand, nachdem die alte Kirche wegen Baufälligkeit abgerissen werden musste. So erging es fast allen Bauten aus der Anfangsphase der friederizianischen Kolonisation.

In der Nähe der Bahnlinie wird das Dorf beinahe kleinstädtisch; man stößt auf ein zweigeschossiges, villenartiges **Bürgerhaus** mit schmiedeeisernen Balkonen und schräg gegenüber auf ein stattliches, wilhelminisches **Postgebäude** von 1896. Einen kurzen Augenblick wähnt man sich architektonisch im kolonialen Deutschland.

Der offensichtliche Wohlstand mancher Neutrebbiner, der sich im kleinbürgerlichen Prunk manifestiert hat, beruht auf der gefiederten Vergangenheit des

Ortes. Neutrebbin zählte zu den bedeutendsten Gänsemästereien Preußens. An den Hauptmarkttagen direkt am Bahnhof fanden sich dann bis zu 30 000 Stück Federvieh. Die Gössel wurden dann schnatternd durch die Straßen zu den einzelnen Mästereien getrieben. Bereits 1856 hatte der Ort eine eigene Poststation. Die Briefe und Pakete wurden einmal täglich nach Wriezen mit der Kariolspost befördert, einem kleinen schnellen Fuhrwerk. Neutrebbin wurde übrigens 1997 zum schönsten Dorf Brandenburgs gewählt.

■ Wuschewier

Nicht weit von Neutrebbin und Grube befindet sich der kleine und unscheinbare Ort Wuschewier, der zum Amt Friedland gehörte. Auch dieser Ort hat sein Kleinod. Daher lohnt es sich, hier kurz Station zu machen, um etwas über die Lebensweise in der Kolonisationszeit

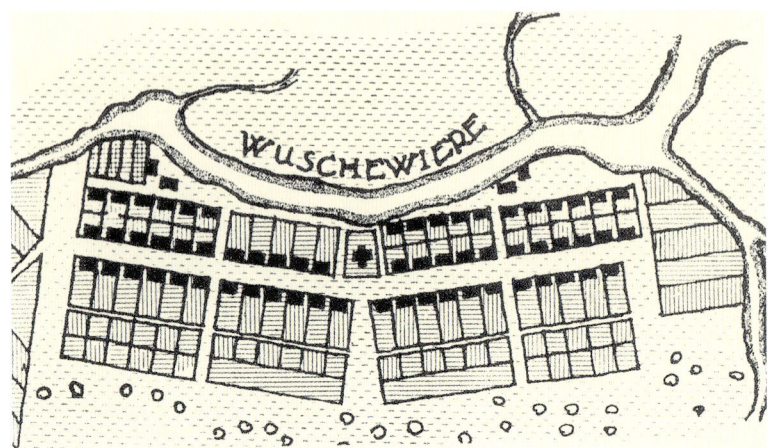

Ansiedlungsplan aus der Gründungszeit Wuschewiers

zu erfahren. Ein langgestrecktes **Schul- und Bethaus**, das älteste seiner Art im Oderbruch, aus Lehmfachwerk und mit Schilfrohr gedeckt, steht direkt am Dorfanger mit anderen Fachwerkhäusern aus dem 18. und 19. Jahrhundert. Der Ansiedlungsplan stammt von 1752, vier Jahre später wurde das Dorf an dem Flüsschen Wuschewier errichtet, von 1760 bis 1763 hieß es Carlsburg (nach Markgraf Carl). Das Bethaus entstand 1764, das Schulzimmer kam mit Lehrerwohnung 1850 hinzu. Als letztes entstand das Glockentürmchen, kaum höher als das übrige Haus. In den Jahren von 1791 bis 1793 gehörte das Amt Friedland zum Besitz der Frau von Friedland, sie ging auch hier zur Koppelwirtschaft über und erreichte durch die neue Bewirtschaftung das Fünffache der Erträge.

Im Jahre 1841 waren die Familienhäuser, wie die Kolonistenhäuser auch genannt wurden, weit überbelegt. Durch die frühkapitalistische Landwirtschaftsentwicklung jener Zeit setzte nach den Anfangsjahrzehnten des Aufschwungs und den Vergünstigungen, die Friedrich II.

noch seinen Kolonisten bot, eine rasch anwachsende Landarmut ein. 1848 kam es zur Märzrevolution in Deutschland, und von den inzwischen 470 Einwohnern Wuschewiers wanderten in diesem Jahr 80 der ehemaligen Kolonisten nach Amerika aus – Ironie der Geschichte. Besuchenswert ist auch das Haus Nr. 26. Dieses alte Kolonistenhaus beherbergt ein **Tabakmuseum**, in dem man über Tabakanbau und -genuss Wissenswertes erfährt, wie über das Leben im Bruch Ende des 18. Jahrhunderts.

Der Nachbarort **Sietzing** ist hauptsächlich wegen seiner Fachwerkkirche von 1803 mitsamt separatem Kirchturm von 1883 eine Erwähnung wert.

■ **Horst**

Zurück von Wuschewier Richtung Neutrebbin gibt es einen Ort namens Horst, ein Ortsteil von Wuschewier. Erwähnenswert ist dieser Ort nur, weil sein Name Horst, abgeleitet von Hörste, höher gelegene, mit Bäumen und Weiden bewachsene Flächen bezeichnete, die nicht durch jedes Hochwasser über-

Karte S. 74
▲

schwemmt wurden. Sie waren größtenteils unbewohnt und unbebaut. Doch um 1740 wurden ein Hirtenhaus, ein Stall und ein Molkenhaus auf den Hörsten der Kleinbarnimer Feldmark errichtet. Im Jahre 1763 wurde der Platz nach seinem Besitzer, wiederum Markgraf Carl, als Carlshorst bezeichnet. Es wurde Tabak angebaut, sogar eine in Wuschewier zerlegte Windmühle hier wieder aufgebaut. Eine Ziegelei kam kurzzeitig hinzu, 1850 nahm eine Zuckerfabrik ihren Betrieb auf. Doch einige Jahrzehnte später fiel dieser Ort wieder in seinen ländlichen Schlaf und ist heute ein eigentlich nicht erwähnenswürdiger Ort. Ebenso verhält es sich mit den vielen anderen Dörfern, die beiderseits des Weges liegen und zu denen man gelangen würde, wenn man sich in den Weiten der Landschaft verlöre, sich einfach nur treiben ließe. Jede Ansiedlung hat ihre eigene kleine Geschichte, unauffällig und beachtenswert zugleich, und der Reisende wird über seine Entdeckungen erstaunt sein.

Alttrebbin

Das nächste Dorf nach Neutrebbin heißt Alttrebbin. Es wird 1349 erstmals urkundlich als Trebeniken erwähnt. In einem Verzeichnis von 1375 wird es bereits als Trebyn, ein Runddorf ohne Kirche, aufgeführt. Die Bewohner lebten vermutlich vom Fischfang, denn ihre zu entrichtende Abgabe waren zwei Hechte pro Jahr und Haus. Mit der Trockenlegung und der Ansiedlung von Kolonisten veränderten sich die Strukturen auch in diesem Dorf. Die Einwohnerzahl erhöhte sich von 65 im Jahre 1734 auf 89 etwa 30 Jahre später.

Auch die angesiedelten Berufe verraten etwas von dem Umbruch. Ein in den Büchern aufgeführter Müller ist der Beleg

für den neuen Bauernstand im Oderbruch, der Schulmeister für den Fortschritt und der angesiedelte Nachtwächter wird nicht umsonst bezahlt worden sein.

Im Jahre 1820 entstand ein **Schul- und Bethaus** aus Fachwerk mit Backsteinausfüllung. Die Besonderheit dieses Baus ist das entfernt und frei stehende Glockenhäuschen, ebenfalls in gleicher Ausführung.

■ Altbarnim und Neubarnim

Ganz in der Nähe von Alttrebbin liegt Altbarnim. Die Dörfer, die man auf diesem Weg erreichen kann, sind in ihrer Entstehungsgeschichte so typisch für das Oderbruch. Die Urgemeinde Altbarnim erhielt aber nicht mit der Trockenlegung wie die anderen Ursprungsdörfer die Vorsilbe Alt, das Dorf wurde erst 1949 von Groß in Alt umbenannt.

Mit dem Barnim wird eine ganze Landschaft zwischen der Oder und der Havel bezeichnet. Namensgeber für Ort und Landstrich war vermutlich Barnim I., ein Pommernherzog, der im 13. Jahrhun-

Das Schul- und Bethaus in Alttrebbin

Das mittlere Oderbruch

dert lebte. Die Gründung des Dorfes wird in dieser Zeit erfolgt sein. Um 1300 kam das Dörfchen ›parve Barne‹, Kleinbarnim, hinzu. Die **Kirche** wurde 1776 und das kleine **Spritzenhaus** gegenüber auch in dieser Zeit erbaut. Als Kleinbarnim 1811 abbrannte, bauten einige Bauern Wubrigsberg auf. Großbarnim heißt 1312 ›uff dem Barnam‹, wird 1375 erstmals als ›Groten Barnym‹ urkundlich erwähnt und war das alte Bruchdorf dieser Barnimer Dörfer. Die Bewohner waren Fischer.

Nur wenige Kilometer abseits der Hauptstraße, die von Wriezen bis nach Gorgast führt und an der Bundesstraße 1 endet, hinter Altlewin links abbiegend, befindet sich das längste Dorf des Oderbruchs, das Kolonistendorf Neubarnim. Das Dorf wird von in Brandenburg seltenen zweigeschossigen **Fachwerkhäusern** und seiner zwei Kilometer langen **Lindenallee** entlang des Angers charakterisiert, der die Hausreihen trennt. Die Allee steht unter Naturschutz.

■ **Altlewin und Neulewin**

Der Ort Altlewin hat ein neuromanisches **Backsteinkirchlein** von 1882 und ein **Gasthaus mit Pension**. Doch bemerkenswerter als die Gaststätte ist der **Friedhof**, zu dem ein Feldweg am Ende des Runddorfs führt. Er ist nicht durch bedeutende Gräber hervorzuheben, sondern durch seine Lage inmitten der Felder.

Die Straße links vom Dorf führt über einen Abzweig nach Neulewin, einem größeren Kolonistendorf mit einer breiten **Dorfaue**. Sie wird von einem typischen Schachtgraben zur Entwässerung durchzogen. Brücken überspannen das Rinnsal, Gärten zu beiden Seiten breiten sich aus. Satte Wiesen, Obstbäume, Blumenfelder wirken wie ein liebevoll gestalteter Park – ökologischer Landbau ohne Gütesiegel –, und Kinder spielen. Diese Dorfaue steht unter Denkmalschutz. Die Straße schlängelt durch das Dorf, bis sie breit und gerade nach Güstebieser Loose und weiter zur Oder führt.

Nimmt man den Weg im Neulewiner Dorfkern an einem für hiesige Dimensionen stattlichen Bau aus den dreißiger Jahren vorbei, gelangt man nach Neubarnim und weiter nach **Ortwig**. Hier befindet sich die rund 240 Jahre alte und damit älteste Fachwerkkirche des Bruchs.

Groß Neuendorf

An den ersten Häusern am Ortsrand enden die Felder und Wiesen. Die Weite des Oderbruchs wechselt zu einer schwelgerischen Gartenlandschaft unter Lindenbäumen.

Groß Neuendorf ist eine für Oderbruchverhältnisse große Ortschaft, die mit niedrigen und einfachen Bauernhäusern beginnt und dann überraschende Einsichten freigibt.

Erste Fundstücke belegen, dass Groß Neuendorf zu den frühen wendischen Siedlungen im Oderbruch gehört. Bereits im 12. Jahrhundert begann die germanische Besiedlung. Im Jahre 1349 wird Groß Neuendorf in einer Schenkungsurkunde erwähnt. Der Probst zu Bärwalde, Dietrich Mörner, erhielt mit seiner Verwandtschaft als Dank für treue Dienste den Ort, zu dieser Zeit noch Cruschzig genannt, zusammen mit dem Nachbarort Ortwig als Geschenk.

Karte S. 74

Dorfidylle

Nach einer Kette von Übereignungen entwickelte sich das Dorf ab 1670 von einem Fischer- zu einem Bauerndorf. Der Besitzer, der Gutsherr von Sydow, schaute nur selten nach dem Rechten, und so rodeten die Neuendorfer eigenständig die umliegenden Wälder und verbesserten den Hochwasserschutz. Nur wenige zweigeschossige Häuser, wie der **Landfrauengasthof** oder das **Postgebäude** aus Kaisers Zeiten, lassen erahnen, dass das an die Oder gezwängte Groß Neuendorf ehemals eine größere Bedeutung hatte, als heute die Abgeschiedenheit ohne Durchgangsverkehr am Grenzdeich erahnen lässt. Es war nicht nur Fischerdorf mit Landwirtschaft, sondern hatte auch eine bedeutende Pferdezucht.

Im Jahre 1861 erlebte der Ort eine wahre Blüte, die Einwohnerzahl kletterte auf über 2000. Groß Neuendorf besaß neben verschiedenen Gewerken zwei Windmühlen und eine Ölmühle sowie einen Verladekran am inzwischen ausgebauten Hafen. Über diesen wurde das Korn aus dem Oderbruch bis Stettin oder bis Breslau und über Kanäle sogar bis Berlin verschifft. In dieser Zeit reifte der Plan, von Fürstenwalde bis nach Wriezen die Oderbruch-Bahn zu errichten. Groß Neuendorf sollte der Hauptanlaufpunkt mit Lokstation und Anschluss zum Hafen der Schmalspurbahn werden. Nach jahrzehntelangen Diskussionen wurde die Linie 1912 endlich befahren.

Bereits in der Mitte des 19. Jahrhunderts war der **Hafen** Mittelpunkt des Dorfes und ein Hauptumschlagplatz für landwirtschaftliche Güter des Oderbruchs, die bis nach England verschifft wurden. 1911 wurde mit dem Bau des noch heute erhaltenen Hafenbeckens begonnen, ein Jahr darauf die Kran- und Speditionsgesellschaft gegründet. Einer der Gründer war der Sohn Sperlings, der seine Ruhe auf dem jüdischen Friedhof fand. 1945 wurden der Hafen und die Gleiszuführungen zerstört, seither wird der Gütertransport auf der Straße durchgeführt. Der Hafen wurde nicht wieder aufgebaut, das Gelände wechselte ständig den Besitzer, bis es 1994 in den Be-

An der Oder

Karte S. 74

sitz des Getreidezentrums Fürstenwalde kam. 1966 wurde fast die gesamte Bahnstrecke stillgelegt, 1970 erfolgte das endgültige Aus.

Der **Turm** der ehemaligen Hafenanlage blieb erhalten und ist bis heute ein markantes Wahrzeichen Neuendorfs. In den vergangenen Jahren wurden die gesamten **Hafengebäude** vollständig saniert. Ein Berliner Architekt hatte eine Vision, beflügelt durch die Einzigartigkeit dieser Anlage inmitten der Oderbruchlandschaft an der Kante zum Fluss, am Oder-Neiße-Fahrradweg. Aus dem Verladeturm am Wasser sollte ein Café mit einer Ferienwohnung über drei Etagen werden. Im hinteren Maschinenhaus am Deich sollte ein Restaurant mit Hotel entstehen, dazu eine Galerie, und in den Baracken nebenan, dem ehemaligen Getreidespeicher, sollten ein Landwirtschaftsmuseum und ein touristischer Service untergebracht werden. Ein kleiner Yachthafen rundete den Plan konsequent ab, auch an eine Skatebahn war gedacht.

Die Vision scheiterte an der Wirklichkeit. Das Maschinenhaus mit Hotel erhielt einen neuen Eigentümer, der sogleich mit Fördergeldern das Dach neu eindecken ließ, da das alte Fördermitteldach aus Glas irgendwie falsch gewesen sein soll. Im Turm am Maschinenhaus kann man jetzt im Schick dieser Eigentümer wohnen.

Allein der Verladeturm am Wasser ist von der anfänglichen Vision übrig geblieben. Der Turm weist wie ein Zeigefinger in die Luft. Hier führt Lars Treptow, der auch das ›Landhaus‹-Restaurant in Letschin betreibt, ein Café, das im Sommer täglich geöffnet hat. Und die Ferienwohnung im Turm ist ein Kleinod.

Die anderen Kleinode des Ortes liegen im Verborgenen. Das sind beispielsweise die Spuren seiner jüdischen Vergangenheit. Sie sind weniger gut ausgeschildert, weniger gut gepflegt als beispielsweise die deutschen Kriegsgräber, doch umso mehr entdeckenswert.

Hinter einer breiten Wohnhausfront liegt die ehemalige **Synagoge** verborgen. Nur mit Mühe ist noch der neogotische Bau zu erkennen. Die Spitzbögen der Fenster sind noch zu sehen, die Fenster jedoch zugemauert. Das Gewölbe bleibt durch eine Zwischendecke verborgen.

Etwas außerhalb des Ortes liegt der **Jüdische Friedhof** mit 29 erhaltenen Grabsteinen. Die Gräber der Familie Sperling sind zu sehen. Der Berliner Getreidegroßhändler Michael Sperling (1803–1866) betrieb eine Filiale im Oderbruch und holte vor allem Glaubensbrüder als Arbeiter hierher. Er wird auf seinem Grabstein als Stifter des hiesigen Synagogenverbandes und Gründer des Friedhofs bezeichnet.

Eine Jüdische Gemeinde in Groß Neuendorf und Letschin wurde 1847 gegründet, 1855 erfolgte der Erwerb eines Grundstücks für einen Friedhof, 1864 verlegte die Gemeinde ihren Sitz nach Groß Neuendorf. Aber bereits 1895 wurde die Gemeinde mit dem Synagogenbereich Seelow zusammengelegt. Gottesdienste fanden bis 1910 weiterhin statt.

Grabsteine aus dem 20. Jahrhundert sucht man vergebens, die jüdische Geschichte Groß Neuendorfs verliert sich mit einer Berliner Traueranzeige aus dem Jahr 1929.

Da wurde der Tod eines Waldemar Sperling angezeigt. Die allerletzte jüdische Spur basiert auf der Erinnerung alter Leute, die glauben, dass eine Frau Baumgarten 1943 oder 1944 von der Polizei abgeholt und deportiert wurde.

Somit währte das jüdische Leben in Groß Neuendorf nur zwei, drei Generationen. Zeugnis legen die Grabsteine ab, die 1993/94 von in- und ausländischen Studenten vom überwucherten Unkraut freigelegt und dann wieder aufgerichtet wurden.

Von Groß Neuendorf sind Fahrradtouren ins Oderbruch möglich, über die man zu anderen Kleinodien wie Kienitz oder Letschin gelangt. Saisonale Charterfahrten werden die Oder hinab bis nach Szczecin (Stettin) ebenfalls durchgeführt.

Aber die unkomplizierteste Art ist es, sich am Sonntag in den Garten der **Galerie Koch und Kunst** zu setzen und ganz nebenbei von dem Fotografen Hessheimer etwas über diesen verborgenen Ort Groß Neuendorf zu erfahren. Kunstvolle Fotografien des Oderbruchs kann man in Bildbänden oder Kalendern nach Hause tragen.

Hier werden übrigens auch Koch- und Fotokurse angeboten.

Karte S. 74

▲ *Der jüdische Friedhof*

■ Naturschutzgebiet Odervorland

Das Naturschutzgebiet Odervorland erstreckt sich nördlich von Groß Neuendorf parallel zur Oder. Kennzeichnend für dieses Gebiet ist ein reich strukturierter Auenkomplex im Odervorland mit wechselndem Grünland unterschiedlicher Ausprägung und Regenerationsstadien von Weichholz-Auenwäldern. An Lebensraumtypen weist das Gebiet natürliche Seen, Fließgewässer mit Schlammbänken, feuchte Hochstaudenfluren, Brenndolden-Auenwiesen, magere Flachland-Mähwiesen, Auenwälder und Hartholzauenwälder auf. Die sonst sehr seltenen Tierarten Biber, Fischotter, Rotbauchunke und Grüne Keiljungfer, eine Großlibellenart, sind hier heimisch.

Kienitz

Die Welt ist eine Scheibe, platt und weit, hinter ihr taucht die Sonne blutrot und merkwürdig stumpf unter. Vielleicht hebt sich im Gegenlicht die Silhouette eines Mannes ab, der für heute den Versuch beendet, ein altes Moped wieder fahrbereit zu machen, nur für die Fahrt zum Angeln an den Oderdamm hinterm Deich und mit dem angehängten Eimer voller Fische. Ein kapitaler Hecht vielleicht; sein Kopf würde dann als weitere Trophäe zu den anderen an die Schuppentür genagelt werden. In einem anderen Hof wird der Schäferhund von der Kette gelassen, um das Grundstück zu bewachen. Auf dem Weg durch eine Gasse zweier Ziegelmauern liegt träge eine Katze auf dem Torpfeiler eines Bauernhofes. Durch die schmalen Augenschlitze tastet sie das ins Zwielicht getauchte Terrain nach Beute ab. Man wird gemustert. Um diese Zeit fühlt man sich in Kienitz als Eindringling in einer Welt, in der man nichts zu suchen hat. Das Dorf Kienitz besteht aus kleinen

Höfen mit geduckten Häusern und ein wenig Nebengelass, nichts vermittelt Wohlstand. Nur wenige der **Mittelflurhäuser** aus Fachwerk sind übriggeblieben, denn als Brückenkopf der Roten Armee lag Kienitz im Zweiten Weltkrieg wochenlang unter Dauerbeschuss und wurde wie viele Orte im Oderbruch zu über 90 Prozent zerstört. Am zentralen Platz erinnert ein sowjetischer T-34 zwischen mehrstöckigen Wohnblocks aus den 60er Jahren an die Schlacht. Das kriegerische **Denkmal** wirkt etwas deplaziert und disproportional und dient heute als Turngeräteersatz für die Dorfkinder – nicht die schlechteste Form der Erinnerung.

Am Ortseingang befindet sich der etwas vernachlässigte kleine **Sowjetische Ehrenfriedhof**. Die Grabtafeln sind streng ausgerichtet wie auch die Silbertannen inmitten hochgewachsener Laubbäume. Dieser militärische Drill selbst im Tode könnte befremden, wären da nicht allerorts die Hinweisschilder zu den gepflegten deutschen Kriegsgräberstätten.

In Kienitz ist Bescheidenheit noch eine Tugend. Was im Oderbruch allgemeine Umgangsform ist, wird auch in Kienitz auf die herzlichste Art gepflegt. Hier wird auch der Fremde gegrüßt, als sei er der Nachbar. Die Kienitzer sind hilfsbereit und weisen routiniert den Weg zu ihrer Dorfattraktion.

Auf dem Weg zum Deich schimmert linker Hand, schon von weitem sichtbar, auf einer Anhöhe das Weiß der **Kirche** durch hohe Eichenbäume hindurch. Der Turm ist wieder hergerichtet, einige Räume im vorderen Teil sind ausgebaut. Einen kleinen Andachtsraum mit Orgel gibt es. Dagegen schaut man durch tote Fenster in das dachlose Kirchenschiff hinein. Drinnen streben Bäume zum Licht. Die Kirche stammt von 1831

und wurde im Krieg stark beschädigt. Hier war das Reich der Erna Roder, die Witwe des Pfarrers und ein weit über die Grenzen des Oderbruchs bekanntes Unikum, die in der Kirchenruine wohnte – im trockenen Teil des Baus –, naive Bilder malte und aus Zement, Flaschen und gesammelten Steinen ländliche Figuren werden ließ. Noch immer stehen die merkwürdigen Figuren am Dorfausgang zum Deich und vor allem im Kirchgarten. Erna Roder formte Szenen einfachen ländlichen Lebens: Frösche, Pilze, Störche, Katzen, Schwäne. Auf den Fenstersimsen des Kirchenschiffs standen ›heidnisch anmutende‹ Wurzeltrolle mit Strohhüten. Sie sind verschwunden. Erna Roder hat ihre letzten Jahre im Altersheim von Letschin verbracht und ist im November 2007 im Alter von 91 Jahren verstorben.

Frau Roder trug, als sie noch an diesem Ort lebte, mit Würde das graue Haar zum Kranz geflochten, hatte rosige Wangen und ein Lächeln, das die Welt um-

Eine der Figuren von Erna Roder

Die Oderbruch-Bahn

Im Jahr 1909 war die Industrialisierung auch im Oderbruch angekommen. Nach jahrzehntelanger Planung und Diskussion wurde der Grundstein für die Oderbruch-Bahn gelegt, die von Wriezen bis nach Fürstenwalde fuhr. Der Schwerpunkt der Bahn war der Transport landwirtschaftlicher Produkte, doch auch im Nahverkehr zählte man im ersten Betriebsjahr 442 793 Fahrgäste, statistisch gesehen pro Tag 1213 Reisende. Diese Passagierzahl wurde später nie wieder erreicht.

Ein Abzweig führte nach Müncheberg. Dort befanden sich Betriebsverwaltung und Hauptwerkstatt der Bahnstrecke. Doch entsprechend der landwirtschaftlich wirtschaftlichen Bestrebungen lag der Hauptbahnhof in Groß Neuendorf mit einem Abzweig zum Hafen, ebenso führten Gleise in Kienitz zum Hafen. Beim Bau der Strecke mussten beim Abstieg in das Oderbruch 17 Meter tiefe Einschnitte erfolgen und bis zu 14 Meter hohe Dämme errichtet werden. 55 Bauwerke wurden zum Überqueren von anderen Verkehrswegen gebaut, ebenso 43 Stationen.

Der stete Abstieg der Bahn begann bereits während des ersten Weltkriegs. Die Fahrpläne wurden radikal reduziert. Das Personal war an der Front, und die Energie-krise tat ihr Übriges. Im Zweiten Weltkrieg und durch das Hochwasser 1947 wurden die Bahnanlagen erheblich zerstört. Die Weiterentwicklung des Straßenverkehrs auch in der DDR machte die Strecke unrentabel, und so wurden 1966 Teilstrecken stillgelegt. Im Jahre 1971 kam das endgültige Aus für die Bahn.

Bis heute bleiben dem aufmerksamen Betrachter Spuren der Bahn nicht ver-borgen. Bahnstationen wurden – beispielsweise in Sietzing – als Wohnhäuser umgenutzt, stehen teilweise anachronistisch am Dorfrand, Reste von Bahnanlagen, Bahndämme, Brückenbauwerke, Rampen und Wasserdurchlässe, Anschriften und Straßennamen weisen auf die einstige Existenz dieses Fortbewegungsmittels. An verschiedenen Streckenpunkten, unter anderem in Neulewin, stehen Tafeln, die den Wanderer oder Fahrradfahrer über die Oderbruchbahn informieren.

Ein alter Waggon der Oderbruch-Bahn

armen will. Mit rüstigen Siebzig fand man sie am Abend häufig noch in einem Winkel hinter der Kirche. Dorfkinder waren bei ihr und mischten den Zement für neue Figuren. Von ihren Zeichnungen auf Schiefernplatten und von ihren Aquarellen hatte sie Postkarten und Kalender drucken lassen. In vielen Gaststätten im Oderbruch lagen sie zum Verkauf. Das damit verdiente Geld floss sofort in die Erhaltung und den Wiederaufbau ihrer schon verputzten und weithin sichtbar weiß getünchten Backsteinkirche. So erhielt sie 1991 eine neue elektrische Turmuhr. Auf der Tafel steht ›Meine Zeit steht in Deinen Händen‹, wie es auch das Lebensmotto von Erna Roder war. Auch wenn ihre Figuren allmählich verblassen, Christa Gröbner, ihre Nachfolgerin in der Kirchenwohnung, will die Arbeit der Erna Roder fortführen und die Kienitzer Kirche zu einem Begegnungszentrum ausbauen.

Am Dorfausgang Richtung Sophienthal führt ein Weg über den **Deich**, an der **Grenzmarkierung** vorbei zur Oder. Obenauf steht unvermittelt eine metallene **Stele**. Über alterskrummes Kopf-

Überraschender Anblick auf dem Deich

steinpflaster, bereits im Niemandsland, führt der Weg an Wiesen und Röhricht, einem Tümpel voller violetter Blumen hinab zur Oder. Dort enden der Pflasterweg und Deutschland im Oderstrom.

Das mittlere Oderbruch

Einzelne Orte: www.altfriedland.de, www.kienitz-du.de, www.neuharden berg.de, www.neutrebbin.de.
Neuhardenberg-Information, Karl-Marx-Allee 23, 15320 Neuhardenberg, Tel. 03 34 76/604 77.
Tourist Information im Landfrauencafé Groß Neuendorf, Straße der Freundschaft 12, 15324 Letschin/OT Groß Neuendorf, Tel. 03 34 78/49 02.
Langes Haus Altfriedland (Heimatstube OT Altfriedland), Hauptstr. 23, 15320 Neuhardenberg, Tel. 03 34 76/509 57.

Autobahn A 10, Abzweig Berlin-Hellersdorf, dann über die B 1 Richtung Seelow/Kostrzyn.

NE 26 bis Gusow, Infos unter www.neb.de.

Hotel Schloss Neuhardenberg, Schinkelplatz, 15320 Neuhardenberg, Tel. 03 34 76/60 00, hotel@schlossneuhardenberg.de. Mit Lokal ›Brennerei‹,

Restaurant ›Orangerie‹, wunderbare Zimmer, sehr gute Küche.

Landfrauencafé und Pension, Straße der Freundschaft 12, 15324 Letschin/ OT Groß Neuendorf, Tel. 03 34 78/ 49 02, Fax 370 78; www.gross-neuendorf-landfrauen.de.

Maschinenhaus, Hafenstraße 2, 15324 Letschin/OT Groß Neuendorf, Tel. 03 34 78/38 77 10, Fax 38 77 11, info@maschinenhaus-online.de. Äußerlich unter Denkmalschutz, innerlich Geschmackssache.

Verladeturm im ehemaligen Hafen Groß Neuendorf, info@verladeturm. de. Die spektakulärste Ferienwohnung im Oderbruch, kleines Café mit wunderbarer Aussicht.

Landherberge des Vereins Rehkitz e.V., Schulstraße 16, 15324 Letschin/ OT Kienitz, Tel./Fax 03 34 78/46 16, verein-rehkitz@web.de.

Erlenhof im Oderbruch, Kienitzer Oderstraße 51, 15324 Letschin/OT Kienitz Nord, Tel. 03 34 78/389 80, www.erlenhof-im-oderbruch.de, Übernachten im Schäferwagen u.a.

Okt. Fr 15–18, Sa/So 10–18 Uhr, www.foerderverein-baerwinkel.de.

Galerie Koch und Kunst. Galerie im Oderbruch, 15324 Letschin/OT Groß Neuendorf, Tel. 03 34 78/45 41, www. kochundkunst.de. Neben Fotoausstellungen und Fotoworkshops führt die Galerie regelmäßig Eat-Art Essen durch. Mit Kräutern und Wildpflanzen aus dem Hexengarten werden kulinarische Reisen durch die Jahreszeiten und die Welt angeboten. Als erste Anlaufstelle für Touren durch das Oderbruch ist diese Galerie besonders geeignet.

Schloss Neuhardenberg, Ausstellungen und Museumsshop: Di–So 11–19 Uhr. Schloss: Besichtigungen und Führungen (www.schlossneuhardenberg.de).

Tabak-Museum Wuschewier, Dorfstraße 26, 15320 Neutrebbin/OT Wuschewier, Tel. 03 34 74/389 70; Fr–So 10–12 3und 14–18 Uhr.

Heimatmuseum Neuhardenberg, Karl-Marx-Allee 97, 15320 Neuhardenberg, Tel. 03 34 76/504 30. Ausstellung zur Ortsgeschichte in der ›Alten Schule‹.

Gutshof Jahnsfelde, Restaurant und Pension, Am Gutshof 8, 15374 Müncheberg/OT Jahnsfelde, Tel. mobil 01 57/72 85 65 95, www.pension-gutshof-jahnsfelde.de.

Gasthof Zum Hafen, Deichweg 20, 15324 Letschin/OT Kienitz, Tel. 03 34 78/440. Zimmervermietung.

Landgasthof Panke, Neubarnimer Dorfstraße 67, 15324 Letschin/OT Neubarnim, Tel. 03 34 52/234, www.landgasthof-panke.de. Zimmervermietung.

Ausstellung Der junge Schinkel 1800–1803 im Molkenhaus Bärwinkel, April–

Juni: traditionelles Wiesenfest in Quappendorf.

August: Fischerfest und Klosterfest in Altfriedland.

September: Kalenderfest in Altlewin: Die Kalender für das nächste Jahr werden vorgestellt.

Fahrradverleih: Landfrauencafé und Pension, Straße der Freundschaft 12, 15324 Letschin/OT Groß Neuendorf, Tel. 03 34 78/49 02, gross-neuendorf-landfrauen@web.de, www.gross-neuendorf-landfrauen.de.

Skateranlage am Maschinenhaus (s.o.)

Sportboothafen und Marina Kienitz, Deichweg 21, 15324 Letschin/OT Kienitz, Tel. 03 34 78/46 16.

Schiffsanlegenstelle (auch für Sportboote) in Groß Neuendorf.

Hofläden:

Fischerei Altfriedland Jörg Timm, Hauptstraße 1, 15320 Neuhardenberg/OT Altfriedland, Tel. 03 34 76/ 509 51, www.fischerei-altfriedland.de. Produkte: Frischfisch, Räucherfisch, Fischplatten auf Bestellung, Imbiss, Angeln.

Fischerei Leisegang, Forellenanlage, 15320 Neuhardenberg/OT Altfriedland/Karlsdorf, Tel. 03 34 37/899 70, Fax 899 70. Produkte: Frischfisch, Räucherfisch, Angelkarten, Weine; Mo–Fr 8–17, Sa 8–11 Uhr.

Biohof Ihlow, Ihlower Ring 14, 15377 Oberbarnim-Ihlow, Tel. 03 34 37/ 897 89, www.biohof-ihlow.de. Hofladen, Café, Ferienwohnungen; im Sommer Sa u. So 10–19 Uhr.

BioHofladen Wilkendorf, Gudrun Dörfer-Walter, Tel. 033 41/25 09 33, Fax 31 21 39, gudrun.doerfer@t-on line.de.

Hofladen Erlenhof Kienitz (siehe Unterkünfte). Alles rund ums Schaf, Do–So 14–18 Uhr.

Kienitz liegt im weitläufigen Landschaftsschutzgebiet Odervorland, das Störchen, Reihern und Wasservögeln ein Zuhause bietet. Sie lassen sich mit etwas Glück hier gut beobachten.

Die schmucke Kirche in Altlewin

Das mittlere Oderbruch

Endlose Weiten bestimmen das Bild, begrenzt durch alte und neue Deiche, durchbrochen durch kleine Kolonistendörfer, die in der Zeit der großen Trockenlegung entstanden – ländliches Leben im eigenen Rhythmus.

Das obere Oderbruch

Die Strecke von Berlin über Strausberg wird spätestens ab Prötzel zur schönsten Fahrt ins Oderbruch. Sie bietet auch zahlreiche Möglichkeiten für Abstecher, auf denen sich das eine oder andere Kleinod entdecken lässt. Diese Tour erschließt den Teil, der durch Friedrich II. trockengelegt wurde. Diese Gegend besticht weniger durch große Sehenswürdigkeiten als durch die Gesamtheit einer Kulturlandschaft mit ihren Kolonistendörfern und ihrer großartigen Weite.

Eine ausgezeichnete Möglichkeit bis ins Bruch und sogar bis an die Oder zu gelangen, bietet der Fahrradweg von Strausberg-Nord über Klosterdorf, Prädikow, Reichenow, Möglin hinab nach Kunersdorf, dann ab Wriezen hinein ins Bruch und immer geradeaus bis nach Bienenwerder, wo der Fluss bis jetzt noch

den natürlichen Abschluss bildet. Vorgesehen ist, auch dort einen Fahrradübergang nach Polen zu schaffen. Die gesamte Route verläuft weitestgehend abseits vom starken Autoverkehr.

Von Strausberg nach Prötzel

Von den vielen Möglichkeiten, in das Oderbruch zu gelangen, ist die ab dem S-Bahnhof Strausberg-Nord die wohl schönste, auch für Autofahrer. Die Landstraße vollführt hinter dem Abzweig nach Klosterdorf einige Kurven den Barnim hinauf. Der Wald ist dicht, doch vor Prötzel weitet sich der Blick, bestimmen ausgedehnte Felder mehr und mehr die Landschaft. Auf der dann abschüssigen Piste erreicht man Prötzel.

Das **Schloss Monchoix** liegt nicht in Frankreich, sondern auf dem halben

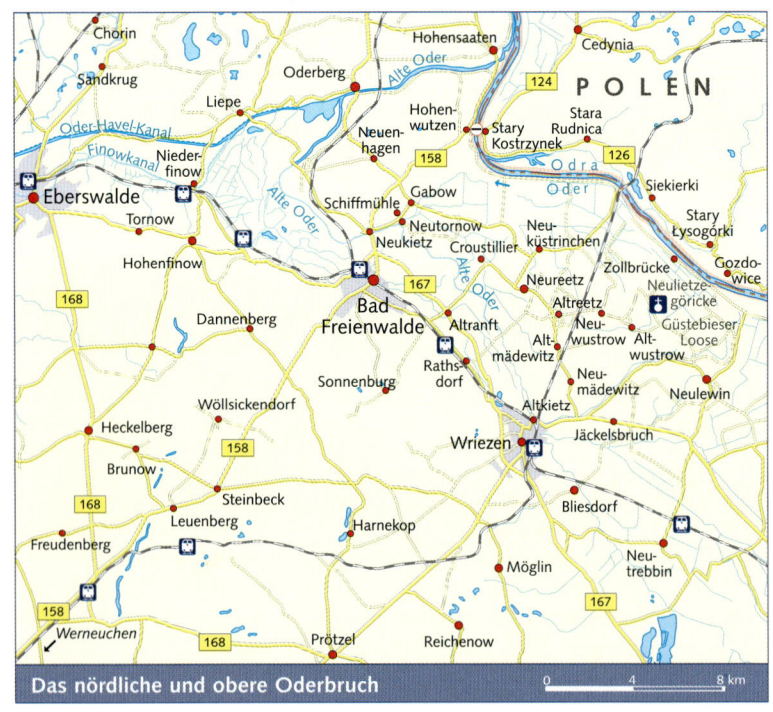

Das nördliche und obere Oderbruch

Im Dornröschenschlaf: Schloss Prötzel

Weg nach Wriezen. Bereits die Dorfkirche überrascht in ihrer Souveränität den Ankömmling. Es besteht die Gefahr, nicht nur im ehemaligen Gutsdorf die Reise zu unterbrechen, sondern das eigentliche Ziel, das Oderbruch, aus den Augen zu verlieren.

›Monchoix‹, meine Wahl, ist ein schönes Beispiel für die märkische Herrenhausarchitektur. Herrenhäuser entwickelten sich in der Renaissance aus dem Burgenbau, die ersten Bauten werden zutreffend als ›Festes Haus‹ bezeichnet. Es sind recht schmucklose Hauskästen mit verstärkten Außenwänden, nicht mehr Burg und noch nicht Schloss. In Brandenburg gibt es noch über 300 Beispiele dieses Typs. Während in Frankreich der Barock bereits auf seinem Höhepunkt angelangt war, entwickelte er sich in den Deutschen Ländern erst nach dem Dreißigjährigen Krieg. Schloss Prötzel, wie Monchoix auch heißt, ist ein Beispiel dafür.

»Wenn man von Prötzel kommt, so führt eine schöne, 620 Schritt lange, gepflasterte Lindenallee nach dem Hof des Lustschlosses«, schreibt Johann Bernouilli in seinen 1779 erschienenen ›Reisen durch Brandenburg‹ über Prötzel.

Die Lindenallee ist verschwunden, und heute präsentiert sich die Eingangsseite des Schlosses am Ende einer baumlosen Rasenfläche in morbider Schönheit – noch, denn im Ort kann man von jedem hören, dass das Schloss endlich einen Käufer gefunden hat. Was aus dem gesamten Areal einmal werden wird, ist offen. Wie sich die einfachen Prötzeler Einwohner mit den neuen Bewohnern, egal wie die Nutzung des Schlosses sein wird, einmal verstehen sollen, steht in den Sternen oder liegt auf dem Grund des Sees am unteren Ende des einstigen Parks. Ein behutsames Miteinander wäre wunderbar.

Das Schloss entstand 1712/13 vermutlich nach Plänen Andreas Schlüters, der Bauleiter des Berliner Zeughauses und Schlossbaudirektor war. Zur gleichen Zeit, als die Prötzeler Anlage entstand, errichtete er in Berlin für den Oberhofmeister Paul Anton Graf von Kameke eine Villa. Die Vermutung liegt daher nahe, dass er auch die Arbeiten an dessen Schlossbau in Prötzel leitete.

Schlüter ging später, im Jahre 1713, nach Petersburg als Baumeister Peters I., nachdem ihm in der preußischen Metropole mehrere Missgeschicke unterlaufen waren: der Einsturz des Münzturms in Berlin, Bauschäden an der Berliner Schlosskapelle und ebenso am Schloss in Bad Freienwalde.

Die Grafen Kameke erhielten 1705 von Friedrich I. das Gut Prötzel. Sie richteten Gewerbeanlagen ein und führten 1766 als erste nach englischem Vorbild die Fruchtwechselwirtschaft in der Mark Brandenburg ein. Peter Alexander von Itzenplitz und Alfred Thaer verhalfen ihr alsbald im Oderbruch und später in ganz Brandenburg zum Durchbruch. Der englische Landwirt Christopher Brown und Handwerker siedelten zur Einführung der Methoden und der damit verbundenen neuen Landtechnik nach Brandenburg über.

Auch im Oderbruch haben die Grafen von Kameke ihre Spuren hinterlassen. Sie gründeten die Kolonistendörfer Beauregard 1754 und zwei Jahre später Vevais. In diesen Orten siedelten sich französischstämmige Schweizer an, Protestanten, die Jahre zuvor vor den Katholiken aus Frankreich geflohen waren.

Nach dem Verkauf sämtlicher Güter derer von Kameke an die von Eckardsteins ließen die neuen Besitzer das Schloss durch Andreas Stüler 1859 neubarock umbauen. Erst kurz vor dem Erwerb war Ernst Jacob Eckhardt nach Preußen übergesiedelt, in den Adelsstand erhoben und damit zu einem von Eckardstein geworden. Er war ein erfolgreicher Fabrikant und Bankier und brachte neben Geld dringend benötigte unternehmerische Ideen und Produktion ins Land.

Damals breitete sich hinter dem Schloss, bis zum See und um ihn herum ein englischer Tiergarten aus.

Nach 1945 wurde das Schloss zum Kulturhaus einer Maschinen-Ausleih-Station (MAS). Sie setzte einen Sportplatz vor das Ufer, riss die Decke eines Flügels zwecks besserer Versammlungsräume heraus und baute einen Teil des Hauses völlig um.

Es ist vorgesehen, dass der neue Investor den Originalzustand – ob nun den barocken oder den klassizistischen, ist erlaubt zu fragen – wiederherstellen soll. Noch bröckelt am verwahrlosten Schloss ungehindert der Putz, und vom Park ist nichts mehr zu erahnen. Die Inneneinrichtung und eine wertvolle Gemäldesammlung gingen in den Kriegs- und Nachkriegswirren für alle Zeit verloren.

Hinter Prötzel in Richtung Wriezen wird das Land einsehbar. Der Wald ist bis auf vereinzelte Flecken dominierenden Feldern gewichen, die sich über Hügel erstrecken und so den Höhenzug des Barnim reizvoll preisgeben. Unter dem Laubdach von Eichen, Linden und Erlen fährt man an drei weiteren Dörfern vorbei. Jedes Jahr verliert die Allee kostbare Bäume. Ein Holzfällertrupp lichtet mit den Zauberworten ›Sicherheit und Überalterung‹ jedes Jahr die Reihen, ohne dass neue Bäume gepflanzt werden. Nur hinter Schulzendorf wurde ein längerer Straßenabschnitt mit Alleebäumen neu bepflanzt. Das lässt hoffen.

Dort wo die Straße vor Wriezen schnell abfällt, sollte man, falls der Verkehr es erlaubt, unbedingt anhalten. Denn von hier kann die gesamte Tiefebene des Oderbruchs überschaut werden. Der Anblick im Sommer gleicht einem vielfarbigen Flickenteppich aus Feldern, Dächern, Baumzeilen und Windrädern in enger Folge.

Buckow

Beachtet man von Strausberg kommend am Ortsausgang von Prötzel nicht den Abzweig über Wriezen ins Oderbruch, gelangt man weiter auf der Hauptstraße geradewegs in die Märkische Schweiz nach Buckow. Das wellige Land auf dieser Strecke fällt plötzlich ab. Hügel, Nadelwald, scharfe Serpentinenkurven: Man taucht ein in eine Alpenlandschaft en miniature. Die Landschaft wirkt wie ein Gebirge mit vielen Seen – der Schermützelsee ist mit 146 Hektar der größte – innerhalb eines Trichters. Würde man von Süden, aus Müncheberg, in die Märkische Schweiz fahren, wäre der Anstieg allmählich. Gerade mit der Schmalspurbahn, die durch den Eisenbahnverein ›Märkische Schweiz e.V.‹ in den Sommermonaten wieder betrieben wird, wäre es dann ein Ausflug hinauf in ein malerisches ›Gebirgsstädtchen‹.

Wer den Weg nach Buckow findet, erlebt auf engstem geographischen Raum Seen, Moore, Schluchten, Täler, Fischteiche, Sölle (meist kreisrunde, wassergefüllte Bodensenken ohne Abfluss), Quellen, Felder, Wiesen, Hecken und sogar eine kleine Sanddüne bei Münchehofe, also alles was das Land Brandenburg landschaftlich zu bieten hat.

Das Städtchen selbst mit seinen ungefähr 2000 Einwohnern wirkt anachronistisch und widersprüchlich. Es wurde als ›Buchenort‹ erst 1253 erwähnt. Im 14. Jahrhundert verwalteten Mönche des Klosters Lebus die Stadt und förderten den Hopfenanbau und das Bierbrauen. Das Bier war weithin bekannt, die Hopfenpflanze fand sogar ihren Platz im Stadtwappen, ebenso wie die Rose, für deren Züchtung die Stadt weithin berühmt war. Buckow hieß deswegen sogar eine Zeitlang Rosenbuckow. Die ›Buckower Rosentage‹, die jedes Jahr stattfinden, sind ein Relikt aus dieser Zeit.

Einerseits gibt es zahlreiche touristisch aufgemachte Lokale, eines sogar mit einem Wasserrad, Hinweise zu Kurkliniken und anderen Heilpraxen sowie gut beschriftete Wegweiser zu allen mög-

Das Brecht-Weigel-Haus

lichen Ausflugsorten, andererseits warten noch die meisten Häuser auf frische Farbe. Und gemessen an dem Anspruch, den Buckow hat, sind relativ wenige Touristen unterwegs. Doch zahlreiche Veranstaltungsreihen wie ›Klassik im Grünen‹ die ›Rosentage‹ oder der ›Literatursommer‹ garantieren mehr und mehr die Rückkehr zum alten Glanz.

Im Jahr 1854 pries der Leibarzt Friedrich Wilhelms IV. die Märkische Schweiz mit den Worten, dass hier in Buckow ›die Lunge auf Samt‹ geht, und ab 1860 entwickelte sich das Städtchen zum Kur- und Badeort der Berliner. 1929 erhielt Buckow offiziell den Titel Bad, im selben Jahr wurde auch die vollständig elektrifizierte Strecke der Kleinbahn Müncheberg–Buckow dem Verkehr übergeben. Damit war Buckow direkt an die Fernbahnstrecke Berlin–Küstrin, die einen Halt in Müncheberg hatte, angeschlossen. Viele großzügige Villen und Urlaubsdomizile entstanden in jener Zeit. Bertolt Brecht und Helene Weigel lebten und arbeiteten von 1953 bis 1956 in einer dieser **Villen** direkt am **Schermützelsee**. Das Haus ist als **Brecht-Weigel-Haus** zugänglich und einer der Hauptanziehungspunkte für Touristen.

Buckow besaß ein Schloss, das in der Anfangszeit der DDR wie viele aristokratische Residenzen gesprengt wurde. Der zehn Hektar große **Stadtpark** – der ehemalige Schlosspark –, der um 1800 zu einem Landschaftsgarten umgestaltet wurde, erstreckt sich mit seinem alten Baumbestand um den Griepensee bis hinauf zum Schlossberg.

Die Touristeninformation ist im ältesten Gebäude von 1769, der alten Warmbadeanstalt am Stobber, untergebracht. Über die Vielzahl an Wanderwegen in und um die Buckower Berge kann man hier alle notwendigen Informationen erhalten. Immerhin sind sie insgesamt rund 150 Kilometer lang.

■ **Bollersdorf**

Fast direkt am nördlichen Ufer des Schermützelsees liegt das kleine Dorf Bollersdorf, erwähnens- und sehenswert allein

Der Schermützelsee trägt zur schönen Lage des Städtchens Buckow bei

Karte S. 104

wegen seiner mittelalterlichen **Dorf-kirche**. Das Dorf gehörte zum Kloster Friedland und seit 1561 zu Buckow.
Es handelt sich bei der Kirche um einen Feldsteinbau, der wahrscheinlich als Wehrkirche errichtet wurde. Die Kirche wurde bis zur Reformation (etwa 1539) für katholische Gottesdienste genutzt, danach für protestantische. Im Dreißigjährigen Krieg erlitt der Bau ernste Schäden, erneut 1792, als ein großer Sturm wütete und den Turm so sehr beschädigte, dass er abgetragen werden musste. 1794 ließ die Herrschaft Friedland den Turm wieder aufbauen, 1861 wurden umfassende Veränderungen durch Um- und Neubauten im neugotischen Stil vorgenommen. So erhielt die Kirche mit ihrem halbrunden Ostschluss einen Westturm und spitzbogige, bleiverglaste Fenster.
Die Verbindung von Feldstein und Backstein, also von Altem und Neuem, ist bei der Bollersdorfer Kirche sehr gut gelungen. Nach 1945 wurden Polen in die Kirche einquartiert; durch Unvorsichtigkeit beim Kochen geriet sie in Brand. Im Jahr 1951 begannen der Wiederaufbau und die Umgestaltung im Märkischen Stil durch den Baumeister Günzel aus Buckow.
Seit 1971 besitzt die Glocke eine elektrische Glockenanlage. Der Innenraum der Kirche hat eine spitzbogige, verbretterte Decke mit geschnitzten Balken, eine einseitige Empore und einen ebenfalls spitzbogigen Triumphbogen. Die Apsis hat ein Sternengewölbe.

Zwischen Prötzel und Wriezen

Jeder Abzweig hinter Prötzel führt zu entdeckenswerten Schätzen. Es gibt sogar so viele lohnenswerte Ziele, dass die Gefahr besteht, den Grund der Reise aus den Augen zu verlieren.

■ Frankenfelde

Unser Weg führt über den ersten Abzweig nach dem Schloss hinter Prötzel Richtung Wriezen und somit durch Frankenfelde.
Biegt man nach links ins eigentliche Dorf ab, wird man mit einem Juwel belohnt, der bemerkenswerten **Feldsteinkirche** aus dem 13. Jahrhundert. Einem Förderverein ist es zu verdanken, dass sie wiederaufgebaut wurde. Erwähnenswert sind der Altaraufsatz aus dem 16. Jahrhundert und das ›Pestfenster‹, das an die Pestepidemie von 1598 erinnert.

■ Möglin

Folgt man in Schulzendorf dem Abzweig nach Möglin, gelangt man zur **Albrecht-Thaer-Gedenkstätte**, deren Besuch ein Muss für Interessierte der landwirtschaftlichen Entwicklung, besonders der Kulturlandschaft des Oderbruchs, ist. Ökologischer Landbau bekommt in dem Museum plötzlich eine völlig andere, natürliche Dimension, und man erkennt sehr schnell, woran es heute bei der Acker- und Viehnutzung krankt. Würden die Prinzipien Thaers aus dem 19. Jahrhundert berücksichtigt werden, gäbe es keine Klassifizierung in gute und schlechte Landwirtschaft mehr, könnte der Mensch gesünder leben.
Im übrigen hat das auf dem einstigen Thaer-Hof ansässige Bauernunternehmen gar nichts mit dem Namensgeber oder dem Museum zu tun. Thaer übrigens steht seit 1978 als Büste im ehemaligen Gutspark.
Das Schicksal der Gedenkstätte, die im sogenannten Professorenhaus des Gutes untergebracht war, ist nun besiegelt – das Museum musste ausziehen und bekam in einem Anbau des Gemeindehauses eine neue Zuflucht.

Albrecht Daniel Thaer

Geboren wurde Albrecht Daniel Thaer am 14. Mai 1752 in Celle, als Sohn eines aus Liebenwerda stammenden Königlichen Hofmedicus. Albrecht Daniel war eines von sieben Kindern. Als er zehn Jahre alt war, starb seine Mutter, gerade 34-jährig.

Er wird als ein sensibles, kränkelndes Kind beschrieben, als phantasievoll und begabt. Als Gymnasiast schwänzte er oft die Schule, zog mit seinen Mitschülern über Land, feierte Gelage, war ein guter Tänzer und genoss daher nicht den besten Ruf in der Kleinstadt Celle. Sein Interesse galt besonders der englischen Sprache und den Schriften Voltaires; das Wissen vermittelte ihm hauptsächlich ein Hauslehrer.

Im achtzehnten Lebensjahr, 1770, begann er Medizin an der damals sehr renommierten Universität Göttingen zu studieren. Bereits nach dem ersten Studienjahr behandelte Thaer Patienten. Das normale Studentenleben interessierte ihn kaum.

Er machte die Bekanntschaft von Johann Anton Leisewitz, Schriftsteller und Mitglied des Hainbundes. Das war ein Göttinger Dichterbund, der gegen die Aufklärung und Nachahmung französischer Sitten und für Natur, Herz, Empfinden und Gefühl eintrat. Der Dichterkreis löste sich bereits zwei Jahre später auf und wäre kaum einer Erwähnung wert, würden nicht solche Größen wie Goethe oder Herder zu den Mitarbeitern des Almanachs dieses Bundes gehört haben. Thaer beschäftigte sich mit Klopstock, Shakespeare, den bürgerlichen Rechten, stand mit Lessing, Christoph Martin Wieland, Moses Mendelssohn und anderen in Verbindung.

Nach Beendigung des Studiums begann er 1774 in der Praxis seines Vaters in Celle zu praktizieren. Mit den modernen Kenntnissen, die er in Göttingen erworben hatte und nun erproben wollte, stieß er sowohl bei seinen Patienten als auch unter Kollegen auf Widerstand. Später erinnerte sich Thaer an seine Celler Berufsjahre folgendermaßen: »Wenn ich mitzusprechen wagte, so verstand man mich nicht; berief ich mich auf die Schriftsteller, so kannte man sie nicht; redete ich aus eigener Erfahrung, so besah man mich von Kopf bis zu den Füßen und sagte: ›Die wird mit der Zeit wohl kommen‹; tat ich gar einen Vorschlag, so sah man sich um, wo all die Kirchhöfe herkommen sollten, wenn ich einmal zu praktisieren anfinge und doch war alles, was ich damals vorschlug, gerade das, was man jetzt tut.«

Nach drei Jahren in der Praxis und unter der Regie seines Vaters suchte er zusammen mit Freund Leisewitz für einige Monate in Berlin Erholung. Er verkehrte dort, dank eines Empfehlungsschreibens Lessings, bei Wissenschaftlern, Philosophen und Literaten.

Nach dieser Reise hatte Thaer wieder genug Selbstbewusstsein, um die

Albrecht Daniel Thaer

Behandlungsmethoden einzusetzen, die er für richtig hielt, und hatte damit Erfolg. Nach dem Tod seines Vaters führte er ab 1778 die Praxis allein, wurde zum Stadtphysikus und Zuchthausarzt ernannt. 1780 erhielt er den Titel eines Hofarztes. Damit oblag ihm auch die Aufsicht über Apotheken und Hebammen. Zum königlich-kurfürstlichen Leibarzt wurde er 1796 ernannt.

Thaer bemühte sich ständig darum, seine medizinischen Kenntnisse zu vertiefen, um seine Behandlungserfolge zu verbessern. Dabei stieß er zwar auf keine menschlichen, dafür an die technischen Grenzen seiner Zeit. Außerdem las er weiter philosophische Schriften und suchte Ausgleich und Abwechslung in der Natur, bei Gartenarbeit und Blumenzucht. Er bezeichnete sich selbst als Botaniker, Blumist und Gärtner.

Als behandelnder Arzt lernte er seine Frau Philippine kennen, deren Vater Vizepräsident des Celler Oberappellationsgerichts war. Sie heirateten am 19. April 1786. Diese Heirat stärkte seine soziale Stellung in der Stadt. So wurde er beispielsweise Mitglied der in Celle tonangebenden Landwirtschaftsgesellschaft. Er betreute den Italienischen Garten, unterhielt eine Baumschule, züchtete Sämereien, experimentierte, beschäftigte sich mit Fragen des Obstanbaus. Da ihm sein Hausgarten zu klein wurde, erwarb er 1786 vor den Toren der Stadt ein Landgut – heute bekannt als Thaers Garten. Er richtete dort ein Mustergut ein, mit großem Gutshaus, drei Knechten und drei Mägden, 14 Kühen und drei Arbeitspferden. Nebenher oder vielmehr hauptsächlich war er nach wie vor praktizierender Arzt.

Bevor er aktiver Landwirt wurde, hatte er viel zu diesem Thema gelesen. Seinen Wissensdurst befriedigten insbesondere Schriften aus England. Thaer ersetzte die Dreifelderwirtschaft durch die Vierfelderwirtschaft, machte seine Erfahrungen mit der richtigen Fruchtfolge und erkannte, dass Land nicht wie bisher üblich für ein Jahr brach liegen und ertraglos bleiben muss, sondern beispielsweise durch den Anbau von Leguminosen der Viehfütterung und gleichzeitig der Bodenverbesserung dienen kann. Seine Erfahrungen publizierte er in der für die deutsche Landwirtschaft bahnbrechenden Schrift ›Einleitung zur Kenntniß der englischen Landwirthschaft‹. Fortan hatte sein Mustergut so viele Besucher, dass Thaer bald geregelte Besuchszeiten einführte und Kurse anbot. 1802 gründete er das erste landwirtschaftliche Lehrinstitut in Deutschland.

Zum Erfahrungsaustausch und zur Vertiefung seiner Kenntnisse unternahm er mehrere Reisen durch die deutschen Länder und nach England. 1799 und 1801 bereiste er die Mark Brandenburg und begegnete dort den Frauen von Friedland und Graf Itzenplitz. Thaer war so begeistert vom kulturellen und landwirtschaftlichen Niveau, das er dort vorfand, dass er seiner Frau schrieb: »Wenn es irgend möglich ist, so muß ich Dich Liebe! Hier einmal mit herbringen. Dies ist ein Himmel und eine Seligkeit hier, wovon ich mir beim Erdenleben noch keine Vorstellung habe machen können ... Die größte Kultur mit der größten Simplizität, der aufgeklärteste Verstand mit der vollkommensten Herzensgüte; unbegreifliche Geschäftigkeit für sich, für andere und für den Staat.«

Die Franzosen besetzten Celle 1803. Auch Thaer hatte dadurch Unannehmlichkeiten. So konnte er etwa seine Pläne zum Ausbau der Lehranstalt nicht umsetzen. Daher fiel ihm der Umzug nach Preußen leicht. Den Weg dahin hatte Karl August

Thaer mit seinen Schülern in Möglin

Freiherr von Hardenberg bereitet, der ein offizielles Angebot des preußischen Königs Friedrich Wilhelm III. für eine Übersiedlung erwirkte.

Thaer erhielt eine Fläche des Amtes Wollup im Oderbruch in Erbpacht, die er veräußern durfte, um sich von dem Erlös ein geeignetes Gut zu kaufen. Seinem Lehrinstitut wurde ›Schutz und Begünstigung‹, seiner Zeitschrift ›Annalen des Ackerbaus‹ Zensurfreiheit versprochen. Er wurde vom König zum ordentlichen Mitglied der Akademie der Wissenschaften ernannt.

Im Jahr 1804 kaufte Thaer das Gut Möglin mit Vorwerk Königshof und war am Ziel seiner Wünsche. Er konnte jetzt eine landwirtschaftliche Lehranstalt eröffnen, die sich ab 1819 ›Königlich Preußische Akademie des Landbaus‹ nennen durfte. Außerdem fand er hier die Zeit, seine ›Grundsätze der rationellen Landwirthschaft‹ in vier Bänden zu publizieren. Es erschienen die ›Geschichte meiner Wirthschaft zu Möglin‹ und der ›Leitfaden zur allgemeinen landwirthschaftlichen Gewerbslehre‹. Verschiedene Zeitschriften wurden unter seiner Mitwirkung herausgegeben. Seine hohe Wertschätzung und Achtung in Preußen spiegelten sich in der Berufung zum Staatsrat im preußischen Innenministerium wider. Hier wirkte er an den Entwürfen für die preußische Agrarreform mit. Auch an der Humboldt-Universität gab Thaer sein Wissen in Vorlesungen weiter (1810–1819). 1816 wurde er auch noch zum Generalintendanten der königlich preußischen Stammschäfereien ernannt, weil er mit seiner Zucht von spanischen Merinoschafen in Möglin großartige Erfolge hatte.

Von seinem 50-jährigen Doktorjubiläum 1824 nahm sogar Goethe Notiz und schrieb ein Gedicht für den Vater aller Landwirte. Dieser formulierte an seinem Lebensabend selbst: »Ich habe alle Ursach' mit meinem Leben und Schicksalen zufrieden zu sein. Die Tendenz meines Wirkens ist mir gelungen.«

Als Albrecht Daniel Thaer am 26. Oktober 1828 nach einem hochproduktiven, arbeitsreichen Leben starb, übernahm sein Sohn Albrecht Philipp das Gut und die Akademie in Möglin.

■ **Ihlow**

Von Möglin geht es über welliges Land, durch das Dörfchen Batzlow, zum ehemaligen Rittersitz Ihlow mit seiner spätromanischen **Feldsteinkirche** aus dem 13. Jahrhundert und dem malerischen **Weiher** davor sowie einem **Gutsschloss** aus der ersten Hälfte des 18. Jahrhunderts, das allerdings starke Veränderungen erfahren hat.

Die ehemaligen Besitzer von Ihlow stammten aus einem gleichnamigen Dörfchen bei Jüterbog und nahmen diese Bezeichnung mit. Das Dorf wird urkundlich erstmals 1320 erwähnt.

■ **Schloss Reichenow**

Dann ist Reichenow erreicht, ein Dorf mit einem verwunschenen **Schloss** im englischen Tudorstil mit Zinnen, Türmchen, Arkaden und einem majestätischen Eingangsportal mit dem Wappen des Freiherrn von Eckardstein. Er ließ das romantisierende Schloss 1897 errichten. Von der Terrasse des Schlosses öffnet sich der Blick über eine abschüssige

Hotel im Tudorstil: Schloss Reichenow

Wiese bis hinunter zum **Schlosssee**. Das Gelände ist frei zugänglich, der See für den Spaziergänger und die Dorfbevölkerung zugänglich.

Dadurch entsteht eine ungezwungene Atmosphäre, die den Reiz des Hauses noch mehr veredelt. Das Anwesen wurde nach der Wende von zwei Frauen aus Berlin mit viel Aufwand und mit noch mehr Liebe restauriert, denn es war, da nicht eindeutig als erhaltenswürdig eingestuft, ein frühkapitalistischer Dorn im Auge der DDR. Neben gutem Essen, anheimelnden Zimmern und einer fleißigen Bedienung hat das Schloss ein Trauzimmer aufzuweisen.

Es geht zurück über die Gleise einer stillgelegten Eisenbahnstrecke, die früher direkt nach Wriezen führte. Die Gleise führen quer durch die Felderlandschaft, sie rosten, Unkraut wuchert, ein Schrankenwärterhäuschen steht am Übergang. Damit ist der Abstecher beendet und die Straße nach Wriezen wieder erreicht.

Wriezen

Vom Plateau des Barnim fällt das Land beinahe steil in das Oderbruch ab. Weithin reicht der Blick bis zum Höhenzug am Horizont. Der liegt bereits jenseits der Oder auf polnischer Seite. Dazwischen, auf einer Breite von sechs bis zehn Kilometern, breitet sich ein Felderteppich aus. Umrisse von baumbestanden Wegen, die die einstigen Kolonistendörfer miteinander verbinden, werden sichtbar.

Ist die überdimensionierte neue Umgehungsstraße überwunden, schlängelt sich die umwaldete Straße noch wenige hundert Meter bis zur kleinen Stadt Wriezen hinunter. Nach rechts geht es nach Seelow, nach links in die Innenstadt von Wriezen.

Das obere Oderbruch

■ Geschichte

Bereits um 1200 entwickelte sich dieser Flecken zu einer deutschen Kaufmannsniederlassung. In askanischer Zeit wird 1247 eine Plananlage von ›Oppidum Wrecne‹ um die einstige Nicolai-, die spätere Marienkirche, erwähnt. Doch erst 1337 wurde dem Ort das Stadtrecht verliehen. Es sind Händlerkontakte nach Lübeck bezeugt, die wiederum die tief verzweigten Wege des frühen Getreidehandels der Hanse nach Wriezen und weiter belegen. Die Stadt entwickelte sich zum Markt- und Handelszentrum des Oderbruchs, ein Markt ist schon für das Jahr 1375 bezeugt. Der Fischmarkt muss sehr bedeutungsvoll gewesen sein, denn er wird 1550 ausdrücklich erwähnt. Durch eine kurfürstliche Order von 1622 mussten alle umliegenden Bruchdörfer ihren Fisch nach Wriezen verkaufen. Bis ins 19. Jahrhundert, also noch lange nach der Trockenlegung, blieb Wriezen der wichtigste Fischmarkt Brandenburgs. Von 1692 bis 1874 exis-

Die ehemalige Essigbrauerei und Großdestillation

Karte S. 115

tierte die Hechtreißerinnung, eine in Brandenburg einzigartige Kooperation, die die eingepökelten Hechte nach Bayern, ins Rheinland, nach Böhmen und sogar bis nach Italien vertrieb. Heute knüpft ein Wriezener Anglerverein namens ›Hechtreißer‹ an die Tradition an. Der Name kam von der Verarbeitungsform des Fischs. Es wird berichtet, dass die Fischer ›den Fisch oben im Rücken aufrissen, ihn entgräteten, ausnahmen und einsalzten‹.

Die Aufnahme in die Innung und die Mitgliedschaft waren mit erheblichen Geldkosten verbunden. Fehlte man etwa bei einer Zusammenkunft, mussten drei Groschen Strafe bezahlt werden. Das war auch die Summe, die im Quartal als Mitgliedsbeitrag bezahlt werden musste. Es muss ein auserlesener und wohlhabender Zirkel gewesen sein, der zu seiner Blütezeit 1740 nur 47 Mitglieder zählte.

Die marktbeherrschende Stellung versteht sich von selbst. 1755 wurden ›2741 Tonnen Pökel-Hecht außer Landes‹ verkauft. Der Reichtum Wriezens manifestierte sich in seiner Architektur, von der heute nur noch auf alten Kupferstichen oder Vorkriegsphotographien etwas zu erkennen ist. Am ehesten lassen noch die Ausmaße der teilsanierten Kirchenruine St. Marien etwas von der Bedeutung Wriezens erkennen.

Mit der Trockenlegung kam dann das allmähliche Ende für den Fischfang im Oderbruch. Zunächst wurde der Fisch anderenorts zur Weiterverarbeitung eingekauft. Wriezen wandelte sich mit jedem neuen Deich, jeder ›Bewallung‹ und Ableitung des Wassers zu einem Markt für Agrarprodukte. Bis zu dem harten Winter im Jahre 1740 wurde sogar auf 25 Bergen Wein angebaut. 47 Bierbrauer gab es, deren Produkt ›Kühlab‹ in der

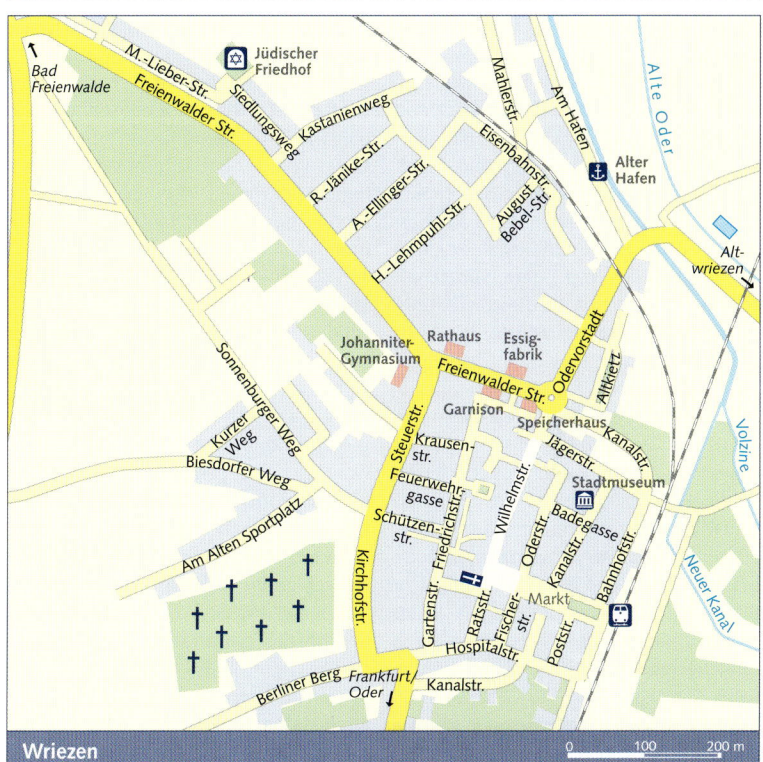

Wriezen

0   100   200 m

Das obere Oderbruch

Region regen Absatz fand. Seit dem 19. Jahrhundert vollzog sich dann die Wandlung zu einem überschaubaren Industriestädtchen mit Webereien und Maschinenfabrik.

In den letzten Wochen des Zweiten Weltkriegs nahm diese recht sehenswerte Entwicklung ein katastrophales Ende. Wriezen wurde von der deutschen Wehrmacht zur Festung erklärt und der Befehl ausgegeben, sie ›bis zum Letzten‹ zu verteidigen. Vom alten Wriezen ist fast nichts geblieben, und die Narben sind bis heute sichtbar. Plattenbauten aus DDR-Zeiten, als solche kaum noch zu erkennen, beherrschen nun das Zentrum.

■ **Sehenswürdigkeiten**

Die noch vorhandenen Sehenswürdigkeiten Wriezens liegen im Verborgenen. Zu ihnen findet sich, im Unterschied zu den deutschen Kriegsgräbern, auch kein Hinweisschild. Offenbar misst man in Wriezen dem Tourismus keine große Bedeutung zu. Die Schätze der Stadt verkümmern oder finden keine rechte Beachtung, die Industriedenkmale werden links liegen gelassen, und auch den Dorfkern von Altkietz können Besucher nur mit Mühe finden. Leider ist auch das **Stadtmuseum** – eine ehemalige Malzfabrik – je nach Finanzlage geöffnet oder geschlossen.

Um zum ersten der besuchenswerten

Punkte zu gelangen, fährt man Richtung Bad Freienwalde, lässt rechter Hand das frisch sanierte, 1881 als Provinzialtaubstummenanstalt erbaute **Rathaus** und linker Hand das evangelische **Johanniter-Gymnasium** liegen, biegt rechts über einen der Wege zwischen größeren Einfamilienhäusern in einen der Siedlungswege ein, fragt sicherheitshalber einen der Passanten nach dem **Jüdischen Friedhof** und erreicht so diese verhältnismäßig große Begräbnisstätte, die 1730 angelegt wurde. Das 134 Grabsteine umfassende Areal zeugt von einer ehemals großen jüdischen Gemeinde in diesem Ort. Dieser größte jüdische Friedhof Brandenburgs ist wenig gesichert und gepflegt und zeigt dennoch keine Spuren mutwilliger Beschädigung.

Hält man sich am Verwaltungsgebäude rechts entlang, auf dem ins Oderbruch, Richtung Letschin, führenden Weg, kommt man an dem dreigeschossigen **Speicherhaus** von 1791/92, der ehemaligen Garnison und, auf der anderen Seite gelegen, der ehemaligen **Großdestillation und Essigfabrik** (1877) vorbei. Inzwischen hat sich dort eine Senffabrik (www.wriezener-senf.de) etabliert. Die Gebäude lassen noch heute etwas von der Bedeutung Wriezens als regionales industrielles Zentrum erahnen, in dem im 19. Jahrhundert sogar Braunkohle abgebaut wurde.

Am Kreisverkehr führt die Altkietzer Straße in den geschlossenen Dorfkern **Altkietz**, heute ein Ortsteil Wriezens. Das Dorf wurde 1343 erstmals erwähnt. Der Name stand der Kolonistengründung Neukietz, weiter im Oderbruch gelegen, Pate. Die Fischer des Dorfes wehrten sich gegen die Oderregulierung unter Friedrich II. und zerstachen frisch angelegte Deiche, über die man stadtauswärts ins Oderbruch fährt. Die Deiche schützten auch Wriezen – immerhin hatte das Wasser 1736 bis über die Baumwipfel gestanden –, nahmen aber den Fischern die Existenz.

Hinter den Gleisen führt ein Weg zum alten **Hafen** an der Alten Oder. Die Türme des Hoch- und Setzofens (1889 und 1860) der ehemaligen Kalkbrennerei mit Fabrikantenvilla könnten ein Wriezener Wahrzeichen werden. Ein rühriger Unternehmer hat das Areal erworben und entwickelt es, so gut es seine Möglichkeiten zulassen. Er hat dort einen Kanuverleih mit einem kleinen Kaffeegarten installiert, sogar der erste Kalkofenturm wurde renoviert. Der neue Besitzer will dort seine beeindruckende Sammlung von alten Fotos der Stadt und Umgebung ausstellen. Die ehemalige Fabrikantenvilla soll irgendwann als Restaurant genutzt werden. Vorerst beflügeln verwitterte Gleisanlagen und das Kopfsteinpflaster zwischen Brennerei und kleinem Hafenbecken die Phantasie des Besuchers.

Karte S. 115

▲ *Der jüdische Friedhof*

Altwriezen

Wenn man auf der Straße von Wriezen nach Letschin nicht den Abzweig nach Altreetz und Zollbrücke wählt, sondern erst den nächsten nach Altwriezen, fährt man auf einem alten, mit Erlen, Eichen und Kastanienbäumen bestandenen Deich entlang, der das Land vor der Alten Oder schützte, schaut von oben nach links auf eine unbegrenzte Felderlandschaft, die bis zum Höhenzug des Barnim reicht, und nach rechts auf Wiesen. Dickicht schließt sich dort an. Dahinter dümpeln die Reste der Alten Oder dahin, mehr ein Rinnsal als ein Fluss.

Besonders beschaulich ist diese Strecke für den, der mit dem Fahrrad unterwegs ist, denn der Verkehr ist dünn, ab und zu fliegt ein Storch die feuchten Wiesen nach Nahrung ab. Wie diesen Weg kann man getrost, sowohl links als auch rechts der Straße nach Letschin, jeden Weg nehmen. Sofort ist man allein im Feldermeer und je nach Jahreszeit umgeben vom blühenden, ölig duftenden Raps, Mais, von im Winde wiegenden Kornfeldern oder schier endlos scheinenden Sonnenblumenfeldern. Schafe und Kuhherden bevölkern die Wiesen, zügellose Pferde stehen am Koppelzaun und beäugen den Eindringling – Idylle.

Der rechte Abzweig führt in das einstige Kolonistendorf Beauregard, das von den Brüchern einfach nur Borgard genannt wird. Linksseitig fällt die Straße leicht ab, man überquert das Oderbächlein, und nach wenigen hundert Metern ist mit Altwriezen ein altes Fischerdorf und eines der ältesten Dörfer des Oderbruchs (1412 erwähnt) überhaupt erreicht. Keine Kirche, kein Turm ist auszumachen. Die drei **Glocken** aus dem 18. Jahrhundert hängen aufgereiht an einer Stange, auf einem Glockenschauer, separat von der kleinen Kirchenbaracke auf einer Wiese, die sich seitlich am Ortseingang befindet.

Deutlich sichtbar ist die Rundlingsform, in der die alten Dörfer, als das Oderbruch noch sumpfig und von Wasser-

Das frühere Dorfschulzenhaus

Das obere Oderbruch

adern durchzogen war, errichtet wurden. Altwriezen liegt etwas erhöht. Die ihren Lauf wechselnde Stromoder mit ihren vielen Nebenarmen lagerte bei Hochwasser grobkörnige Materialien ab, die bandförmig wenige Meter über die Umgebung hinaus ragen und die alten Wasserverläufe markieren.

Diese Erhöhungen, auch Rähnen genannt, boten einigen Schutz vor dem Wasser und wurden daher von den Bruchbewohnern als Siedlungsräume angenommen. Die Besonderheit von Altwriezen ist, dass es sich hier um einen Doppelrundling handelt.

Die Häuser stehen eng, mit dem Giebel zum **Dorfplatz**, deren Gärten sich sternförmig ins Land öffnen. Sie sind um 1800 entstanden und somit jünger, als die Dorfform anzeigt. Es sind Doppelstubenhäuser und eingeschossige, längs gegliederte Mittelflurhäuser. Durch die Mitte der Bauten führte ein Flur, von dem man jeweils in den Stall- und in den Wohnbereich gelangen konnte.

Verheerende Brände und Kriege zerstörten immer wieder die Bruchdörfer. Kein Gebäude aus der Zeit vor dem Dreißigjährigen Krieg existiert noch im gesamten Oderbruch. Mit der Ansiedlung von Kolonisten auch auf den traditionellen Siedlungsflächen wurde die Rundlingsform der Dörfer durchbrochen.

Altwriezen ist ein exemplarisches Beispiel für ein Altdorf des Bruchs. Die Straße führt um das Rondell, es gibt viele Abzweigungen hinaus, doch die meisten führen auf Felder oder holprige Wege.

Dem, der sich hier verfährt, der jedoch jeden Weg in Berlin kennt und bei der dritten Runde um den Dorfplatz ein wenig verzweifelt, sei gesagt, dass er nicht der erste ist, der nicht wieder hinaus findet.

Karte S. 104

Jäckelsbruch

Eine kleine unscheinbare Straße führt rechts kurz vor Eichwerder schnurgerade zu einem Areal, auf dem sich früher Schloss Jäckelsbruch befand. Vor dem Eingang zum **Park** deuten noch die flachen, geschwungenen Toreinfassungen mit allegorischen Figuren den früheren Zugang zum Schloss an. Eine baumbestandene Grünfläche mit einem schönen, kleinen Häuschen, das vielleicht einmal das Gärtnerhaus war, sind übriggeblieben.

Rechter Hand befindet sich ein neueres Wohnhaus, und dahinter steht ein längliches **Hochatelier**. Arno Breker arbeitete während der NS-Zeit hier, in diesem Atelier entstanden viele seiner überdimensionierten arischen Herrenmenschen. Im ersten Siegestaumel nach dem Krieg wurde das Schloss – voreilig zwar, wenn auch verständlich – als Symbol des Nationalsozialismus gesprengt. Nur diese Werkstatt und ein Bassin überlebten.

Im Jahre 1750 erwarb der Kammerrat F. W. Jäckel 670 Morgen Land, die er in zweijähriger Meliorationsarbeit in ein Gutsvorwerk umgestaltete. Jäckel, der sich ›Erbherr auf Jäckelsbruch, Altwriezen und Bliesdorf‹ nannte, ließ sich ein Herrenhaus errichten, das 1780 fertiggestellt war. Vier Jahre später starb Jäckel, und danach wechselte der Landsitz mehrmals den Besitzer. Ein Park kam hinzu, nachdem ein Herr G. Palm das Anwesen übernommen hatte. Ein späterer Besitzer, Ch. Becker, führte in Jäckelsbruch und Eichwerder den Tabakanbau ein.

Im Jahr 1940 schenkte Adolf Hitler seinem Hofbildhauer Arno Breker den schlossartigen Landsitz Jäckelsbruch zum 40. Geburtstag, und der Beschenkte ergänzte die historische Anlage durch einen Atelier-Trakt. Die Projektierung übernahm das Architekturbüro von Alfred Speer. Der kleine ungepflegte Pool samt Brunnenhaus aus dieser Zeit steht unter Denkmalschutz. Die teilweise stark ramponierten Statuen im Park sind Werke Brekers.

Um die vielen NS-Staatsaufträge für Monumentalwerke, darunter auch eine überdimensionale Hitlerbüste, fertigen zu können, wurden die ›Arno Breker Steinbildhauerwerkstätten GmbH‹ in Wriezen gegründet, in denen Kriegsgefangene unter der Leitung eines Beauftragten Speers die Modelle Brekers umsetzen und vervielfältigen mussten.

Im Dezember 1944 ließ Speer Breker mit seinem gesamten Mitarbeiterstab aus Wriezen evakuieren und nach Bayern bringen. Schloss Jäckelsbruch wurde 1945 vermutlich von deutschen Flakeinheiten zumindest beschädigt, die riesigen Gipsmodelle zerschlagen. Die Werkstätten in Wriezen wurden zerstört, das Gelände der ›Steinbildhauerwerkstätten‹ dient heute einer Holzfabrik. Ein Großteil der nach dem Krieg noch im Atelier vorhandenen Bronzeskulpturen wurde vermutlich nach dem Krieg nach Potsdam gebracht und 1950 eingeschmolzen. Das zumindest erklärte 1951 Hans Ulrich Engel, der ehemalige Leiter des Oderbruch-Museums in Bad Freienwalde. Und weil auch keine öffentlichen Hinweise auf die Geschichte dieses Ortes existieren und eine Auseinandersetzung mit dem Ort nicht stattfindet, verblasst allmählich die Erinnerung an die historischen Begebenheiten. Inzwischen hat der Sohn Jörg des Bildhauers Horst Engelhardt vom Atelier Brekers Besitz ergriffen. Jörg Engelhardt ist ebenfalls Bildhauer. Er gestaltet jetzt, ganz im Geiste seines 2010 schwer erkrankten Vaters, kleine Bronzefiguren. Arbeiten, die man von seinem Vater nicht vermuten würde, wenn man die

Die frühere Zuckerfabrik

großen, behauenen und unbehauenen Granitblöcke auf dem Weg zum Atelier sieht. Vom alten Engelhardt stammen nämlich auch so hintergründige Arbeiten wie die Figuren vom Wriezener Marktbrunnen. Ließ der Vater noch ein Teufelchen auf diesem Brunnen seinen Schabernack treiben, lässt der Sohn nun King Kong auf die Weltkugel los.

Die deutsche Geschichte des 20. Jahrhunderts spiegelt sich explizit in den Schlössern am Rande des Oderbruchs wider: Rathenau und Bad Freienwalde, Ribbentrop und das Sonnenburger Schloss, der verwunschene Ort Jäckelsbruch, das Schloss der Familie Hardenberg und nicht zuletzt Schloss Gusow. Leider sind diese Orte bislang nicht durch ein gemeinsames Erinnerungskonzept miteinander verknüpft. Selbst wenn dieser Teil ungeliebt und zwiespältig ist, könnte Besuchern hier einiges zur Geschichte vermittelt werden.

Horst Engelhardt

Horst Engelhardt ist Bildhauer und arbeitete bis 2010 in dem Atelier, das auch Arnold Breker benutzt hat. Ansonsten hatten sie nichts gemein. Vielmehr war für Engelhardt das Erbe, das er mit der Nutzung seit 1976 und dem späteren Kauf dieses Ateliers mit sich trug, eine unangenehme Bürde.

Engelhardt ist ein zurückhaltender und bescheidener Mensch, der nicht viele Worte über sich selbst verliert. Umso zahlreicher sind seine Ausstellungen und Arbeiten, die ihn weit über die Grenzen Wriezens hinaus bekanntgemacht haben. Vor allem in Brandenburg begegnet man seinen Werken: in Frankfurt/Oder seinem Sieben-Raben-Brunnen, in Bernau seiner Stadtsäule, in Wriezen seinem Lebensbrunnen. Dazu kommen viele orts- und landschaftsbezogene Arbeiten im Oderbruch.

Der Wriezener Brunnen mit seinen provozierenden Details hatte übrigens 1997 für Aufsehen in der Stadt und in weiten Teilen des Landes gesorgt. Denn auf und um einen riesigen Findling hatte der Künstler Figuren gruppiert: Obenauf ein Teufelchen, drum herum eine Nixe und ein Fischer, ein Paar kopulierender Wildschweine, eine nackte Frau, die ihren Mann verprügelt, Max und Moritz und ein Mann mit einem Brett vor dem Kopf. Der Teufel zeigt der mächtigen Marienkirchenruine seinen Hintern, der Mann mit dem Brett vor dem Kopf ist ihr zugewandt. Das mag der Grund sein, weshalb der Pfarrer damals mächtig gegen den Brunnen Stimmung gemacht hat. Er war der Meinung, die Bürger müssten an der Entscheidung beteiligt werden, die Stadtväter dürften das nicht allein beschließen. Deswegen initiierte er einen Volksentscheid – den ersten und einzigen, den es bisher in Wriezen gegeben hat. Das Volk, das sich nicht sonderlich für den Brunnen interessierte, hat dann zugunsten des Künstlers, gegen den Pfarrer entschieden.

Ein Wriezener Bürger, der frühere Oberförster Conrad Philipps, fasste den Streit um den Brunnen so zusammen: »Stimmen wir für das Ensemble, zeigen wir den Menschen, dass wir am Ende des 20. Jahrhunderts mit Gut und Böse leben wollen.«

Das Atelier des Künstlers Horst Engelhardt in Jäckelsbruch

Schwebender Engel in der Altwustrower Kirche

Altreetz und Umgebung

Kommt man von Wriezen nach Altreetz, überquert man kurz hinter dem Abzweig die **Alte Oder**. Der Rest des alten Flusslaufs dümpelt hier als ein verkrauteter Teich. Auf dem alten Deichweg würde man bis nach Altwriezen gelangen. Hinter den Feldern beiderseits der Straße folgt **Neukietz**, die Neugründung des Ortsteils in Wriezen, dann die Dörfer Neumädewitz und Altmädewitz, die wieder Beispiele für die Entwicklung des Oderbruchs in der Kolonisationszeit Friedrichs II. sind.

Neumädewitz liegt wie aufgefädelt am Straßenrand, **Altmädewitz** ist, wie die Vorsilbe Alt verrät, ein altes Rundlingsdorf mit einer bescheidenen Dorfkirche auf einem Anger. Sie ist recht klein und doch hübsch mit einem kleinen geduckten Türmchen, liegt abseits der Hauptstraße in der Ortsmitte.

Es folgt **Altreetz**, etwa zehn Kilometer von Wriezen entfernt. Die alte Oder floss hier am Dorf vorbei, und daher hat der Ort seinen Namensursprung. Reetz, aus dem slawischen reka abgeleitet, bedeutet Siedlung am Fluss. Auch wenn der Fluss seit der Trockenlegung fehlt, beeindruckt Altreetz durch seine Anmut. Den Ortsmittelpunkt bildet die weißgetünchte Kirche, die nach einem Brand 1828 im klassizistischen Stil neu erbaut wurde.

Die Geschichte der Altdörfer im Oderbruch geht weit zurück. So wurde auch hier eine **Kirche** bereits 1577 erwähnt. 1641 brannten die Schweden auf ihrem Feldzug das Fischerdorf samt Kirche ab. Bei einem Feuer muss 1764 das neu errichtete Gotteshaus wiederum abgebrannt sein. Die nächste Kirche war aus Holz und mit drei Glocken zum Läuten und einer vierten für die Uhrzeit sowie einer Orgel großzügiger als der Vorgängerbau ausgestattet. Aber auch sie brannte mitsamt dem Dorf 1824 erneut ab.

Bereits vier Jahre später, 1828, wurde die heute noch stehende Kirche geweiht. Ein Jahr darauf wurden zwei neue Glocken angeschafft, 1847 die Turmuhrglocke. Sie hängt heute noch im Gebälk. Die anderen wurden in den Weltkriegen zu Kanonen geschmolzen. Seit 1997 gibt es wieder drei Glocken. An stillen Sonntagen ruft ihr Spiel weit hinein ins Land zum Gebet.

Die Straße teilt sich am Platz vor dem Landwarenhaus und führt links nach Neureetz – sehenswert sind hier die 1840 angelegten Buchsbaumhecken –, nach rechts führt der Weg weiter nach Zollbrücke. Hinweisschilder verweisen auf das eigentliche Kleinod, das Altreetz im Oderbruch einzigartig macht, seinen **Oderbruchzoo**. Es ist die Wochenendattraktion schlechthin. Ein Grillplatz, ein gestalteter Spielplatz, eine Galerie, ein kleines Café sowie Sitzgruppen laden zum Bleiben ein. Kinder gehen hier das erste Mal den Schritt in die ferne Welt. Mit viel Liebe wurden hier Gehege für über 350 Tiere aus allen Kontinenten aufgebaut. Am Wochenende können Kinder reiten, und auch die größte Freiflughalle in Brandenburg steht hier.

Direkt an den Zoo grenzt ein **Feriendorf** für behinderte Menschen. Integrationsund Unterstufenklassen können hierher ihre Schulfahrten machen. Wochenendaufenthalte mit therapeutischem Reiten sowie Ausflüge in die Natur werden angeboten.

Geht man weiter nach Zollbrücke, schließt sich nach einigen Feldern zu beiden Seiten des Wegs **Wustrow** an, das wiederum aus Neu- und Altwustrow – hier steht die Kirche des Ortes mit originaler barocker Inneneinrichtung von 1789 – besteht. Die beiden Ortsteile sind durch Felder getrennt und durch Pappeln begrenzt. Hinter Wustrow führt die Straße beinahe schnurgerade über fünf Kilometer nach Zollbrücke, ein Abzweig in die Zäckericker Loose und ein anderer nach Neulietzegöricke.

Schon von weitem ist der ›Oderbruchdom‹ sichtbar

Neuküstrinchen

Neuküstrinchen ist ein langgestreckter Ort. Er wurde 1755 als königliches und somit als eines der größten und wichtigsten Kolonistendörfer angelegt und verläuft quer zur Straße nach Neurüdnitz. Der für diese Dörfer typische **Dorfanger** mit einigen gepflegten Gemüsegärten um den Entwässerungsschachtgraben ist noch deutlich zu erkennen. Einige **Fachwerkhäuser** stehen auf kleinen Erhöhungen. Die traditionelle Bauweise wurde im Verlauf der Zeit durch reine Ziegelbauten abgelöst, deren Baustil bis hin zu geschmacklichen Verirrungen durch Fertigteilbauten reicht. Im Gegensatz dazu versuchen neu zugezogene Besitzer mit viel Mühe aus ihren Häusern wahre

Schmuckstücke zu zaubern, das Fachwerk zu sanieren und historisch getreu zu tünchen. Nicht zuletzt durch die Wiederherstellung dieser Fachwerkbauten macht das Dorf einen relativ ursprünglichen und anmutigen Eindruck.

Am Ende des rechten Teils von Neuküstrinchen steht der sogenannte Dom des Oderbruchs, eine von 1878 bis 1880 im neoromanischen Stil erbaute **Backsteinkirche**. Die Kirche mit Apsis, Westturm und Seitenschiffen verfügte als Zentralkirche für mehrere Dörfer zeitweise über bis zu 1400 Sitzplätze. Vom begehbaren Turm hat man einen beeindruckenden Blick über die Weiten des Oderbruchs.

Wenn Dorffeste stattfinden oder hervorragende Konzerte gegeben werden – wie zum Beispiel in der Reihe ›Klassiker auf Landpartie‹ –, verwandelt sich das Dorf in eine Vermarktungsgemeinschaft. Die männlichen Dorfbewohner haben sich

Karte S. 104 ▲

Da fehlen die Mücken – Dorffest im Oderbruch

Schulzendorfer Blasmusik bei Kaffee und Kuchen, die Reetzer Sänger, das Dannenberger Showprogramm, eine Art freie Interpretation des Line-Dance und am Abend die Fortuna Live Band, die aus zwei Personen und einer jugendlichen Sängerin besteht, im Repertoire deutsche Schlager, das alles unter einem großen Festzelt dargeboten – für viele sind das Reizworte, und viele fahren an diesen Dorffesten, für die mit diesen Attraktionen geworben wird, schnell vorbei.

Diese Art Feste, die oft auf der Festwiese am Rand des Dorfes gefeiert werden, gibt es in den Sommermonaten viele im Oderbruch – die Brücher sind ein amüsierwütiges Völkchen. Jedes Ereignis wie beispielsweise das Osterfeuer, jeder noch so kleine Anlaß wie die Einweihung des neuen Spritzenhäuschens der Freiwilligen Feuerwehr, das Erntedankfest und die Heimatfeste sowieso, scheinbar jeder Feiertag wird dankbar angenommen, um auf den Festwiesen zusammenzukommen. Und der Duft eines Wildschweinbratens, der am Drehspieß hängt, sollte auch den Touristen die angeborenen Hemmungen überwinden und einen Stopp einlegen lassen.

Die kleine Sängerin der Live-Band im Festzelt in Neumädewitz singt besser als jeder Möchtegernstar, beim ersten Takt ist die Tanzfläche voller Paare ohne die gewohnte Anstandsscham. Und sie drehen sich wie wild.

Es ist die Sommerzeit, in der die Sonnenblumen reifen, das Korn wächst und der Bauer vor der Mühsal der Erntearbeit noch einmal ausgelassen feiern will. Der rüstige Herr, der mit 82 Jahren den Friedhof pflegt, die Großbauernfamilie, der Trinker, der bei jedem Dorffest dabei ist, der tanzwütige Imker mit den Manieren eines Gentlemans alter Schule, der die Frauen des gesamten Dorfes nach und nach atemlos tanzt, die alte Dame, die den ›Walzer auch links herum kann‹ und dem Travestiekünstler bei seiner Show unter den Rock schaut – sie alle amüsieren sich. Und nach ein, zwei Stunden kommt man als Gast schon ins Gespräch mit ihnen, und es ist durchaus möglich, dass aus der kurzen Rast eine feuchtfröhliche Nacht wird. Dann begegnet einem vielleicht ein arbeitsloser Landarbeiter, dem man sagt, das könnten sie ruhig öfter machen und nicht bloß einmal im Sommer. Er lächelt dann bereits bierschwer, reibt mit dem Daumen am Mittel- und Zeigefinger und meint verschmitzt: Ja, nur da fehlen unsereinem die Mücken.

So oder ähnlich müssen sich die Feste im Bruch schon immer zugetragen haben. Für einen Abend hat die Zeit stillgestanden, doch das Leben geht weiter.

Dorffest in Neumädewitz

die Uniform der Freiwilligen Feuerwehr übergestreift, weisen für einen Euro auf einen Stellplatz auf der frisch gemähten Wiese. Auf Tischen um die Kirche werden Kaffee, Kuchen und Bier gereicht. Konzertkarten kosten bis zu 40 Euro. Das Spritzenhaus ist geöffnet, eine Fotoausstellung in einem Nebenraum des Feuerwehrschuppens verweist auf die Schönheiten des Bruchs. Auf dem Ausstellungstisch einer Keramikwerkstatt finden sich sowohl Kitsch als auch mitnehmenswerte Becher und Tassen.

Direkt an die Kirchwiese grenzen die ewigen stoppeligen, schon abgemähten Kornfelder, und am Horizont dahinter leuchtet das Weiß des Altreetzer Kirchturms.

Neulietzegöricke

Als erstes der friderizianischen Kolonistendörfer wurde Neulietzegöricke 1753 angelegt. Die Struktur der damaligen Neusiedlungen ist noch deutlich erkennbar: ein langgestrecktes Straßendorf, in Längsrichtung der Schachtgraben, links und rechts verläuft eine Straße.

Die **Dorfschule** und die **Kirche** stehen auf dem **Dorfanger** und unterbrechen so den Graben, ebenso wie die Gaststätte ›Zum feuchten Willi‹ mit Imbissangebot, dem ehemaligen Dorfkrug. Es ist wohl das traditionsreichste Lokal im Oderbruch, das zudem auch von Einheimischen frequentiert wird.

Der Name Neulietzegöricke stammt aus dem Wendischen und lautete ›Glizik Goerkia‹, was so viel wie Kahler Hügel oder Kahle Berge bedeutet.

Das Dorf brannte 1832 ab. Viele der liebevoll restaurierten Häuser stammen aus der Zeit nach dem Brand. Zwei Drittel der Häuser sind Fachwerkhäuser und tragen noch Elemente dieser Bauweise. In der Dorfstraße 81 ist ein **Vier-Seiten-Hof** erhalten, in dessen Mitte ein Taubenhaus steht. Im unteren Teil lagerte man Holz und Futtermittel, im Fachwerkaufsatz wurden Tauben gehalten. Viele solcher Details, auch kleinere wie historische Haustüren, Fenster und Fensterläden können noch in diesem vollständig unter Denkmalschutz stehenden Dorf entdeckt werden.

Vierseithof mit Taubenhaus

Zollbrücke

Zollbrücke ist ein attraktiver Ort, bietet er doch die Möglichkeit, scheinbar endlos auf dem Deich zu radeln oder ausgedehnte Spaziergänge zu unternehmen. Und er hat ein Ausflugslokal.

Zollbrücke liegt hinter dem Abzweig nach Zäckericker Loose, am Ende der Straße und Deutschlands. Autos parken auf der Straße zum Deich, Radler kommen entgegen, Familien laufen gemächlich zum Deich. Störche nisten auf einem Pfahl, Grenzpflöcke am Deich markieren das Territorium. Die andere Oderseite, die frühere Neumark, gehört zu Polen. Viele der Dorfnamen dort haben den Neugründungen auf hiesiger Seite ihren Namen gegeben, etwa der Güstebieser und eben der Zäckericker Loose, dem Ort vor Zollbrücke. Das Ursprungsdorf Zäckerick heißt jetzt Siekierki, und dort, jenseits der Oder, leben heute nur noch Polen. Sie folgten den vertriebenen Deutschen nach und waren selbst Vertriebene. Denn sie kamen zumeist aus den ostpolnischen Gebieten, die sich nach 1945 die Sowjetunion einverleibte.

Als Folge der friederizianischen Bevölkerungspolitik im Oderbruch und der jüngeren Wirren findet man fast keine wirklich Alteingesessenen. Doch die Landschaft des Bruchs hat die Menschen, die hier leben, geeint und der menschlichen Entwurzelung über Jahrhunderte hindurch in typisch brandenburgisch-schnodderiger und toleranter Art geantwortet.

Das Dörfchen Zollbrücke besaß einst eine Furt, später gab es eine hölzerne Brücke und dann eine Fährverbindung. Die Kinder aus den 200 Jahre alten Fachwerkhäusern von Zollbrücke gingen jenseits der Oder zur Schule, die Menschen von dort kamen hier über die Oder zum Kirchbesuch. Mit dem Ende des Zweiten Weltkriegs wurde die Verbindung gekappt. Durch den Beitritt Polens in die EU erhält eine neue, beiderseits souveräne Annäherung eine echte Chance. Den Menschen beiderseits der Oder wäre diese neue Qualität des Miteinanders zu wünschen. Ohnehin gewinnt Zollbrücke als Ausflugsort am Grenzdeich eine neue, touristische, stets wachsende Bedeutung.

So hat das **Dammmeisterhaus** direkt vor dem Deich endlich einen Besitzer gefunden. Er will auf dem Areal in den ehemaligen Stallungen ein Café einrichten, im Haupthaus eine Weinstube und Wohnräume unterbringen. Das Dammbohlenhaus – dort wurden die Bohlen aufbewahrt, die die Deichscharte bei Hochwasser verschlossen – soll ein multifunktionaler Kulturraum werden.

Die überallhin begleitenden **Dämme** nehmen gerade nach der Jahrhundertflut 1997 eine überragende Bedeutung ein. Die alten Anlagen dienen teilweise als Fahrwege durch das Land, und die Hauptanlage direkt am Flusslauf verstellt dem Besucher des Ausflugslokals ein wenig die Sicht, doch man hat Verständnis für den Wall.

Aber das Besondere und Einzigartige, das kaum Vergleichbare von Zollbrücke ist das **Theater am Rand.** Es liegt abseits der Metropolen, am östlichen Rand Deutschlands, im Oderbruch. Die charaktervolle Landschaft diktiert die Spielregeln dieses Theaters. Einfachheit. Professionalität. Handgemachtes, mehrfach umgebautes Theater. Akteure und Betreiber sind der Akkordeonist, Komponist und Produzent Tobias Morgenstern und der Schauspieler Thomas Rühmann, der im ›wirklichen Leben‹ Serienrollen spielt.

»Am Anfang, im Jahr 1998, war eine gute Stube für 32 Zuschauer im hun-

›Mitten in Amerika‹ im Theater am Rand

dertjährigen Fachwerkhaus. Im Frühjahr 2006 war nur noch Platz auf der grünen Wiese. Ein neues Haus ist nun entstanden. Sein schützendes Dach wird von geschälten Eichenstämmen getragen. Die Schrägheit der Konstruktion, ihre Offenheit, die Abwesenheit von rechten Winkeln verweisen auf die Ästhetik der Geschichten. Widerständige Natur und Kunst gehen eine Symbiose ein. Landschaft, Wind und Wetter, Abendsonnen und bis zu 200 Zuschauer werden ins Haus geholt. Erzählt werden die beredten Menschen-Geschichten dieser Welt und ihrer Regionen.

John Franklin entdeckt die Langsamkeit. Das mysteriöse Akkordeon spielt sich durch die Zeiten, intoniert Musette und Blues. Hervé Joncour reist der japanischen Seide nach mit Klängen von Rio Reiser. Uhlig-Trulla verschanzt sich im Spinnhaus. Ace Crouch zieht mitten in Amerika sein Ass aus dem Ärmel. Siddhartha geht an den Fluss. Sprache und Musik, Bilder und Klänge, Worte und Noten fügen sich zu etwas Drittem zusammen. Dieses Dritte ist das Reper-

toire des Theaters. Regulärer Eintritt bei Austritt. Der Zuschauer zahlt, was ihm das Kunsterlebnis wert ist. Das freie Spiel trägt weit.« (Aus der Selbstdarstellung der Theatermacher).

Und noch etwas ganz Besonderes hält das Theater manchmal bereit. Bei einem der legendären Openairs kann man dann auf der Wiese am Haus auf mitgebrachten Sitzkissen die ganz persönliche Versöhnung mit der Natur erleben. Auf der Holzbühne musiziert vielleicht eine 18-köpfige Jazzband stundenlang, dann klagt das Akkordeon im Zwiegespräch mit dem Saxophon whiskyschwer in den sternenübersäten Himmel hinein, es fällt der Scheinwerferkegel in den Wipfel einer gestutzten Weide, und der Schauspieler rezitiert dort oben dazu die passenden Verse.

Zu später Stunde finden sich die Akteure und das Publikum im argentinischen Tango, bevor der Abend ausklingt, wie im Traum. Die Bedeutung dieses Kunstraums ist nicht genug zu würdigen, da die Einmaligkeit dieses Platzes verblüfft und die Ausstrahlung auf das Land

Karte S. 104

enorm ist. Und es ist für das gesamte Oderbruch bemerkenswert, was hier über die Jahre durch die beiden Künstler Thomas Rühmann und Tobias Morgenstern mit Leidenschaft und Fantasie entstanden ist.

Güstebieser Loose

Wie auch Zollbrücke liegt Güstebieser Loose direkt an der Oder. Von dort ist es auf direktem Weg über den Oderdeich nur mit dem Fahrrad zu erreichen, Autofahrer müssen einen leichten Umweg über Neulewin in Kauf nehmen. Güstebieser Loose wirkt strukturlos, wie dahingestreut. Erstmals urkundlich erwähnt wurde ›Gustebis‹, ein slawischer Ort, 1336. Zum eigentlichen Ort am jetzt polnischen Oderufer gehörten weitläufige Wiesen und Äcker links der Oder, auf jetzt deutscher Seite. 1747 nutzte Friedrich II. die natürlichen Gegebenheiten, nämlich die Tatsache, dass die Oder wegen eines Höhenzuges bei Güstebiese fast rechtwinklig Richtung Wriezen floss. Genau dort wurde die alte Oder abgedämmt, um dahinter den neuen Oderkanal zu graben, den man heute als natürlichen Oderlauf wahrnimmt. An die Alte Oder erinnern an dieser Stelle nur noch kleine Tümpel. Güstebiese hatte über die Jahrhunderte eine strategische Bedeutung als Flussübergang. So überschritt am 23. August 1758 Friedrich II. mit seinem Heer an dieser Stelle den Fluss, um sich in Zornsdorf (heute: Sarbinowo) eine Schlacht mit den russischen Truppen zu liefern, die viele Opfer forderte und die im übrigen keiner gewann.

Bis in die jüngste Vergangenheit probten viele Armeen in diesem Oderbereich den Flussübergang. Der Beobachtungsstand ist heute noch leicht auszumachen.

Von Neulewin her führt die Straße durch das Dorf, besser am Dorfkern vorbei, über den **Deich** bis hinunter zum Fluss mit der **Fähre nach Polen**. Hinter dem Deich ziehen sich weite Überschwemmungswiesen links und rechts der Straße auf den letzten Metern vor dem Fluss; auf polnischer Seite erhebt sich sanft und doch nachdrücklich ein Höhenzug. Der Kirchturm auf polnischer Seite, der von Gozdowice, gehört zu dem durch den Fluss und seit 1945 durch eine Grenze getrennten Ort Güstebiese.

In der landwirtschaftlich geprägten Gegend haben sich in den letzten 30 Jahren ganz verschiedene Künstler niedergelassen. Gerade sie heben den Ort hervor, machen ihn besonders während der Kunst-Loose-Tage attraktiv.

Seit dem Herbst 2007 hat sich noch etwas für das Oderbruch herausragendes am Oderlauf etabliert. Die Rede ist von der Fährverbindung nach Polen. Vom ersten Tag an wurde sie gut angenommen, und es ist nicht absehbar, wie im Sommer der Ansturm bewältigt werden soll, ohne den nahen Flussraum

Am Fähranleger

erheblich zu beschädigen. Diese Frage ist genauso offen wie die Entwicklung auf polnischer Seite. Ein weiterer ›Polenmarkt‹ dort und der nachfolgende Einkaufstourismus wären bestimmt nicht dienlich für diesen Teil der Flusslandschaft. Doch der sympathische Rastplatz an der polnischen Landungsstelle der Fähre mit Bänken und Informationstafel lässt vermuten, dass die Gemeinden beiderseits des Flusses wissen, welch Kleinod sie besitzen.

Ein Ausflug nach Polen

Die früheren Namen einiger Dörfer auf polnischer Seite zeigen, dass sie historisch zu ihren Nachbarn auf der anderen Oderseite gehören. Das heutige Gozdowice etwa hieß bis 1945 Güstebiese und war der Hauptort, dessen einer Teil das gegenüberliegende Güstebieser Loose war. Die vielen Loose-Gehöfte wirken auch deshalb so hingewürfelt, so strukturlos ohne zentralen Punkt.

▲   *Die Kirche von Gozdowice*

Ein Abstecher auf die polnische Seite macht mit dieser Geschichte bekannt wie auch mit den dramatischen Ereignissen des Jahres 1945, denn in vielen Orten finden sich Denkmale an diese scharfe Zäsur.

Die östliche Seite ist nicht so flach wie die deutsche. Die Straße auf polnischer Seite führt vom Fluss recht steil hinauf. Die polnische Seite des Oderbruchs ist hügeliger als die deutsche. Bei Überschwemmungen müssen sich die Wassermassen ihren Weg auf deutscher Seite suchen.

Die Menschen sind freundlich, hilfsbereit und neugierig. Selbst mit großen Sprachbarrieren wird durch Gestik eine Verständigung möglich.

Fährt man in **Güstebieser Loose** geradewegs zum und über den Deich und hinunter zum Fluss, gelangt man zur Autofähre. Diese Fähre mit ihren motorbetriebenen Schaufelrädern ist eine nette Erinnerung an alte Flussschiffe. Von der Idee bis zur Inbetriebnahme dieser deutsch-polnischen Verbindung, Ende Oktober 2007, vergingen 15 Jahre. Allein die Verzögerungen in dem Jahr 2007 – eigentlich sollte die Fährverbindung bereits im Frühjahr übergeben werden – zeigten, wie sehr sinnvolle Projekte von der Bürokratie gebremst werden können. Letztlich setzte sich die Beharrlichkeit durch. Offensichtlich haben zumindest die Amtsleiter in der Region erkannt, dass das Oderbruch eine wirtschaftliche Zukunft im Tourismus hat.

Die **Kirche** aus dem 13./14. Jahrhundert in **Gozdowice** ist wegen der Holzdecke sehenswert. Das kleine **Museum der Pioniertruppen der 1. Polnischen Armee** am Ort stimmt den Besucher auf die nicht wenigen Spuren des Gedenkens an den Zweiten Weltkrieg ein. Auf

Und so lebten sie alle Tage

Ganz am Rande des Oderbruchs hat sich ein ungewöhnliches Netzwerk entwickelt, die Güstebieser Künstlerkolonie. Das ist ein Verbund von Künstlern, die auf alten Gehöften in guter Distanz zueinander in dieser Streusiedlung leben. So unterschiedlich die Grafiken und Bilder, Objekte und Kuriositäten dieser Künstler auch sind, die Landschaft, in der sie entstehen, spielt eine große Rolle.

So auch auf den Bildern von Sophie Natuschke. Das Anwesen der Künstlerin ist ein weitläufiger Wiesenhof, der rechts und links mit langgestreckten alten Stallgebäuden bestellt ist und geradeaus den Blick über die Felder freigibt. In den Nebengebäuden sind Atelier- und Ausstellungsräume untergebracht. Ein langer, steinerner Schweinetrog von früher ist dort integriert, wie überhaupt das Alte bewahrt wird: Roter Backstein und Fachwerk, umrankt von wildem Wein.

Sophie Natuschke, zerbrechlich und warmherzig, tiefgründig und fröhlich zugleich, verschlug es schon 1979 ins Oderbruch. Ihr Mann wurde damals Museumsdirektor in Altranft. Sie bekam ein Kind, ließ sich scheiden und lebt seitdem allein auf dem Gehöft. Ab und zu ein verkauftes Bild, ein Stipendium, ein wenig Unterstützung vom Staat – und dafür beschenkt sie den Besucher an den Kunst-Loose-Tagen mit einem Blick auf ihre Arbeiten.

Herbert, der alte Gehöfte in Neulewin erhält, ist der Leiter der ›Hofgesellschaft‹, einem Netzwerk von Einzelgängern, deren Hauptanliegen ihre alten Häuser sind. Man hilft sich, tauscht sich aus, sammelt füreinander zum Dachdecken alte Biberschwanzziegel, Fenster und anderes Material. Das gemeinsame Anliegen schweißt auch Einzelgänger zur Gruppe. Herbert, der eigentlich Peter Herbert heißt, hat zudem eine ›Loose-Senf-Fabrikation‹ aufgebaut.

Sophie Natuschkes Wunsch: Ein paar Bilder mehr zu verkaufen, damit es leichter wird, ein kleines Kino in einer der Stallungen vielleicht, und der Filmvorführer mit der alten Vorführtechnik, den es tatsächlich noch gibt, zeigt ihr und einigen Freunden dann ›Fitzcarraldo‹, den Film mit Klaus Kinski, der in diesem Film das Unmögliche wagt.

Auf dem Weg zu Sophie Natuschke führt ein Abzweig zum Gehöft der Anka Goll. Sie gestaltet unter anderem kleinere und größere Plastiken aus Ton, die als Objekte in ihrem Garten ruhen und die Gedanken des Betrachters zu einem Innehalten verführen. Anka Goll schläft in ihrem Atelier, denn die Räume ihres Wohnhauses beherbergen Ausstellungsräume verschiedenster Künstler der

Im Uhlenhof

Künstlerkolonie Güstebiese, die hier zum Verkauf freigegebene Exponate von der Kleinplastik über Installationen aus Glas, Keramiken und Grafiken präsentieren. Ein kleines Antiquariat gibt es auch. Anka Goll hat ihren Hof ›Uhlenhof‹ genannt, weil er früher schon mal so geheißen haben soll. Sie ist wie Sophie Natuschke Ende fünfzig und kam ebenfalls in den 70er Jahren ins Oderbruch.

Die Töpferin Isabel Widera kam etwas später, 1982, mit ihrem Mann ins Oderbruch. Der ertrug damals die Ruhe der Landschaft nicht, sie blieb mit ihrem inzwischen großen Sohn, der, wenn er aus der großen Stadt zu Besuch ist, das Dach repariert oder Reisig verbrennt.

Norbert Horenk, der Glasgestalter aus Leidenschaft, der sich bereits in seiner Jugend in den Herstellungsprozess von Glas verliebt hat, gehört ebenfalls zu denen vom ›Uhlenhof‹. Er lebt dicht am Deich, verkauft, damit er leben kann, auf dem Berliner Kunstmarkt gefällige Objekte aus Glas.

Ein junger Architekt, Axel Persiel, der sich ebenfalls in die Oderbruchlandschaft verliebt hat und in dem schön restaurierten ehemaligen Dorfschulzenhaus von Altwriezen lebt, hat sich gleich nach seinem Studium entschieden, keine Stahl- und Glastempel zu bauen. Er will Altes erhalten und mit Neuem sinnvoll verbinden. Auch er bringt wie Herbert sein Wissen in die ›Hofgesellschaft‹ ein, seine Frau Susann töpfert und betreibt ein Keramik-Café – ein schöner Anlaufpunkt für Gäste.

Nicht weit von hier, in Groß Neuendorf, lebt der Fotograf Stefan Hessheimer. Sein Thema ist immer wieder die Weite des Oderbruches, er macht in seinen Aufnahmen aus der Kulturlandschaft Oderbruch die Kunstlandschaft Oderbruch. Hessheimer betreibt eine Galerie und lädt gelegentlich zu Hofkonzerten und zu thematischen kulinarischen Tafelrunden ein, die von den Jahreszeiten bestimmt werden. Seine Frau veranstaltet Kräuterwanderungen.

Bei Anka Goll

Der Soldatenfriedhof in Siekierki

dieser kleinen Reise auf schmalen Straßen durch waldiges Gelände begegnet
man einer lebendigen Erinnerungskultur
an den Krieg. Größere und kleinere
Denkmäler, Soldatenfriedhöfe, aufge-
richtete Kreuze und Madonnenschreine
liegen am Weg.
In **Stary Łysogórki** (Altlietzegöricke) befindet sich ein Gedenkstein an den
Krieg, im Ort selbst haben sich einige
sehenswerte Fachwerkhäuser erhalten.
Der Ort geht in das ebenso kleine
Siekierki (Zäckerick) über. Hier steht als
Denkmal ein T-34-Panzer. Die Straße aufwärts geht es zu einem großen **Soldatenfriedhof** mit Kämpfern der 1. Polnischen
Armee, die auf den Schlachtfeldern bis
nach Berlin ihr Leben lassen mussten.
Zwei hohe Kreuze bilden den Mittelpunkt der Gräberanlage. Eines ist aus
Stein und das andere aus Metall. Beein-
druckend ist die Würde dieses Platzes.
Während in Seelow technische Einzelhei-
ten im Vordergrund stehen, wird der
Krieg hier auf das reduziert, was er letztlich nur bedeutet, nämlich Tod.

Die moderne **Kirche** – sie stammt aus
den 1980er Jahren – ist ebenso den To-
ten des Zweiten Weltkriegs gewidmet.
Fährt man weiter, schlängelt sich mit
dem Weg ein Oderarm durch das
Dickicht, ein **Brachsee** zeigt die Über-
schwemmungsfläche an, das Oderbruch
ist wieder nah. Im letzten polnischen
Dorf auf dieser Seite des Flusses, dem
Ort **Stary Kostrzynek**, befinden sich ein
Gedenkkreuz für deutsche Soldaten und
eine **Feldsteinkirche**. Der eigentliche
Oderlauf kommt wieder näher, und
dann ist der **Grenzübergang Hohenwutzen** mit den ausgedehnten **Polenmärk-
ten** erreicht.
Zurück kann es gleich über den nächsten Abzweig links gehen. Durch den
Ort Hohenwutzen hindurch gelangt
man auf den Oderdeich. Mit dem Fahrrad kann man von hier zurück nach
Güstebieser Loose fahren, mit dem
Auto allerdings muss man die stark befahrene Straße bis zum Abzweig nach
Gabow/Neuenhagen nehmen oder
weiter nach Bad Freienwalde fahren.

Das obere Oderbruch

Einzelne Orte: www.altreetz-online.de (Seite des örtlichen Geschichtsvereins), www.kurstadt-buckow.de, www.neu lewin.de, www.neulietzegoericke.de.

Kultur und Tourismusamt Märkische Schweiz mit **Galerie Zum Alten Warmbad**, Wriezener Straße 1 a, 15377 Buckow, Tel. 03 34 33/575 00, Fax 577 19, touristinfo@amt-maerkische-schweiz.de. April bis Oktober Mo–Fr 9–12 und 13–17 Uhr, Sa/So 10–17 Uhr; November bis März Mo–Fr 9–12 und 13–17 Uhr, Sa/So 10–14 Uhr.

Stadt- und Touristinformation Strausberg, August-Bebel-Straße 1, 15344 Strausberg, Tel. 033 41/31 10 66, Fax 31 46 35, www.stadt-strausberg.de, touristinformation.strausberg@ewtel.net.

Stadtverwaltung Wriezen, Freienwalder Straße 50, 16269 Wriezen, Tel. 03 34 56/491 00, info@oderbruch-online.de.

Infopunkt Güstebieser Loose, direkt auf dem Deich auf dem Weg zur Fähre, Mai–Okt. am Wochenende geöffnet.

Ab Berlin auf der B 1 bis zum Abzweig Strausberg.

Ab Berlin mit der OE 60 über Eberswalde und Bad Freienwalde nach Wriezen; ab Berlin-Zentrum mit der S-Bahn Linie 5 bis Strausberg-Nord, weiter mit Bus (siehe www.busmol.de) oder Fahrrad. Die Buckower Kleinbahn fährt von Berlin-Lichtenberg über Müncheberg und Waldsieversdorf nach Buckow (www.buckower-kleinbahn.de).

Ferienwohnung Das Taubenhaus (bei Fam. Wendt), Altwriezen 17, 16269 Wriezen/OT Altwriezen, Tel. 03 34 56/847, Fax 728 14, taubenhaus@web.de.

Gästeetage des ÖkoLea-Bildungswerks, Hohensteiner Weg 3, 15377 Oberbarnim/OT Klosterdorf, Tel. 033 41/359 39 30, Fax 30 99 98, www.bildungswerk.oekolea.de. Im Hause befindet sich auch die Drachenbrotbäckerei – unbedingt probieren!

Gasthaus Zollbrücke, Zollbrücke 7, 16259 Oderaue/OT Zäckericker Loose, Tel. 03 34 57/51 16, webmaster@gasthaus-zollbruecke.de. Mit Fahrradverleih.

Gasthof und Pension Zum Alten Fritz, 16259 Altlewin, Tel./Fax 03 34 52/418, www.gasthof-zum-alten-fritz.de. Gute Lage, empfehlenswerte Küche.

Landherberge Altwriezen, Altwriezen 41, 16269 Wriezen/OT Altwriezen, Tel. 03 34 56/712 49, http://neu.alt wriezen-landherberge.de. Die Inhaberin bietet organisierte Radtouren an; auch Fahrradverleih.

Pension Oderkultur, Ratsstraße 18, 16259 Oderaue/OT Neuwustrow, Tel. 01 72/155 39 36, Fax 03 34 57-466 42, kontakt@oder-kultur.de. Hier kann man nicht nur wohnen, sondern auch Töpfer-, Mal- und Kochkurse belegen.

Pferdehof Herrlich, Dorfstraße 61, 16259 Neulewin OT Neulietzegöricke, Tel. 03 34 57/51 93, www.pferdehof-herrlich.de. Für Wanderreiter und Radwanderer.

Gasthof Strausberg-Nord, Prötzeler Chaussee 8 a, 15344 Strausberg, Tel. 033 41/300 6 83, www.gasthof-straus berg-nord.de, idealer Ausgangspunkt für Oderbruchtouren.

Haus Landlaune, Neulewin 45, 16259 Neulewin, Tel. 03 34 73/908 60, info@landlaune.de. Wohnen im historischen Dorfkern.

Schloss Reichenow, Dorfstraße 1, 15345 Reichenow, Tel. 03 34 37/3080, Fax 308 88, schlossreichenow@schloss reichenow.de. Hochzeitshotel mit Verwöhncharakter.

Speisewirtschaft und Beherbergungsbetrieb, Dorfstr., 16259 Güstebieser Loose, Tel. 03 34 52/271.

Oderbruchcamping bei Familie Köhler, Neuküstrinchen 53, 16259 Oderaue/OT Neuküstrinchen, Tel./Fax 03 34 57/262. Zusätzlich zu den Zeltplätzen werden zwei Bungalows angeboten.

Ausflugslokal Zollbrücke, Am Oderdamm 7–8, 16259 Zäckericker-Loose/OT Zollbrücke, Tel. 03 34 57/51 16. Tägl. ab 11 Uhr, Mo Ruhetag. Beste Lage am Deich, die Küche hält da nicht ganz mit.

Breiers Kräutergarten und Hofcafé, Rathsdorf 21, 16269 Wriezen/OT Rathsdorf, Tel. 03 34 56/ 700 49.

Zum Feuchten Willi, Neulietzegöricke 75, 16259 Neulewin/OT Neulietzegöricke. Authentisch!

Keramik-Café, Axel und Susann Persiel, Altwriezen 16, 16269 Wriezen/OT Altwriezen, Tel. 03 34 56/72 55 66, www.keramik-cafe-altwriezen.de.

Albrecht-Daniel-Thaer-Gedenkstätte, Hauptstr. 10, 16259 Möglin. Ausstellung über Leben und Werk des Landwirts, Agrarwissenschaftlers und Publizisten; Grabstätte im Schlosspark.

Galerie und Stadtmuseum Wriezen, Kanalstraße 10, 16269 Wriezen, Tel. 03 34 56/718 33 (derzeit geschlossen).

Storchenmusum Rathsdorf/Altgaul, an der B 167. In einem originalgetreu wiederhergestellten Ziegelbrennofen wird Wissenswertes über dieses symbolträchtige Tier vermittelt. Reguläre Öffnungszeiten des Storchenturmes April bis Oktober Mo–So 10–17 Uhr oder nach Vereinbarung; Maria Paul, Tel. 03 34 37/152 55 oder manfred. klesse@ewetel.net.

Brecht-Weigel-Haus Buckow, Bertolt-Brecht-Straße 30, 15377 Buckow, Tel. 03 34 33/467, www.brechtweigel-haus.de, brecht-weigel-haus@kultur-in-mol.de. Originale Einrichtungsgegenstände, Fotos und andere Dokumente geben Einblicke in das Leben des Dichters und Dramatikers Bertolt Brecht und der Schauspielerin Helene Weigel; in unregelmäßigen Abständen interessante Veranstaltungen.

Heimatstube Neurüdnitz, Dorfstr. 12, 16259 Neurüdnitz, Tel. 03 34 57/54 77.

Theater am Rand, Zollbrücke 16, 16259 Zäckericker Loose, Tel. 03 34 57/665 21, Fax 665 20; kartenreservierung@theateramrand.de.

Mai: Literatursommer in Buckow: Veranstaltungen im Brechthaus von Mai bis September; Lesungen, Gesprächsrunden, Ausstellungen, Konzerte; Butterblumenblütenfest in Neuküstrinchen mit Konzert im Dom des Oderbruchs (Anfang des Monats). August: Fischerfest in Altreetz.

Waldbad Wriezen, Am Rondell, 16269 Wriezen, Tel. 03 34 56/34 11 65, im Sommer Di–So 10–18 Uhr.

Fahrradverleih:

Odertour Radreisen, Altwriezen 41, 16269 Wriezen/OT Altwriezen, Tel. 03 34 56/712 49, Odertour-Radreisen@gmx.de, www.odertour-radreisen.de.

Pension Oderkultur, Ratsstr. 18, 16259 Oderaue/OT Neuwustrow, Tel. 01 72/155 39 36, oderkultur@freenet.de.

Gasthaus Zollbrücke, Am Oderdamm 7; 16259 Zäckericker Loose/OT Zollbrücke, Tel. 03 34 57/51 16, www.gasthaus-zollbruecke.de.

Kanu-Verleih Wriezen, Monika Brennecke, 16269 Wriezen, Am Hafen, Tel. 03 34 56/57 44 und 01 74/922 23 70, www.kanuverleih-wriezen.de.

Oderbruch-Tours, Arno Ballermann, Neumädewitz 34, 16259 Oderaue, Tel. 01 73/607 80 83, info@oderbruchtours.de, www.oderbruchtours.de. Kremser- und Kutschfahrten, Reittouren, Zucht.

Wanderreitstation Frankenfelde, Wriezener Straße 6, 16269 Frankenfelde, Tel. 03 34 56/715 55. Reiten für Kids und Erwachsene, Erlebnistage für Gruppen, Zeltwochen für Kinder.

Fischereiberechtigungsscheine bei:

Anglerverein, J. Proft, Ratsstraße 19, 16259 Wustrow, Tel. 03 34 57/53 20.

Gasthaus Zollbrücke (s.o.)

Hofläden:

Elkes Hofladen, Angerstraße 19, 16259 Oderaue/OT Altwustrow, Tel. 03 34 57/56 49, info@elkes-hofladen.de. Produkte: Obst und Gemüse je nach Saison, Kartoffeln aus eigenem Anbau, verschiedene Sorten Fruchtaufstriche aus eigener Herstellung, Kuchen, Obstböden und Torten auf Bestellung. Fr 14–18, Sa 9–11 Uhr.

Ziegenhof Zollbrücke, Michael Rubin, Zollbrücke 20, 16259 Oderaue/OT Zäckericker Loose, Tel./Fax 03 34 57/50 65, ziegenhof@gmx.de, www.ziegenhof-zollbruecke.de. Produkte: Ziegenkäse, Ziegeneis, Ziegenmilch, Ziegenwurst, Ziegenfleisch. Öffnungszeiten: ganztägig.

Oderfisch GmbH, Herr Dunker, Kanalstraße 7, 16269 Wriezen, Tel. 03 34-56/20 72, Fax 72250. Produkte: Frischfisch, Räucherfisch, Marinaden, Mo–Fr 9–18, Sa 8–12 Uhr. Der Hofladen liegt im Stadtzentrum von Wriezen, der Fisch kommt direkt aus der Oder.

Bauernhof Korn, Dorfstraße 21, 16269 Neugaul, Tel. 03 34 56/349 09. Hofladen mit Eiern von Hühnern aus Freilandhaltung, selbstgemachte Marmeladen, Obst, Gemüse. Kutschfahrten, Streichelzoo.

Landwarenhaus Altreetz, Am Dorfplatz 2, 16259 Oderaue/OT Altreetz, Tel. 03 34 57/469 99. Mittagstisch, regionale Produkte, Tante-Emma-Laden, Terrassencafé; geöffnet auch am Wochenende.

Hofmanufaktur Christian Filter, Neurüdnitz 79, 16259 Oderaue/OT Neurüdnitz, Tel. 03 34 57/469 99, www.hofmanufaktur-filter.de. Mosterei, Obstbrände.

Der ›Dom‹ des Oderbruchs

Die kleinstädtische Bäderarchitektur in Bad
Freienwalde, Schlösser und Herrenhäuser prägen
diese Gegend. Schöpfwerke erinnern daran,
dass die Trockenlegung ein permanenter Prozess
ist. Den Höhepunkt dieses Gebietes bildet die
technische Meisterleistung des Schiffshebewerkes
in Niederfinow.

Das nördliche Oderbruch

Von Berlin nach Bad Freienwalde

Der Weg führt von Berlin auf der Bundesstraße 158 über Ahrensfelde. Erst bei Werneuchen verliert sich der Berliner Dunstkreis aus Wohnparks und Supermärkten.

Die Kleinstadt **Werneuchen** wurde 1247 erstmals genannt, verschwand dann jahrhundertelang in der Bedeutungslosigkeit, bis das Stadtrecht 1865 wieder urkundlich bestätigt wurde. Der Ort ist eng mit einer Persönlichkeit verbunden, die ihre sanften Spuren in der brandenburgischen Geschichte hinterlassen hat: Friedrich Wilhelm August Schmidt (1764–1838), genannt Schmidt von Werneuchen. Er war Pfarrer der hiesigen Gemeinde und wurde wegen des beschränkten Horizonts seiner ländlichen Gedichte von keinem geringeren als Goethe in dessen ›Xenien‹ als ›Sandpoet‹ verspottet. Seine Werke gehören jedoch zum Besten, was der ›Märkische Dichtergarten‹ aufzuweisen hat. Eine Grabtafel am neuen Pfarrhaus erinnert an ihn, seine Grabstätte befindet sich unweit der Pfarrkirche.

Das älteste Gebäude in **Steinbeck**, einem der nächsten Orte, die man durchquert, ist die **Kirche**, die 1899/1900 im neugotischen Stil auf den Resten einer früheren abgebrannten Feldsteinkirche gebaut wurde. Der Kirchturm fiel dem Zweiten Weltkrieg zum Opfer und wurde durch ein Fachwerkprovisorium ersetzt.

Hinter Steinbeck kann man die Hauptstraße rechts verlassen und käme dann wieder auf die Route über Prötzel nach Wriezen. Kurz vor Haselberg, wo sich ein **Gut** und eine alte **Brennerei** erhalten haben, kann man auf dieser Strecke rechts nach **Harnekop** abbiegen. Hier eröffnet sich ein ganz anderes Kapitel der Geschichte. Die Seestraße führt in den Wald und zu einer riesigen **Bunkeranlage**. Sie umfasste den atomsicheren Führungsbunker der DDR, von dem im Kriegsfall – wenigstens einige Wochen lang – regiert worden wäre. Durch die 28 Meter tiefe Bunkeranlage mit drei Etagen und 126 Räumen werden heute Führungen angeboten. Eine Ausstellung zur Geschichte des Zweiten Weltkriegs

▲ *Relikt des Kalten Krieges bei Wollenberg*

und zur Geschichte des Ortes rundet das Informationsangebot ab.

Von Steinbeck führt die Straße Richtung Eberswalde nach **Heckelberg**. Dieses Dorf wurde im 12. Jahrhundert gegründet und gehörte zu den Marktorten ohne schützende Burganlage. Diese Rechteckdörfer wurden im Zuge der Ostexpansion zur mittleren Oder vom Erzbistum Magdeburg gegründet und hatten die Funktion von Gebietsmittelpunkten. Der Ort liegt an der Etappenstraße nach Hohenfinow, wurde im 15. Jahrhundert mal Stadt, mal Dorf genannt.

Von Steinbeck weiter auf der B 158, Richtung Bad Freienwalde, kommt man an **Wollenberg** mit seiner bemerkenswerten **Granitquaderkirche** vorbei. Direkt an der Hauptstraße befindet sich die 1987 erbaute **Troposphärenfunkzentrale**, die Teil des strategischen Nachrichtensystems der Warschauer Vertragsstaaten war. Diese Anlage gehört zur ›Bunkertour‹, die in Märkisch-Oderland durch einige militärische Anlagen führt und damit den schaurigen Teil der jüngeren Geschichte von der technischen Seite her beleuchtet.

Viel tiefer zurück in die Geschichte führt die Stelle im Wald kurz vor Bad Freienwalde, an der 1628 Anna Liebenwaldt, die letzte vermeintliche Hexe in Brandenburg, verbrannt worden sein soll, unschuldig des Gattenmordes, dessen sie angeklagt war. Ihre Tochter, ebenfalls zum Tode verurteilt, wurde zu einer Hinrichtung mit dem Schwert ›begnadigt‹. An der Stelle des Scheiterhaufens wuchs eine Fichte, wie es die Verurteilte, bereits brennend, der umstehenden Menge prophezeit hatte. Die Brandfichte, wie der Volksmund den Baum fortan nannte, steht schon lange nicht mehr. Um zum ungefähren Ort des Geschehens zu gelangen, ist eine geführte Wanderung angebracht. In Bad Freienwalde erinnert noch der Brandfichtenweg an dieses Ereignis.

Bad Freienwalde

Hoch aufragende Rotbuchen und Eschen verschmelzen zu einem parkähnlichen Wald, er begleitet den Reisenden auf der Bundesstraße 158 über die letzten Höhenzüge des Barnim, der bald darauf bis nach Bad Freienwalde hinein stetig abfällt. Mitten im Wald begegnet dem Vorbeifahrenden die jüngste Geschichte. Es ist kaum noch zu erahnen, dass diese neu anmutenden Wohnblocks am Ortseingang noch Anfang 1990 das ziemlich düster und lieblos dahin gestellte Quartier einer sowjetischen Kaserne waren.

Das Ehrenmal für die Gefallenen des Zweiten Weltkriegs weiter links an der Straße verdeutlicht, dass auch auf dieser Strecke die Fahrt ins Oderbruch stets eine Reise in die jüngste deutsche Vergangenheit ist.

■ Geschichte

Bad Freienwalde wird erstmals 1316 erwähnt und fristete über Jahrhunderte als Ackerbürgerstädtchen, in dem auch Fischer, Händler, Weber und Bierbrauer ansässig waren, ein unbedeutendes Dasein. Die Familie von Uchtenhagen erhielt für ›treue Dienste bei Feldzügen‹ 1374 den Ort vom brandenburgischen Markgrafen und hielt die Stadt unselbständig. Weder der Fährzoll blieb in der Stadtkasse, noch durfte der Rat im Jahre 1532 eigenmächtig einen Kuhhirten einstellen. Das blieb bis zum Aussterben des Adelsgeschlechts so, 250 Jahre lang.

Wegen der Quellen im Brunnental – heute Standort der Kurklinik –, deren mineralischer Gehalt 1684 von einem

Das nördliche Oderbruch

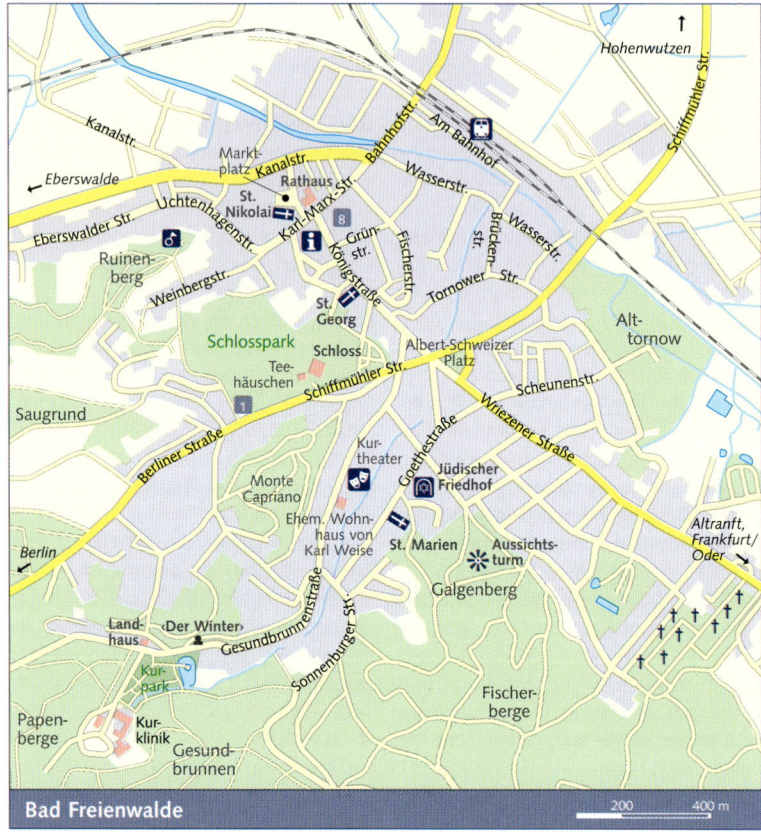

Apotheker entdeckt und damit die Heilkraft des Wassers bekannt wurde, entwickelte sich Freienwalde zu einem höfischen Kurort. Einen Entwicklungssprung vollzog der Ort dank des Großen Kurfürsten Friedrich Wilhelm von Brandenburg, der seine Gicht in Freienwalde kurierte, nachdem ihm die bis dahin genutzten Kuranwendungen in Bad Pyrmont nicht mehr halfen. Der Überlieferung nach kehrte er nach der ersten Trinkkur wie neugeboren zu seinen Regierungsgeschäften zurück.

Der Sohn des Fürsten, der preußische König Friedrich I., veranlasste 1705 den Bau eines zweigeschossigen Holzschlösschens durch Andreas Schlüter. Der Bau brach aber unter heftigen Regengüssen samt Berghang zusammen, und um 1722 wurde das Schloss wieder abgetragen. Der König ließ es sich aber nicht nehmen, sein Badewasser von hier nach Berlin schaffen zu lassen.

Ab 1840 entwickelte sich Freienwalde zum beliebten königlichen Kurort. Um diese Zeit kamen Moorbäder als Heilmethode hinzu. Um die Wende zum 20. Jahrhundert wurde Freienwalde nicht nur zu einem Heilbad, sondern zudem zu einem Luftkurort und Wintersportgebiet auch für breitere Bevölkerungsschichten. Ab 1924 durfte dann auch offiziell der Beiname Bad geführt werden.

Die Hügel in und um Bad Freienwalde haben teils merkwürdig klingende Namen, die auf eine fürstlich-romantische Landnahme um 1800 hindeuten, so als würde den Besucher etwas Ungewöhnliches am Rand des Oderbruchs erwarten. Verklärt klingt der Monte Caprino, eigentlich nur der italienische Name für den deutschen Ziegenberg, oder die Casa Rivera für einen Geländezug hinter dem Fontaneplatz. Der Name soll sich aus den Anfangsbuchstaben einer Gästerunde bei dem skurrilen Professor der italienischen Sprache, Francesco Valentini (1789–1862), zusammensetzen.

Dieser Wortschöpfer für die Brandenburger Interpretation der Toscana hatte seinen Alterssitz in Bad Freienwalde genommen und war auch eine zeitlang Vorsitzender des Verschönerungsvereins. Er prägte entscheidend die Umgebung Bad Freienwaldes.

Heute kümmert sich die Kur- und Fremdenverkehrsverwaltung GmbH um die Verschönerung und die Entwicklung des Ortes. Ihre Pläne sind nur bedingt nachvollziehbar. Die Leitung der Gesellschaft wurde einem jungen umtriebigen Unternehmer aus der Region übertragen, der als jugendlicher Teilnehmer einer DDR-Jugendspartakiade von einer 13-Meter-Schanze gesprungen ist. Seitdem hat Bad Freienwalde den Ehrgeiz, Skisprungwettbewerbe in seinen bis 158 Meter hohen Bergen als Mattenspringen auszutragen. Bisher gibt es vier Schanzen, eine 10-Meter-, eine 20-Meter- und eine 40-Meter-Schanze, auf der neuesten und größten liegt der K-Punkt bei 66 Metern.

Das Skispringen auf einem Vorgängerbau wurde übrigens in den 1960er Jahren wegen Schneemangels eingestellt. Selbst wenn man in Rechnung stellt, dass dieses Projekt auch der Jugendarbeit dient, erscheint das Ansinnen Bad Freienwaldes, ein Wintersportgebiet mit internationalem Anspruch für den Nachwuchs zu sein, zumindest zweifelhaft. Was würde dazu Professor Valentini sagen? Er ließ damals auf dem Ziegenberg einen kleinen Pavillon (Valentinis Ruh) errichten, Gehwege und Ausblicke ins Oderbruch schaffen. Diesem Teil Bad Freienwaldes zugewandt, begegnet einem auch Theodor Fontane, der auf seinen ›Wanderungen durch die Mark Brandenburg‹ der Stadt große Aufmerksamkeit widmete. »Freienwalde – hübsches Wort für hübschen Ort«, formulierte er preußisch knapp die Einleitung des betreffenden Kapitels. Kurz darauf charakterisierte er Freienwalde als Kurort. »Nicht der Welttourist, nur die Mark selber kehrt hier zum Besuche ein.« Was soviel besagt, dass Bad Freienwalde damals ein kleines Provinzstädtchen war und bis heute geblieben ist.

■ Kurviertel

Das Flair aus Valentinis und Fontanes Zeit lässt sich im Kurviertel, in der Goethe- und der Gesundbrunnenstraße, noch erahnen. Letztere zieht sich am **Monte Caprino** entlang. Die Anhöhe zeigt sich hier als eine steil aufsteigende Bergkette, an der sich die **stuckverschnörkelten Häuser**, vollkommen untypisch für den Landstrich, stolz festklammern und das eher flache Land Brandenburg vergessen machen. Alter Glanz zeigt sich auf den meist frisch renovierten Fassaden, Figuretten, säulengetragenen Balkonen, herrschaftlichen Portalen. An den Mauern verwei-

Das nördliche Oderbruch

›Der Winter‹

oder in der Umgebung recht forsch hervorquellendes Wasser sehen. Straßennamen wie die Gesundbrunnenstraße belegen diesen Quellreichtum. So wurden auch in der Wriezener Straße 2 Ende des 17. Jahrhunderts gleich mehrere Quellen entdeckt. Die preußische Königstochter Alexandrine, Tochter von Friedrich Wilhelm III. und Erbgroßherzogin von Mecklenburg-Schwerin, besuchte öfter dieses Bad, worauf der Besitzer der Quellen es ihr zu Ehren und werbewirksam Alexandrinenbad nannte. Später gab es hier Lokale und alle möglichen Feste, doch der Durchbruch zu einer modernen Heilanstalt misslang. Daher wurde das Bad 1919 an den Landbund verkauft; heute befindet sich eine Schule an dieser Stelle.

Auf der Höhe des Portals des Landhauses in der Gesundbrunnenstraße macht die Straße, links vom Kurpark und rechts von aufstrebenden Hügeln eingebettet, einen Knick und wird zu einer Parkplatzstraße, geradewegs bis ans Ende der Ebene, an dem die stark modernisierte **Kurklinik** steht. Klassizistische Strukturen des Rheumasanatoriums und Moorbades sind noch zu erkennen.

Den Hintergrund des Brunnentals bildet ein imposant wirkendes Höhenmassiv, das eine Höhe von nur 98 Metern erreicht, aber wie die italienischen Alpen wirkt. Über zahlreiche Wanderwege kann man beliebig lang spazieren.

Gegenüber der Parkanlage steht seit 1950 die weiße **Marmorskulptur Der Winter**, eine Replik der 1862 von Joseph von Kopf geschaffenen Figur. In dem kleinen **Park**, dessen Gestaltung ab 1816 immerhin in den Händen von Lenné lag, steht die Silhouette eines dilettantisch wirkenden Stiers aus weißem Marmor (L. Tuaillon, Anfang des 20. Jahrhunderts). Diese beiden Figuren, wie auch

sen fett-schwarze Werbeschriften auf ehemalige Nutzungen der Gebäude.

In diesem Viertel, in der einstigen Villa Vinea Domini, fanden im 19. Jahrhundert Begegnungen eines geistigen Zirkels um den Hof-, Medizinal- und Sanitätsrat C. J. Aegidi statt. Ihm gehörten solche Namen wie Paul Heyse, Ernst Heckel, Adolph Menzel und Georg Bleibtreu an. In der Gesundbrunnenstraße 13 lebte der regional bekannte Dichter Karl Weise (1818–1888). Ein **Denkmal** für ihn ist in der nach ihm benannten Straße zu finden. Sein Haus war als Freienwalder Musenhof bis Berlin bekannt.

Den Höhepunkt des Kurbereichs stellt das **Landhaus am Kurpark** dar. Es wurde von 1788 bis 1790 im Auftrag König Friedrich Wilhelm II. vom Architekten Carl Gotthard Langhans erbaut und diente als würdiges Quartier für die erlauchten Besucher des Heilbades der damaligen Zeit.

Häufig kann man im Kurviertel von einem Brunnen schön eingefasste **Quellen**

Karte S. 140

das Bad selbst, illustrieren die Spannbreite eines Kurortes zwischen Provinzialität und mondänem Anspruch.

Über die Goethestraße zurück gelangt man bergan auf der Gasse, vorbei an der **St. Marienkirche**, zum kleinen **jüdischen Friedhof**. Hinter einer niedrigen Feldsteinmauer zieht sich kurzgeschorener Rasen, der in Kaskaden zu einer marmornen Gedenktafel aufsteigt. Sie erinnert an die Judenpogrome im Dritten Reich. Das Areal ist ein gräberloses Feld und wirkt lieblos, wie eine Alibi-Erinnerung.

■ **Stadtzentrum**

Wieder auf der Wriezener Straße, der Hauptstraße, gelangt man unter der Hochbahn hindurch zum eigentlichen **Stadtkern**. Diese Hochstraße verläuft auf Dachhöhe der alten Häuser und zerteilt die Stadt. Die Straße führt aus Richtung Berlin quer durch die Stadt und um die ›Neuenhagener Insel‹ nach Hohenwutzen und Oderberg, die nördlichen Begrenzungen des Oderbruchs. Ohne diese strukturzerstörende Hochstraße hätte die Stadt eine zwar kleine, doch hübsche und geschlossene Altstadt zu bieten.

Von der Hauptstraße zweigen enge Gassen ab, die auf der einen Seite zu Aussichtsplattformen werden und auf der anderen zum Oderbruch abfallen. Bemerkenswert ist die ehemalige evangelische **Fachwerkkirche St. Georg** von 1696 in der Georgenkirchstraße. Die einstige Hospitalkirche wird seit 1986 als Konzerthalle genutzt.

Von dort führt der ansteigende Weg über die Kirchstraße zum **Schlosspark**. Er wurde unter Aufsicht von Lenné ab 1822 von einheimischen Gärtnern umgestaltet; zu gleicher Zeit entwarf der bekannte Gartenarchitekt auch die Pläne

für den Kurpark der Stadt. Inmitten der Parklandschaft gelangt man zu dem **Schloss**, eine eher bescheidene als prunkvolle Anlage. König Friedrich Wilhelm III. ließ das Schloss für seine Mutter Friederike Luise als Witwensitz von David Gilly 1798/99 bauen, nachdem sie von 1790 an jedes Jahr nach Freienwalde gereist war. Oberhalb des Schlosses steht das klassizistische **Teehäuschen** (1790) der Friederike Luise.

Über die Weinbergstraße gelangt man zur künstlichen **Burgruine** von 1820 auf dem gleichnamigen Berg. Sie liegt oberhalb der Eberswalder Straße, und der Blick reicht weit über das Niedere Oderbruch bis zum Schiffshebewerk in Niederfinow.

Nach dem Tod der Witwe 1805 war die erste Blüte Bad Freienwaldes vorbei. Nach der Niederlage Preußens gegen Napoleon hatte eine allgemeine Rezession eingesetzt und die Nachfrage nach ›Wellness‹ ging zurück. Erst mit dem neuen Besitzer Walther Rathenau (1867–1922), der das Grundstück 1909

Die Georgenkirche, heute eine Konzerthalle

von Kaiser Wilhelm II. erhielt, blühte das Schloss nochmals für einige Jahre auf. Walther Rathenau war nicht nur einer der wichtigsten Politiker in der Weimarer Republik und Wirtschaftsmanager der AEG, sondern auch Verfasser zahlreicher philosophischer und wirtschaftlicher Schriften. Daher zählten die Schriftsteller Gerhart Hauptmann und Stefan Zweig sowie der entschiedene Pazifist Fritz von Unruh häufig zu seinen Sommergästen.

Nicht unerwähnt sollte bleiben, dass auch Hitlers Reichsaußenminister Joachim von Ribbentrop zu den bekannten Gästen zählte. Er hatte im Ortsteil Sonnenburg in der Nähe des Baa-Sees seinen Landsitz. Das Betreten des Kurviertels wurde übrigens 1934 Juden verboten.

Am **Markt** dominiert die backsteinerne **Nikolaikirche**, Mitte des 15. Jahrhunderts erbaut. In ihr, unterhalb des Chorbereichs, befinden sich die Grabstätten der Familie von Uchtenhagen.

Das ehemalige **Freihaus derer von Uch-** tenhagen in der Uchtenhagenstraße 2, gegenüber der Nikolaikirche, galt lange Zeit als das älteste Wohnhaus des Ortes. Das Fachwerkgebäude wurde 1557 erstmals erwähnt. An dieser Stelle steht jetzt das 1774 erbaute Freihaus von Loeben, mit barocken Zierelementen und einer vorgeblendeten Putzfassade. Heute befinden sich darin das schon 1889 gegründete **Oderlandmuseum** und im Haus nebenan die **Tourismus-Information**. Volkskunde und regionale Heimatgeschichte werden vermittelt wie etwa die Trockenlegung des Oderbruchs und auch der slawische Ursprung der Region. Alte Trachten sind im Museum zu sehen, ebenso die Bauweise aus der Kolonisationszeit. Die Geschichte der Frau von Friedland und ihrem Kunersdorfer Zirkel wird ebenfalls dokumentiert. Einen breiten Raum nimmt die Oder mit ihrem alten und neuen Verlauf ein. Fischermütze und Fischdröbel (Boote, die lebende Fische transportieren) aus der Zeit um 1876 gehören zu den

▲ *Das Loebensche Freihaus aus dem 18. Jahrhundert*

Walther Rathenau

Auf Entdeckungsfahrten durch die Mark Brandenburg lernte Walther Rathenau Schloß Freienwalde kennen, das er 1909 erwarb. Er betrachtete das Anwesen als Kleinod preußischer Landbaukunst, durch dessen Rettung er sich als traditionsbe-wusster preußischer Staatsbürger unter Beweis stellen wollte. Durch umfassende Restaurierungsarbeiten und bauliche Veränderungen an dem heruntergekommenen Anwesen schuf Rathenau ein ›klassizistisches‹ Gesamtkunstwerk.

Hier verbrachte er über zehn Sommer, und hier verfasste er einen Großteil seiner wirtschaftswissenschaftlichen und philosophischen Schriften. Schloß Freienwalde war für Rathenau nicht nur stille Arbeitsstätte, sondern auch der Ort, Freunde zu empfangen und mit ihnen geistigen Austausch über Fragen der Politik, Wirtschaft und Kunst zu pflegen.

1867 Walther Rathenau wird als Sohn eines jüdischen Industriellen in Berlin ge-boren.

1883 Der Vater Rathenaus gründet die Deutsche Edison-Gesellschaft, die 1887 in Allgemeine Electricitäts-Gesellschaft (AEG) umbenannt wird.

1886–1889 Rathenau studiert Physik, Chemie und Philosophie in Berlin und Straßburg.

1889 Promotion in Berlin über ›Die Absorption des Lichts in Metallen‹.

1889/90 Studium des Maschinenbaus und der Chemie an der Technischen Hoch-schule München.

1892 Tätigkeit als Technischer Beamter der Aluminium-Industrie AG in Neuhausen (Schweiz).

1893–1898 Rathenau baut als Geschäftsführer die von der AEG gegründeten Elektrochemischen Werke Bitterfeld auf.

1897 Veröffentlichung der Schrift ›Höre, Israel!‹, in der er die jüdische Bevölkerung in Deutschland zur Assimilation auffordert. Beginn der langjährigen Freundschaft mit dem Publizisten Maximilian Harden.

1899 Als Leiter der Abteilung Zentralstationen tritt Rathenau in den Vorstand der AEG ein.

1902 Austritt aus dem AEG-Direktorium und Wechsel zur Berliner Handels-Gesell-schaft.

1904 Mitglied des Aufsichtsrates der AEG.

1905 Beginn der Freundschaft mit dem Dichter Gerhart Hauptmann.

1907/08 Rathenau unternimmt zwei Inspektionsreisen nach Afrika, um Vorschläge für die künftige deutsche Kolonialpolitik zu machen. In der Schrift ›Reflexionen‹ veröffentlicht er diese.

1909 Erwerb des Schlosses Bad Freienwalde, das dadurch vor dem Verfall gerettet wird.

1910 Berufung zum Stellvertretenden Vorsitzenden des Aufsichtsrats der AEG.

1911 Berater des Reichsschatzamts in der Frage eines Reichselektrizitätsmonopols.

1912 Schwere Erkrankung des Vaters; Walther Rathenau wird Vorsitzender des Aufsichtsrats der AEG.

1912–1917 Publikationen zu philosophischen und sozialpolitischen Fragen: ›Zur

Walther Rathenau als Außenminister 1922

Kritik der Zeit‹, ›Zur Mechanik des Geistes‹ und ›Von kommenden Dingen‹.

1914 Rathenau weist zu Beginn des Ersten Weltkriegs auf die Notwendigkeit der organisierten Rohstoffverteilung hin. Als Leiter der Kriegsrohstoffabteilung (KRA) im preußischen Kriegsministerium organisiert er die deutsche Kriegswirtschaft. Beteiligung an der Kriegszieldiskussion mit mehreren Denkschriften für Reichskanzler Theobald von Bethmann Hollweg.

1915 Rückzug aus der KRA; Tod des Vaters; Rathenau erhält Sondervollmachten als Präsident der AEG.

1918 Erste Ausgabe der ›Gesammelten Schriften‹ in fünf Bänden. Mitwirkung an der Bildung der ›Zentralarbeitsgemeinschaft der industriellen und gewerblichen Arbeitgeber und Arbeitnehmer‹, die das Stinnes-Legien-Abkommen schließt. In diesem handeln Arbeitgeber und Arbeitnehmer tarifrechtliche Vereinbarungen aus.

1919 Veröffentlichung mehrerer programmatischer Schriften zum Umbau von Wirtschaft und Gesellschaft.

1920 Als Wirtschaftssachverständiger und Mitglied der Deutschen Demokratischen Partei (DDP) arbeitet Rathenau in der 2. Sozialisierungskommission mit und nimmt an der Konferenz von Spa teil, auf der über die deutschen Kohlelieferungen an die Alliierten verhandelt wird.

1921 Mai: Mit dem Eintritt in das Kabinett Wirth als Wiederaufbauminister gibt er alle Ämter in der Wirtschaft auf. Gemeinsam mit dem Finanzminister Matthias Erzberger plädiert er für eine ›Erfüllungspolitik‹, um die Undurchführbarkeit des Versailler Vertrags zu beweisen.

6. Oktober: Rathenau handelt das Wiesbadener Abkommen über Sachleistungen der deutschen Wirtschaft für die zerstörten Gebiete Nordfrankreichs aus. Nach dem Rücktritt des Kabinetts Wirth scheidet Rathenau zwar offiziell aus der Reichsregierung aus, wird aber weiterhin mit wichtigen Verhandlungstätigkeiten betraut.

1922 Offizieller Vertreter der Reichsregierung bei der Konferenz von Cannes. Er erreicht die Herabsetzung der laufenden deutschen Reparationszahlungen. Im zweiten Kabinett Wirth wird er Außenminister. Während die Konferenz von Genua tagt, schließt Rathenau den Rapallo-Vertrag mit der Sowjetunion. Dieses bilaterale Abkommen wurde als Beginn einer nach Rußland orientierten deutschen Außenpolitik interpretiert.

Am 24. Juni wird Walther Rathenau von zwei jungen Offizieren, die der rechtsradikalen ›Organisation Consul‹ (OC) angehören, erschossen. Das Attentat führt zum Erlass des Republikschutzgesetzes.

Ausstellungsstücken wie auch die Schlittschuhe aus dem 18. Jahrhundert. Die Melioration und der Deichbau füllen ebenfalls, in Bild und Text dargestellt, einen wichtigen Platz, ebenso die Erschließung der Freienwalder Quelle und der Mineralfund von 1716, der einen Eisenhammer und ein Alaunwerk in Betrieb setzte. Tonfunde im Hammertal führten schließlich 1883 zur Gründung von Dampfziegeleien.

An der Bundesstraße 167, Richtung Eberswalde, erinnert noch eine funktionstüchtige Ziegelei an diese Zeit. Bemerkenswerter ist, dass in Freienwalde ab 1818 für einige Jahrzehnte Kohle abgebaut wurde. Die Stadt soll noch immer auf einem Kohlelager stehen.

Um den Platz an der Kirche stehen noch einige **spätbarocke Bürgerhäuser** vom Ende des 18. Jahrhunderts wie in der Kurzen Straße 4, der Karl-Marx-Straße 14 und der Uchtenhagenstraße 22.

Die teilweise hübsch renovierte Altstadt wirkt aber nicht überall lebendig. Vor allem der nach der Wende am Stadtrand eingerichtete Einkaufspark hat dazu geführt, dass sich das Leben aus der Innenstadt dorthin verlagert hat.

Ein anderes Vorhaben hat ebenso Kritik hervorgerufen. Die stadtzertrennende Hochstraße aus DDR-Zeiten soll, um den Kurstatus zu sichern, auf ihren ursprünglichen Verlauf zurückgeführt werden. Dafür wäre man bereit, eine Umgehungsstraße durch das Naturschutzgebiet Gamengrund zu bauen. So würde ein Problem gelöst und gleichzeitig ein neues geschaffen.

Der gern benutzte Verweis in den Stadtprospekten auf das **Haus der Naturpflege** wirkt da wie ein Feigenblatt, wenngleich diese Einrichtung sehr sehenswert ist. Zum Haus gehört ein Terrain mit über 1400 verschiedenen Gehölzen und Gewächsen von verschiedenen Kontinenten, vom Ginkgo bis zum Trompetenbaum, die hier auf sandigem Boden gedeihen. Bis Ende November sind auch Schneerosen oder Winterlinge zu sehen. Neben Vorträgen über bedrohte Tier- und Pflanzenarten und den Naturschutz werden vom Haus zahlreiche Wanderungen durchgeführt. Der Gründer des Hauses (Kurt Kretschmann, 1914–2007) erfand übrigens auch das Deutsche Naturschutzsymbol, die Waldohreule.

Altranft

Von Bad Freienwalde stadtauswärts auf der alten Bundesstraße 167 entlang, Richtung Wriezen, geht es durch die sogenannte Frankfurter Vorstadt, die sehr zergliedert wirkt und mehr einem langgestreckten Gewerbepark ähnelt. Die Strecke ist kaum befahren, seitdem die neue autobahnähnliche, überdimensionierte Bundesstraße 167, die parallel in Sichtnähe zur alten Bundesstraße verläuft, den Hauptverkehr aufnimmt. Am Ortseingang von Altranft biegt man Richtung Croustillier ins Oderbruch ab, nach wenigen hundert Metern am Schloss wieder ins Dorf hinein.

Der Ort wird 1375 als Ramfft erstmals erwähnt und fristete die Jahrhunderte hindurch sein Dasein als kombiniertes Guts- und Bauerndorf. Das **Gutsschloss** stammt im Kern aus dem 16. Jahrhundert und war vor allem nach 1874 starken Veränderungen unterworfen, denn da erhielt es einen neuen Flügel im neobarocken Stil. Später, um 1910, erfuhr der Bau vor allem innen zeitgeschmackliche Veränderungen wie die Neorenaissancedecke im Caféraum. Altranft ist kein Barockschloss im herkömmlichen Sinne, die Jahrhunderte verschmelzen zu einer Einheit. Die Decke korrespondiert mit dem Gründerzeit-

Das alte Gutsschloss

interieur, das von der legendären Begründerin des Gründerzeitmuseums in Berlin, Lothar Berfelde alias Charlotte von Mahlsdorf (1928–2002), gestiftet wurde. Noch wenige Wochen vor ihrem Tod kam sie aus ihrer Wahlheimat Schweden nach Altranft und richtete das gelbe Salonzimmer ein.

Mit der Trockenlegung fand dieses Schloss seine Blütezeit. Minister Samuel von Marschall war zuvor als Leiter der Kommission zur Trockenlegung des Oderbruchs eingesetzt, nachdem er die Besitzung um Rüdersdorf bei Berlin erworben hatte. Es ist dieser Samuel Marschall, der einen für Preußen maßgeblichen Prozess um die Kalksteinflöze auf seiner Feldmark als Minister gegen den Staat führte. Von seinem neuen Besitz, dem Altranfter Schloss, konnte er die Trockenlegung des Bruchs unmittelbar beaufsichtigen. Der Planungsstab war noch in Wriezen untergebracht.

Heute ist das bewohnte Dorf als Gesamtensemble ein bekanntes **agrarethnographisches Freilandmuseum**, das sich zu

den Aktionswochenenden im Sommer einmal im Monat immer größerer Beliebtheit erfreut. Zwischen den Wohnhäusern finden sich museale Häuser wie rohrgedeckte Fischerkaten und Mittelflurhäuser mit einer schwarzen Küche. Das ist ein fensterloser Kochraum zwischen Wohn- und Stallbereich, in dem unter einem offenen Schornstein gekocht wurde. Der Raum war finster, daher der Name. Des weiteren gibt es eine Schmiede, ein Schulhaus, Bauernhäuser, ein Backhaus, eine Spankorbmacherei, eine Holzschuhwerkstatt, ein Fischerhaus, ein altes Spritzenhaus und vieles mehr.

Der Besucher kann beim Spinnen zuschauen, beim Beschlagen der Pferde oder bei der Honigbearbeitung. Dieses monatliche Spektakel gewinnt immer mehr folkloristischen Charakter, der wenigstens Kindern früheres Leben näherbringt. Neuerdings kann man mit Audioguides durch den Ort wandern. Es wird viel Wissenswertes über die Lebensweise aus der Zeit der Trockenlegung anschaulich und kurzweilig vermittelt, wenn auch

Karte S. 104 ▲

ein Museum nur bedingt das Naturerlebnis Oderbruch vermitteln kann.

Durchstreift man den kleinen ländlichen Park um das Schloss, der im 19. Jahrhundert von Lenné angelegt wurde, und schaut durch den Gitterzaun des Schlosses über die angrenzenden Felder, die noch zur Zeit der Trockenlegung Sumpfland und von Wasseradern durchzogen waren, ist die Stille zurückgekehrt – wenn man die autobahnähnliche Umgehungsstraße ignoriert.

■ Rathsdorf

Die Wiege des Storchenschutzes befindet sich in Rathsdorf. Hier gründete sich 1976 die ›Arbeitsgruppe Weißstorch‹ um Kurt Kretschmann, die heute beim NABU ihr Zuhause hat. Bereits 1978 wurde eine Weißstorchausstellung eingerichtet, Anfang der 90er Jahre sanierte der NABU mithilfe der Michael-Otto-Stiftung den Storchenturm und richtete in seinem Innern ein **Storchenmuseum** ein. Der NABU, Regionalverband Oberbarnim, übernahm 2003 die Trägerschaft und fand gemeinsam mit der Stadt Wriezen, dem Arbeitsamt Bad Freienwalde und einem Qualifizierungs- und Beschäftigungsverein eine Lösung, um den Besucherbetrieb weiterhin aufrechterhalten zu können. Im Winter 2007/08 konnte das Storchenmuseum saniert werden.

Der Baa-See

Wie an vielen Orten im Oderbruch, verbinden sich auch am Baa-See beeindruckende Naturerlebnisse und interessante Geschichte.

Bei Altranft verweist ein Abzweig entgegen der Oderbruchrichtung zu diesem beliebten lokalen Ausflugsgebiet. Der Baa-See gehört verwaltungstechnisch zu Bad Freienwalde und ist auch über Wan-

derwege mit der Stadt verbunden. Ihn von der Stadt aus zu besuchen, heißt mehrere Kilometer zurückzulegen.

Auf der empfohlenen Straße gelangt man zunächst nach Sonnenburg, einem Brandenburger Allerweltsdorf. Bis dahin zeigt sich die Landschaft wenig aufregend: Felder, das Land ist sanft gewellt und steigt doch stetig an, bevor das Dorf erreicht ist. An seinem Ende sticht ein alles bestimmendes **Schloss** mit beeindruckenden, aber stark verfallenen Scheunen und Stallanlagen heraus. Das Herrenhaus stammt aus dem 19. Jahrhundert und war von 1936 bis 1945 der Wohnsitz des Reichsaußenministers Joachim von Ribbentrop, der gemäß dem Urteil des Nürnberger Kriegsverbrechertribunals 1946 hingerichtet wurde. Die Schlossanlage ist leider in einem erbärmlichen Zustand und für Besucher nicht zugänglich.

Rechter Hand am Dorfausgang führt die Straße, die mehr einem befestigten Forstweg gleicht, mitten in einen unvermutet urwüchsigen **Wald** mit hohen Buchen und Eschen. Hier, so nah am

Der kleine Baa-See liegt versteckt

platten Oderbruch, befindet sich auch der höchste Baum Brandenburgs, eine 48 Meter hohe Douglasie. 1888 pflanzte man hier, in einem Versuch zur Ermittlung schnell wachsender Holzarten als Alternativen zu Fichten- und Kiefernmonokulturen, Riesenlebensbäume und Douglasien.

Nach einer abenteuerlichen Fahrt über einen Waldweg steht man vor dem Baa-See. Er liegt mitten in einem Talkessel und wird eng vom Wald eingefasst. Der See besitzt weder Zu- noch Abfluss und gleicht einem Bergsee in den Alpen. Baden ist nicht erlaubt und auch kaum möglich, nur Ruderboote stehen für eine kleine Kahnpartie zur Verfügung. In der kleinen Ausflugsgaststätte kann man trefflich verschnaufen.

Croustillier

Hinter dem Altranfter Schloss führt die Landstraße über Croustillier nach Neureetz und weiter nach Altreetz. Hier wird die begrenzte Weite des Oderbruchs spürbar.

Ein Ortsschild steht anachronistisch am Wegrand, nach dem dritten Haus ist die Ansiedlung aber verwaltungstechnisch bereits beendet. ›Zuckerfabrik‹ ist ein merkwürdiger Dorfname, zumal weit und breit nichts auf die Bezeichnung hindeutet. Nur ein etwas größerer Ziegelbau mit Wohnungen lässt die Vermutung einer Firmenansiedlung aufkommen.

Nach der Trockenlegung des Oderbruchs entwickelte sich die Landwirtschaft. Der fruchtbare Boden erwies sich als ideal für den Anbau der Zuckerrübe. Nachdem Johann Gottlieb Koppe 1837 die erste Zuckerfabrik gegründet hatte, setzte ein regelrechter Boom ein. In den nächsten 30 Jahren entstanden im Bruch 18 Zuckerfabriken. Erst im 20. Jahrhundert,

als der importierte Rohrzucker den Rübenzucker allmählich verdrängte, schwand die Bedeutung dieses Industriezweiges. Die mühsame Arbeit auf den Runkelrübenfeldern und die komplizierten Produktionsmechanismen lohnten nicht mehr. Im Jahr 1994 wurde in der Zuckerfabrik Thöringswerder die letzte Kampagne gefahren. Danach schloss auch diese letzte Fabrik und eine 150-jährige Tradition ging zu Ende. Auch im Ort Zuckerfabrik wurde die Rübenfabrik bereits vor Jahrzehnten abgetragen.

Gleich nach dem letzten Gebäude breitet sich ein **Linden- und Erlengürtel** aus, zu dem die Straße ansteigt. Die **Alte Oder** kreuzt hier recht breit und still den Weg. Nach dem Fluss ist die Straße von knochigen Obstbäumen umgeben. Zu beiden Seiten der Allee dehnen sich Felder, die nur im Norden von dem Höhenzug der Neuenhagener Insel begrenzt scheinen. Kurz darauf, von Ablaufgräben geradlinig durchzogen, erstrecken sich wieder endlos scheinende Felder, zwischen denen die Straße verläuft. Auch am Abzweig nach Croustillier, scharf links, enden die Felder noch immer nicht.

Das Dorf Croustillier besteht aus größeren **Bauernhöfen** und ziegelroten **Scheunenanlagen**. Kein Bewohner ist zu sehen, und würde nicht allerlei Hofgetier gurren, schnattern und blöken, Misthaufen dampfen und die Wäsche auf der Leine tropfen, könnte der Besucher glauben, das Ende der Zivilisation erreicht zu haben. Das Dorf besitzt weder einen Gasthof noch eine Kirche, die zum Teil brachliegenden Felder reichen bis an die Rückfront der Stallungen. Der Ort wirkt wüst wie ein aufgegebener Siedlungsplatz. Zur Kolonisationszeit wurde er von französisch sprechenden Schweizern errichtet. Der Bauherr war Herr von Mar-

Altes Schulhaus und Kirche Cöthen

schall auf Altranft, dem der Ort als Gutsvorwerk diente.

Die Straße wird hinter dem letzten Haus zu einem unbefestigten Feldweg, der auf die Äcker führt. Am Horizont zeigt sich der blauschwarz aus dem platten Land hervorquellende **Neuenhagener Höhenzug**. Ihm zieht sich der an Regentagen glitschige Trampelpfad entgegen, bis er auf der anderen Seite des Feldes, in Herrenwiese, wieder zu einer Straße wird. Auf der geht es geradezu an einem Badeteich vorbei nach Neutornow.

Zum Schiffshebewerk bei Niederfinow

Nur wenige Kilometer nördlich von Bad Freienwalde, dort wo die Barnimer Hochfläche zum Oderbruch hin abfällt, steht ein imposantes technisches Bauwerk, ein Koloss aus Stahl: das Schiffshebewerk.

Hinter Bad Freienwalde schlängelt sich die Straße an den Ausläufern des Barnim entlang und vollführt serpentinenähnli-

che Kurven. Dabei passiert man den **Bismarckturm**, einen Aussichtsturm. An seinem Fuße stand einst die Burg Malchow, die bereits um 1320 eine Ruine war und über die Jahrhunderte als Materialspender für andere Bauten herhalten musste. Die Überreste stehen heute unter Denkmalschutz.

In **Falkenberg** gelangt man zum traditionsreichen **Ausflugslokal Carlsburg** auf dem 86 Meter hohen Paschenberg. Diese ›Burg‹ ist eine ehemalige Jagdhütte von 1824, die Carl Friedrich von Jena (1769–1838) erbauen ließ. Er ließ auch den Cöthener Park zwischen Falkenberg und Cöthen um einen Wasserlauf anlegen. Fontane schrieb treffend über dieses Stück steilhängige Landschaft: »Dennoch hat der Cöthener Park seine Eigentümlichkeit, weil das Stück Natur eigentümlich war, das zu seiner Anlage genommen wurde.« Von der Natur dieser Zeit ist kaum noch etwas vorhanden, das Terrain übt dennoch immer noch eine Faszination aus.

Das nördliche Oderbruch

Technische Daten des Schiffshebewerks Niederfinow

Erste Arbeiten bereits 1925
Hauptbauphase 1927–1934
Betriebseröffnung am 21. März 1934
Kostenaufwand: 27,5 Millionen Reichsmark

Technische Daten
Ausmaße des Hebewerks: Höhe 60, Länge 94, Breite 27 Meter
Ausmaße des Troges: Höhe 85, Breite 12, Tiefe 2,50 Meter
Gewicht des Troges: leer 1600, gefüllt 4300 Tonnen
Fassungsvermögen des Troges: 2700 Kubikmeter Wasser
Hubhöhe: 36 Meter
Hubdauer: 5 Minuten
Durchfahrt: 20 Minuten
Gegengewichte zum Trog: 192 mit insgesamt 4300 Tonnen
Seilscheiben: Gewicht etwa 5 Tonnen
Durchmesser: 3,50 Meter
Seile: 256 mit je 52 Millimeter Durchmesser
Antriebsmotoren: 4 mit jeweils 55 Kilowatt Leistung

Materialverbrauch beim Bau
Stahl: 13 800 Tonnen
Beton: 72 000 Kubikmeter
Zement: 14 000 Tonnen
Traß (Mörtelzusatz): 3400 Tonnen
Schotter, Kies, Splitt: 4800 Kubikmeter
Bodenaushub: 760 000 Kubikmeter

Daten zur Schleusentreppe
Gesamtlänge: 1400 Meter
Schleusenkammern: 4 Kammern, jeweils Länge 67; Breite 8, Höhe 13,60 Meter
Baubeginn: 1910
Probebetrieb: 1913

Die Gesamtanlage umfasst folgende Bestandteile:
Oberhafen mit Sicherheitstor
Kanalbrücke
Unterhafen
Das Schiffshebewerk besteht aus gewöhnlichem Baustahl, dessen Konstruktion mit der enormen Anzahl von fünf Millionen Nieten zusammengefügt wurde. Die Schiffe werden in einem riesigen Trog schwimmend befördert.

Blick von der Ebene auf das Schiffshebewerk

Über die Cöthener Straße gelangt man zu einem anderen, nicht minder attraktiven Platz mit dem **Waldgasthof Mon Choix** (meine Wahl), romantisch wie eben viele Namen aus dieser Zeit klingen. Etwas weiter die Straße entlang gelangt man zum letzten **Schloss** der Familie von Jena, zu einer Kapelle, dem alten Schlosskeller. Durch den Grafen wurde die Gegend um Falkenberg zu einem beliebten Ausflugsgebiet und 1900 ein bekannter Luftkurort. Heute lebt die Region mehr von den Freienwalder Gästen nebenan. Auf dem Weg passiert man noch eine **Papierfabrik** von 1801, bevor man in Hohenfinow scharf rechts die Straße nach Eberswalde in Richtung Oderberg verlässt.

Die Straße führt geradewegs zum **Oder-Havel-Kanal** mit dem **Schiffshebewerk**. An dieser Stelle mussten die Schiffe auf dem einstigen Hohenzollernkanal – 1914 eingeweiht und damals die weltweit größte Anlage dieser Art – vier Schleusen durchqueren. Erst mit der Inbetriebnahme des zwischen 1927 und 1934 errichteten Schiffshebewerks wurde die Barriere beseitigt. Heute wird durch das Hebewerk die Hindernisstelle von den Schiffen in etwa 20 Minuten überwunden, die Schleusung über die vier Stufen dauerte dagegen 90 Minuten.

Die Kanalbrücke ist 157 Meter lang und 34 Meter breit, der gigantische Wassertrog überwindet einen Höhenunterschied von 36 Metern. Dieser Fahrstuhl für Schiffe hebt und senkt sich für seine Größe relativ geräuschlos.

Die Besichtigung dieses Giganten ist durchaus ein Erlebnis, und gerade an schönen Tagen strömen die Massen hierher. Entsprechend ist auch die touristische Infrastruktur: Imbissbuden, mobile Händler mit Honig oder Korbwaren aus der Region bieten ihre Waren feil, Souvenirstände sind mit den üblichen Mitbringseln bestückt.

Seit einiger Zeit wird ein **neues Schiffshebewerk** in unmittelbarer Nachbarschaft des bereits bestehenden gebaut. Die Realisierung wird im Rahmen des Anti-Stau-Programms für Straßen, Schienen und Wasserwege der Bundesregierung durchgeführt und angeblich aus Mitteln der LKW-Maut finanziert.

Die Umgebung von Bad Freienwalde

Den nördlichsten Teil des Oderbruchs bildet das sogenannte Niedere Oderbruch. Es zieht sich nordwestlich um die Neuenhagener Insel bis zum Oderstrom. Die Alte Oder schlängelt sich hier um das kiefernbestandene Höhenmassiv, das steilhängig und übergangslos aus der Felderebene des Oderbruchs herausragt. Westlich schließt sich bis nach Niederfinow eine Auen- und Weidenlandschaft an, östlich der Barnim. Am nördlichen Rand des Niederen Oderbruchs liegen die Orte Oderberg und Hohensaaten, die gleichzeitig die Grenze zur Schorfheide markieren.

Der Waldgasthof Mon Choix

Karte S. 104

Wenig verbindet das Gebiet um Oderberg mit der sich südlich anschließenden Landschaft, dem ›eigentlichen‹ Oderbruch. Aber auch dieses Terrain hat einen entdeckenswerten Charme.

Bis zum Durchstich der Oder lag Hohensaaten am Zusammenfluss zweier wichtiger Wasserstraßen, der Neuen und der im Zuge des Finowkanalbaus kanalisierten Alten Oder. Die Wasserstraße führte von Stettin, also von der Ostsee, bis nach Berlin. Die Alte Oder ist hier recht breit und geht in den Oderberger See über und später in den Oder-Havel-Kanal.

Die Neuenhagener Insel

Von Bad Freienwalde reiht man sich auf der stark befahrenen Bundesstraße 158 Richtung Hohenwutzen in den Grenzverkehr zu den billigeren Tankstellen und den Wochenmärkten auf polnischer Seite ein. Nach einer Brücke über die Alte Oder, die sich hier träge dahinräkelt, ist Schiffmühle erreicht. Weiter geradeaus führt die Straße auf ein **Chausseehaus** von 1834 zu, dessen Entwürfe kein geringerer als Schinkel gezeichnet hat. Er war als Oberlandesbaudirektor zu jener Zeit für die Errichtung von Zweckbauten verantwortlich und bewies auch auf diesem wenig attraktiven Feld der Architektur mit einem neuen, rein sachlichen Stil seine Meisterschaft. Schinkel entwarf Schul- und Verwaltungsgebäude, auch kleine Kirchen in unbedeutenden Orten nicht nur im Oderbruch und eben Chausseehäuser wie hier.

Vor dem Schinkelschen ›Straßenbenutzungs-Gebührenhaus‹ vollführt die Straße eine serpentinenartige S-Kurve den Höhenzug hinauf. Es geht an Wäldern und anschließend an Äckern vorbei, dann am Abzweig links nach **Neuenhagen**. Das Dorf bildete ab dem 14. Jahrhundert das Herrschaftszentrum der

Familie von Uchtenhagen, die 1618 ausstarb. Abseits der Straße steht das **Herrenhaus** der Familie. Interessant ist seine Bauweise. Es ist ein rechteckiger Klotz, schnörkellos, eher einem Burgenbau ähnlich als einem Schloss. Als ›Festes Haus‹ wird dieser Bautyp zu Beginn der Renaissance aus dem Übergang vom Burgenbau der Ritter zum vollendeten Stil der Herrenhausarchitektur bezeichnet. Die brandenburgischen Herrenhäuser sind der Einheit von Leben und Kultur, Zweckmäßigkeit und Schönheit geschuldet. Das Schloss Neuhardenberg stellt den klassizistischen Kontrapunkt zum ›Festen Haus‹ dar. Das Oderbruch in seiner Bescheidenheit bietet somit auch ein Stück Architekturgeschichte. Das ›Feste Haus‹ liegt nahe der **Dorfkirche** von 1910. Um den Erhalt und eine kulturelle Belebung des bauhistorischen Kleinods kümmert sich weiterhin ein Verein und der neue Eigentümer, der inzwischen gefunden wurde und vielversprechende Pläne mitbrachte. Es bleibt abzuwarten, wie sich alles entwickelt.

Wenn man an dem Abzweig, der links nach Neuenhagen geführt hat, nach

Das ›Feste Haus‹ in Neuenhagen

Die Kirche in Neutornow

rechts abbiegt, gelangt man zurück ins Oderbruch und durchquert zunächst **Gabow**, einen Ortsteil von Schiffmühle. Dort findet sich einer der letzten funktionstüchtigen **Feldbacköfen**, der zu besonderen Anlässen angeheizt wird. Neben Gabow gehören auch Neutornow, Fährkrug, Herrenwiese, die Bergkolonie, die Ziegelei Regine und Hohes Holz zu einer Verwaltungseinheit. War Schiffmühle noch zu Theodor Fontanes Zeiten ein ›Anhängsel‹ von Neutornow, ist es heute umgekehrt. Und Schiffmühle wiederum ist Bad Freienwalde angehangen. Werden noch weitere Gebietsreformen folgen, wird wohl das gesamte Oderbruch ein einziger Ort sein. Wenn man die Straße in Gabow weiter geradeaus wählen würde, käme man wieder nach Neuküstrinchen und weiter nach Altreetz, mitten ins Oderbruch.

Schiffmühle

Der Ortsname kommt aus dem 18. Jahrhundert, als hier am Oderstrom eine Schiffmühle existierte. Mit der Trockenlegung entstand in Schiffmühle eine Arbeiterkolonie. Kleinere Transportkähne haben am Ufer festgemacht, an das backsteinerne Fabrikgebäude und Wochenendhäuser angrenzen. Rechts weist ein Wegweiser nach Neukietz, das als letztes der Kolonistendörfer angelegt wurde.

In Schiffmühle befindet sich die letzte **Wohnstätte Louis Henri Fontanes**, dem Vater Theodor Fontanes. Louis Henri Fontane verbrachte hier 1855 bis 1867 die letzten Jahre seines schwierigen Lebens, nachdem die Zeit in Letschin durch Alkohol, Trennung und beginnende Verarmung geprägt war. Erst am Totenbett des Vaters versöhnte sich Theodor Fontane mit ihm. Jetzt beherbergt das Haus eine Heimatstube, die ganz der Erinnerung an Theodor Fontane gewidmet ist.

Die erste Erwähnung von Schiffmühle als Arbeitersiedlung erfolgte 1753. Der Name geht auf eine auf Kähnen errichtete Getreidemühle zurück, die auf der damals noch unregulierten Stromoder verankert war.

Zu dem bereits erwähnten Schinkelschen Chausseehaus gesellte sich damals noch der ›Fährkrug‹ gegenüber, heute ein Gasthof, der ständig einen neuen Betreiber sucht. Aber eigentlich handelt es sich um das **ehemalige Fährhaus**, das bis zum Brückenbau über die Alte Oder im Jahr 1820 in Betrieb war.

Im Schiffmühler Ortsteil Neutornow – eines der Kolonistendörfer, das zwischen 1755 und 1760 angelegt wurde – auf einem Feldweg hinauf gelangt man zu einem **Kirchlein**, einem Putzbau von 1769/70. Auf dem Friedhof befindet sich das **Grab von Louis Henri Fontane**. Dessen Frau liegt übrigens in Neuruppin begraben. Die schlichte Begräbnisstätte ist vom wuchernden Steingartengewächs frei geräumt, was im Selbstverständnis der lokalen Fontanehüter würdig gepflegt bedeutet. Durch das Geäst von Bäumen versinkt der Blick in der Großartigkeit der Landschaft, Jahrhunderte schon. Dort steht der Betrachter sprachlos vor diesem Geschenk der Natur.

In diesem Dörfchen befindet sich an einer Straße hinab ins Bruch ein **Schöpfwerk** von 1896. Das ehemals dampfbetriebene Schöpfwerk dient dem freien Abfluss der Wasser, die durch die Vorflut in den Polder sickern. Erst durch dieses Schöpfwerk wurden dauerhaft stabile Verhältnisse für die Landwirtschaft geschaffen. Bis dahin waren die Flächen nur als Grünland nutzbar, weil das Rückstauwasser aus der Oder häufig durchnässte Böden verursachte. Heute werden die Turbinen elektrisch betrieben. Sie schalten sich ab einem gewissen Wasserstand ein. Der Schornstein dient nur noch als Nistplatz für Störche.

Die Straße weiter, auf dem unbefestigten Schlafdeich entlang, gelangt man zum **Bruchsee**. Der kleine See entstand während des Hochwassers 1838 durch tiefe Ausspülungen, nachdem der Deich entlang der Alten Oder gebrochen war. Würde man diesem Weg weiter folgen, käme man nach Herrenwiese.

Am Ende der Straße von Schiffmühle über Neutornow und Gabow würde man nach Alt- und dann nach Neuglietzen gelangen.

Die Straße wird hinter Gabow zum Fahrradweg und führt bis an den Deich der Oder. Der Fluss krümmt sich hier. Ungefähr an diesem Ort begannen 1747 die Arbeiten zur Trockenlegung des Oderbruchs.

Man schuf zunächst einen fast zwei Kilometer langen Schnitt durch die 16 Meter starken Sandhöhen. Die ausgehobenen Erdmassen mussten sofort zu Deichen umgeschichtet werden, um das neue Flussbett von alten Wasseradern abzutrennen. Nach 18 Monaten war der Durchschnitt Richtung Norden geschafft. Seither ist der Neuenhagener Sporn eine ›Insel‹.

Am 2. Juli 1753 wurde der neue Kanal eröffnet, zwei Jahre später mit dem Bau eines neuen Dorfes direkt am Krummen Ort begonnen, etwa drei Kilometer vom alten Hohenwutzener Rundlingsdorf entfernt. Ab 1789 entstand zwischen den beiden Dörfern die Siedlung Hohenwutzener Sand, in der sich immer mehr Schiffer niederließen.

Das Kolonistendorf Neuglietzen kam 1945 zu Hohenwutzen. An dieses Dorf erinnert heute nur noch die Neuglietzener Straße.

Die Alte Oder bei Schiffmühle

Karl Friedrich Schinkel

Karl Friedrich Schinkel (1781–1841) prägte ohne Frage maßgeblich die Architektur in der Region Berlin-Brandenburg und ist der bedeutendste Architekt des deutschen Klassizismus. Schinkel verwendete antike Formen und gotische Stilelemente in seinen zweckbestimmten Bauten. Ab 1810 war er Geheimer Oberbauassessor in der obersten preußischen Baubehörde und hatte die Aufsicht über die Staats- und Hofbauten jener Zeit. 1815 erfolgte die Ernennung zum Geheimen Oberbaurat und Mitglied der technischen Oberbaudeputation. Ab 1830 leitete er die oberste preußische Bauverwaltung, 1839 wurde er Oberlandesbaudirektor.

Auch das Chausseehaus in Schiffmühle ist ein Werk Schinkels

Schinkel verstand sich auf die Kunst, seine Bauten in die Umgebung ein- und in ihr anzuordnen. Als Student und später als junger Architekt übte er auch im Oderbruch diese Kunst, die er später meisterhaft vollendete. Als Brandenburger Kind muss ihn die Landschaft des Oderbruchs inspiriert haben. Von Zweckbauten wie Bet- und Schulhäusern, der Entwicklung von Chausseehäusern, Kirchen, Schulen, der Projektierung und Umsetzung ganzer Dorfensembles bis zu Schlossanlagen – Spuren aus seiner gesamtem Schaffenszeit von 1801 bis zu seinem Tod sind im Oderbruch zu finden. Die folgende Auflistung soll Lust machen, das Oderbruch vielleicht einmal aus der Schinkelperspektive zu erkunden.

Altfriedland: Kirchturm (1814)

Altlangsow: Schul- und Bethaus (1832)

Bärwinkel: Vorwerk (1801–1803)

Buckow: Schloss (1802, nicht mehr vorhanden), Angelhäuschen (1805), Gartenhaus (1802/03)

Friedersdorf: Schloss (1827/28, zerstört)

Kunersdorf: Grabmal der Gräfin Marianne von Itzenplitz (nach 1831)

Letschin: Kirchturm (1817–1819)

Müncheberg: Turmanbau der Stadtpfarrkirche

Neuhardenberg: Neuaufbau des Dorfes (1801–1803), Gartensitz und Bleichhaus im Park (1803), Dorfkirche (1814–1817), Grabmal an der Kirche (1823), Schloss (1820–1822)

Neulewin: Kirche (1840/41)

Neutrebbin: Kirche (1817)

Jahnsfelde: Chausseehaus (wahrscheinlich um 1834)

Seelow: Grenzmeilensäule (1817–1819), Kirche (1830–1832)

Schiffmühle: Chausseehaus (1834)

Hohensaaten und Hohenwutzen

Hohensaaten nähert man sich am besten von Oderberg. Dieses kleine Städtchen wird entlang der Alten Oder in östliche Richtung verlassen, die Schiffswerft und die Marina Oderberg werden passiert. Hohensaaten lag einstmals am Zusammenfluss zweier wichtiger Wasserstraßen, der Neuen und der im Zuge des Finowkanalbaus kanalisierten Alten Oder. Die Wasserstraße führte von Stettin, also von der Ostsee, bis nach Berlin. Die Neue Oder zweigt in Hohensaaten von der Alten Oder ab. Das eigentlich Bemerkenswerte an Hohensaaten ist das **Schleusensystem**, eine Art Kreuzung für die unterschiedlichen Wasserstände. Die Ostschleuse mündet in die Neue Oder, die Westschleuse in die Hohensaaten-Friedrichsthaler-Wasserstraße, die zum Oder-Havel-Kanal führt, von dem wiederum der Finowkanal abzweigt. Erst 1849 wurde die Deichlücke zwischen Hohenwutzen und Hohensaaten geschlossen, die erste Schleuse und das Wehr in Hohensaaten entstanden. Über das Wehr wurde das Oderbruch durch einen 17 Kilometer langen und parallel zur Oder verlaufenden Kanal zusätzlich entwässert. Erst mit diesen Maßnahmen waren die Meliorationsarbeiten im Oderbruch abgeschlossen. Von Hohenwutzen führt eine **Dammstraße**, die einzige dieser Art im Oderbruch, nach Hohensaaten. Auf ihr kann man hoch erhoben über den Fluss und die Landschaft fahren und sich als Deichgraf fühlen. Die Straße war lange gesperrt, da unter ihr Munition aus dem Zweiten Weltkrieg verborgen lag. Unter einem anderen Deichabschnitt fand man auf knapp drei Kilometer Länge 28 Granaten, 61 Panzerfäuste und rund 112 00 Stück Munition aus dem Krieg. In Hohenwutzen kann man sich auf der stark befahrenen B 158 in den Grenzverkehr nach Polen einreihen. Die Brücke, die über die Oder führt, wurde zwischen 1954 und 1958 erbaut, ist aber erst seit 1993 für den Grenzverkehr geöffnet.

Von Niederfinow nach Oderberg

Liepe, das 1233 als terra Lipina erwähnt wird und älteren slawischen Ursprungs ist, liegt auf halbem Weg zwischen Niederfinow und Oderberg, bereits am Rand der Schorfheide. Die Kanalstrecke des **Finowkanals**, der nicht mit dem Oder-Havel-Kanal verwechselt werden darf, wurde 1767 von Niederfinow bis zum Lieper See neu ausgehoben und damit verbessert. Liepe war neben Oderberg der wichtigste Umschlagplatz für Holz im östlichen Deutschland. Das Holz kam aus dem nahen Choriner Forst oder wurde aus Polen hierhin geflößt. Sehenswert sind vor allem der Gutshof aus dem 18. Jahrhundert und die Fachwerkkirche von 1713, in der ab und an Ausstellungen gezeigt werden.

Die Straße führt am **Oderberger See** entlang, der nur mit Mühe von der Straße zu entdecken ist. Der See besticht durch seinen Fischreichtum und ist deswegen für den Wassersport gesperrt. Hinter dem See und dem Abzweig der Alten Oder vom Kanal ist bereits das kleine Städtchen **Oderberg** erreicht. Es liegt wie Liepe am Südrand des Biosphärenreservats Schorfheide-Chorin. Die Stadt ist in Hügel, Täler und Wälder eingebettet und hat nur noch auf der südlichen Seite des Kanals etwas mit dem Oderbruch zu tun. Vor der großen Brücke befindet sich die Altstadt, auf die man vom Albrechtsberg einen schönen Ausblick hat. Auf dem Berg ist um 1207 eine frühmittelalterliche **Burganlage** belegt, die schon wenige Jahre danach und

Das nördliche Oderbruch

Dieser Dampfer ist ein Teil des Schifffahrtsmuseums

1349 bereits zum zweiten Mal von den Pommern zerstört wurde. Von ihr ist nichts mehr zu erkennen, vom **Bären-kasten**, der vom Albrechtsberg auf der anderen Flussseite zu erkennen ist, aber schon. In den Jahren von 1353 bis 1355 wurde diese kastellartige Festung von den Uchtenhagens und den Herren von Wede als Ersatz für die verloren gegangene Albrechtsburg errichtet. Die Festung besaß eine strategische Schlüsselposition als Odersperre und Zollstation. Den volkstümlichen Beinamen ›Bärenkasten‹ erhielt das Kastell, da auf ihr in Friedenszeiten Bären gehalten wurden. In den ersten Jahren des Bärenkastens erlebte Oderberg seine Blüte. Als zentraler Umschlagplatz der drei Hansestädte Stettin, Frankfurt/Oder und Berlin besaß Oderberg bereits seit 1231 das Zoll- und Niederlagerecht, das Schiffern und Händlern einen Zoll auferlegte und sie verpflichtete, drei Tage lang am Ort ihre Waren feilzubieten. Oderberg besaß nach Wriezen den zweitgrößten Fischmarkt in der Kurmark. Im Jahr 1375

waren die Einnahmen der Stadt und damit des Landesherren so groß (56 000 Taler), dass er einen Großteil seiner enormen Schulden davon begleichen konnte. Die Festung übrigens wurde trotz häufiger Belagerung niemals erobert.

Mit der Wiedereröffnung des im Dreißigjährigen Krieg zerstörten Finowkanals nahmen die Schifffahrt und der Handel in den folgenden Jahrhunderten wieder zu, nachdem wegen der kriegerischen Auseinandersetzungen auch diese Region einen Niedergang erlebt hatte. Doch als mit der Trockenlegung des Oderbruchs und der Verlegung des Flusses geradewegs von Hohensaaten nach Güstebiese der Ort Oderberg buchstäblich links liegen gelassen wurde, verringerte sich die Schifffahrt erheblich und Oderberg versank in der Bedeutungslosigkeit.

Hinter der Brücke auf der Flussseite des Bärenkastens befindet sich der **Seitenraddampfer Riesa** von 1897, ein verkehrstechnisches Denkmal. Es ist ein Exponat des **Heimatmuseums**, in dem

Karte S. 104

man sich über die Binnenfischerei und die Binnenschifffahrt ergänzend informieren kann. Neben der Schiffsanlegestelle sitzen oft Angler, die stoisch über das Wasser blicken.

Die windschiefen **Fachwerkhäuser** in den krummen Gassen der Oderberger

Altstadt – das älteste Haus am Oberkietz 28 stammt aus dem Jahre 1680 – und die **Nikolaikirche** in der Berliner Straße, nach Plänen von Friedrich August Stüler zwischen 1850 und 1855 errichtet, sind kleine Schmuckstücke, für die sich ein Rundgang lohnt.

Das nördliche Oderbruch

Tourist Information, Uchtenhagenstraße 3 (neben dem Oderlandmuseum), 16259 Bad Freienwalde, Tel. 033 44/ 15 08 90, Fax 15 08 9 20, info@bad-freienwalde.de. Mo–Fr 10–18, Sa/So 10–15 Uhr.

Fachklinik für Orthopädie und Rheumatologie, Gesundbrunnenstraße 33, 16259 Bad Freienwalde, Tel. 033 44/ 41 00, bad_freienwalde@ahg.de.

Über die Autobahn A 11, Abzweig Finowfurt, dann die B 167 nach Bad Freienwalde. Oder über die B 158 ab Berlin direkt nach Bad Freienwalde.

RB 60 bzw. OE 60 ab Berlin über Eberswalde, Niederfinow, Bad Freienwalde, Wriezen und Seelow nach Frankfurt/ Oder. Infos: www.odeg.info.

Hotel-Restaurant Zum Löwen, Königstraße 41, 16259 Bad Freienwalde, Tel. 033 44/416 60, www.hotel-strecke.de. Leckere Fischgerichte.

Herberge Auf der Waldhöhe, Spielbau Bad Freienwalde e.V., Sonnenburger Straße 3 b, 16259 Bad Freienwalde, Tel. 033 44/33 07 87, www.spielbau-badfreienwalde.de. Urige Baumhäuser.

.**Hotel-Restaurant und Café Zur Fähr-**

buhne, Fährweg 17, 16259 Bad Freienwalde/OT Hohenwutzen, Tel. 03 33-68/50 50, www.hotel-faehrbuhne.de.

Hotel Eduardshof, Eduardshof 8, 16259 Bad Freienwalde, Tel. 033 44/ 41 30, www.hotel-eduardshof.de. Vorsicht: liegt sehr unromantisch im Gewerbegebiet.

Hotel Villa Fontane, Fontaneweg 4, 16259 Falkenberg, Tel. 03 34 58/ 506.

Haus der Naturpflege, Dr.-Max-Kienitz-Weg 2, 16259 Bad Freienwalde, Tel./Fax 033 44/35 82, www.hausder-naturpflege.de.

Jugendherberge Haus am Teufelssee, Hammerthal 3, 16259 Bad Freienwalde, Tel. 033 44-38 75, Fax 315 98, www.jh-bad-freienwalde.de.

Natur Freunde Haus – Herberge Eisguste, Eberswalder Chaussee 14, 16248 Oderberg, Tel. 03 33 69/74-91 19, Fax 749182, info@eisguste.de. Besonders geeignet für Schulklassen.

Schlosscafé Altranft, Am Anger 27, 16259 Bad Freienwalde/OT Altranft, Tel. 033 44/41 43 17 oder 01 74/ 178 39 36.

Waldschänke Baa-See, Bad Freienwalde OT Sonnenburg, Tel. 033 44/ 33 09 02; Mi–So 12–18 Uhr. Nördlichste Berghütte Deutschlands, ein Kuriosum.

Das nördliche Oderbruch

Waldgaststätte Mon Choix, Cöthener Weg 4, 16259 Falkenberg, Tel. 03 34 58/506. Mi–So 14–23, So 10–12 Uhr (Frühschoppen). Einfache und preiswerte Gerichte.

Historischer Berggasthof Carlsburg (seit 1834), Burgstraße 9, 16259 Falkenberg/Mark, Tel. 03 34 58/205 oder 308 90, www.carlsburg.de. Terrasse, sensationeller Blick zum Schiffshebewerk. Täglich geöffnet, aber Winterpause.

Kieslinger's Kaffeestube, Angermünder Straße 7, 16248 Oderberg, Tel. 03 33 69/642, www.kieslingers-kaffee stube.de. Bestes Eiscafé in Brandenburg laut BB-Radiohörerschaft.

Oderlandmuseum Bad Freienwalde, Uchtenhagenstraße 2, 16259 Bad Freienwalde, Tel. 033 44/20 56, oderland-museum@kulturmol.de, Mi–Sa 11–17 Uhr.

Haus der Naturpflege, Dr.-Max-Kienitz-Weg 2, 16259 Bad Freienwalde, Tel./Fax 033 44/35 82, www.haus-der-naturpflege.de. Schau- und Lehrgarten April bis September täglich 10–18 Uhr, Oktober bis März Mo–Fr 9–16 Uhr.

Schloss Bad Freienwalde, Rathenaustraße 3, 16259 Bad Freienwalde, Tel. 033 44/34 07, Fax 30 05 18, schloss-freienwalde@kulturmol.de; April–Okt. Mi–So, Feiertage 11–17, Nov.–März, Mi–So, Feiertage 11–16 Uhr. Ständige Ausstellung ›Walther Rathenau und Schloss Bad Freienwalde‹.

Konzerthalle Georgenkirche, Georgenkirchstraße 1, 16259 Bad Freienwalde, Tel. 033 44/33 23 70.

Brandenburgisches Freilandmuseum Altranft, Am Anger 27, 16259 Bad Freienwalde/OT Altranft, Tel. 033 44/ 41 43 00; www.freilichtmuseum-alt ranft.de. Alltagskultur Ostbrandenburgs mit Gebäuden und Schauwerkstätten, Schloss und Dorfkern. Hauptsaison (1. April–31. Okt.) Di–Fr 9–17 Uhr; Sa, So und Feiertage 11–18 Uhr, Wintersaison (Nov.–März) Di–Fr 10–16, Sa/So und Feiertage 11–16 Uhr. Das Freilichtmuseum ist mit Begleitpersonal zu besichtigen, daher ist eine Voranmeldung zu empfehlen. Führungen von Gruppen sind nur mit Voranmeldung möglich. Im Winter ist das Schloss geöffnet. Die Häuser im Freibereich können bei Voranmeldung von Gruppen ab 10 Personen besichtigt werden.

Festes Haus Neuenhagen, Förderverein Schloss Insel Neuenhagen e.V., Oderberger Chaussee, 16259 Bad Freienwalde/OT Neuenhagen, Tel. 03 33 69/751 75. Sporadisch interessante Veranstaltungen, Ausstellungen; nachfragen lohnt!

Fontanehaus Schiffmühle, Dorfstraße 3, 16259 Schiffmühle, Tel. 033 44/ 33 37 73; Mi, Do, Sa, So 11–16 Uhr und nach Vereinbarung.

Kirche Schiffmühle, Infos über Veranstaltungen: www.herrenwiese.info.

Binnenschifffahrts- und Heimatmuseum Oderberg, Hermann-Seidel-Straße 44 (an der Oderbrücke), 16248 Oderberg, www.bs-museum-oderberg.de; April–Okt. tägl. 10–17, Nov.–März tägl. 10–15 Uhr. Besuche außerhalb der Öffnungszeiten und Führungen nur nach vorheriger Anmeldung.

Schiffshebewerk Niederfinow, Hebewerkstraße 52, 16248 Niederfinow, 03 33 62/713 77; Mo–So 9–16, März–Okt. bis 18 Uhr.

Hallenbad: Waldstraße 27 a, 16259

▲ Karte S. 104

Bad Freienwalde, Tel. 033 44/28 00, Di – Fr 14 – 19 Uhr (in den Ferien 13 – 20 Uhr), Sa/So 13 – 20 Uhr.

Badeseen: Neuenhagen/Insel: Döbbelinsee, Hohenwutzen: Großer und Kleiner Krebssee.

Fachklinik und Moorbad – Klinik für Orthopädie und Rheumatologie, Gesundbrunnenstraße 33, 16259 Bad Freienwalde, Tel. 033 44/41 00, bad_freienwalde@ahg.de, www.ahg.de/Bad_Freienwalde.

Weiße Flotte Oderland, Chausseestraße 29, 16259 Bad Freienwalde-Hohenwutzen, Tel. 03 33 68/706 13, Fax 706 15. Schiffsanlegestelle in Hohenwutzen.

Kanuverleih Oderberg, Herrmann-Seidel-Straße 62 a (neben dem Museumsschiff ›Riesa‹), 16248 Oderberg, Tel. 01 74/531 54 52, www.kanu-oderberg.de. Unter anderem Tour durchs Schiffshebewerk.

Fahrradverleih:

Waldgaststätte Köhlerei, Sonnenburger Straße 3 c, 16259 Bad Freienwalde, Tel. 033 44/33 14 35, wfbm-bad-freienwalde@stephanus-werkstaetten.de.

Hotel-Restaurant und Café Zur Fährbuhne, Fährweg 17, 16259 Bad Freienwalde/OT Hohenwutzen, Tel. 03 33-68-50 50, kontakt@hotel-faehrbuhne.de.

Reiterhof Mechelke, Alt-Tornow 1, 16259 Bad Freienwalde, Tel. 033 44/51 74, www.reiterhof-mechelke.de. Ge-

führte Ausritte, Reiterferien, Wanderreitstation, Pferdepension, Übernachtungsmöglichkeiten (Bauernhaus, Scheunenhaus) mit Halbpension, Boxenhaltung, Weiden, Reitwegeanbindung.

OderlandHof (Herr und Frau Groth), Am Sportplatz 3, 16259 Bad Freienwalde/OT Altranft, Tel. 033 44/33 18 35, oderlandhof-altranft@t-online.de. Reitunterricht, geführte Ausritte, Reiterferien, Kutschfahrten, Kremserfahrten (Wanderreitstation möglich), Ausbildung von Pferden, Pferdezucht, Pferdepension, Übernachtungsmöglichkeiten (nur für Reiterferien, 6-Bett-Zimmer), Boxenhaltung, Weiden, Paddocks/Sandkoppeln, Reithalle, Reitplatz, Reitwegeanbindung.

Westernhof Ameling, Dorfstraße 11, 16259 Falkenberg/OT Kruge-Gersdorf, Tel. 03 34 58/303 53, www.ranching.de.

Wintersportverein 1923 Bad Freienwalde e.V., Tel. 033 44/41 30 (Dieter Bosse); Tel./Fax 033 44/719 90 (Jens Lüdecke), www.wsv-1923.de.

Hofläden:

Vegetarisches Catering, Eleonore Gliewe, Finkenweg 4 a, 16259 Höhenland, Tel. 03 34 54/497 83, www.wildkraeuter-catering.de. Individuelle Kochevents, Workshops, Exkursionen – alles über Kräuter.

Bioland-Hof Ralf Behring, Berliner Straße 23 b, 16259 Höhenland/OT Leuenberg, Tel. 03 34 51/61 85, www.ferienhof-am-gamengrund.de. Produkte vom Schaf, Kartoffeln, Äpfel von der Streuobstwiese, Ferienwohnungen.

Aktivitäten im Oderbruch

Das Oderbruch ist flach und wasserreich und bietet daher sehr gute Voraussetzungen für Fahrradtouren, Wassersport und auch Angelmöglichkeiten.
Der folgende Anbieter ist besonders empfehlenswert:
Odertour Radreisen, Isabella Drewianka, Altwriezen 41, 16269 Wriezen/OT Altwriezen, Tel. 03 34 56/712 49, www. odertour-radreisen.de. Anbieter von mehrtägigen Radreisen, Kanutouren und Kombitouren durch Oderland, Schorfheide, Uckermark und Spreewald.

Fahrradfahren

Die Region ist inzwischen für Fahrradfahrer gut beschildert. In dieser Hinsicht hat sich gerade in den vergangenen Jahren einiges getan. Es ist absehbar, dass Märkisch-Oderland und damit hoffentlich auch das Oderbruch den Anschluss an andere Regionen des Landes gewinnt. Besonders erfreulich ist, dass die Arbeitsinitiative Letschin in Zusammenarbeit mit dem Landkreis Märkisch-Oderland und den zuständigen Ämtern zwölf thematische Touren, immer vom Oder-Neiße-Radweg ab, erarbeitet hat. Dazu kommen noch Touren wie ›Historische Tour‹, ›Auf den Spuren ländlicher Architektur‹ oder eine ›Museumstour‹.

Es sind durchweg interessante Streckenführungen, und wer Vorgefertigtes nicht mag, kann sich von jedem beliebigen Punkt aus einfach auf den Sattel schwingen, sich treiben und mit einiger Sicherheit beeindrucken lassen.

Neben der großen Tour auf dem Oderdeich, der ein Teil des Oder-Neiße-Fahrradwegs darstellt und nun auch durchgängig befahrbar ist, kann man beinahe über sämtliche Landstraßen, oftmals auch über Feldwege, besonders jedoch über die alten Deiche ungestört fahren. Von einzelnen Schlaglöchern abgesehen, sind die Wege von guter, mindestens aber ausreichender Qualität.

Im folgenden sollen nur exemplarisch einige der zahlreichen Möglichkeiten vorgestellt und durch persönliche Lieblingsstrecken ergänzt werden.

Radweg auf dem Oderdeich

■ Von Reitwein nach Manschnow

Besonders attraktiv im südlichen Oderbruch ist eine Tour, die vom Oder-Neiße-Fahrradweg über Reitwein (ab Reitweiner Sporn), Podelzig, Sachsendorf bis nach Manschnow führt. Interessant sind der Shukow-Bunker und der Slawische Burgwall in Reitwein; beide Wege sind an der Kirchenruine ausgeschildert. Der Weg an diese Orte führt durch den Wald. Ein slawischer Burgwall ist schwer zu erkennen, wird aber gerade dadurch zu einer kleinen Entdeckungsreise. Im Ort weist ein Schild zum ehemaligen Schlossstandort. Auf einem aus Stein gemeißelten Stuhl dort sollen sowohl Friedrich II. und auch Fontane gesessen haben. Im Frühling ist die Strecke besonders schön, denn dann blühen bei Podelzig die Adonisröschen.

■ Von Kienitz nach Groß Neuendorf

Im mittleren Oderbruch bietet sich der Abstecher vom Oder-Neiße-Fahrradweg über Kienitz, Kienitz Nord, Forstacker, Wilhelmsaue und Solikante nach Groß Neuendorf an. In Kienitz steht ein T-34-Panzer als Denkmal, die ungewöhnliche Stele auf dem Deich und die Dorfkirche im Ort sind ebenso anschauenswert. In Wilhelmsaue lohnt die Bockwindmühle einen Besuch, in Groß Neuendorf der Hafen, der jüdische Friedhof und die etwas verborgenen Reste des jüdischen Bethauses, die einzige erhaltene Dorfsynagoge im Oderbruch.

■ Von Wriezen nach Alttornow

Eine ganz besondere Tour, die vom Oderbruchpavillon konzipiert wurde und eine der spannendsten Routen darstellt, führt durch das nördliche Oderbruch, von Wriezen nach Alttornow. Diese Tour ist mit speziellen blauen Symbolen gekennzeichnet.

Ausgangspunkt ist Wriezen, das man in Richtung Letschin verlässt. Auf dem neu angelegten Fahrradweg nach Bienenwerder biegt man rechts nach Altwriezen ab. Führte der Weg bisher durch Feldareale, gelangt er jetzt auf den alten Deich an der Alten Oder. Es geht auf der baumumstandenen Erhöhung bis nach Altwriezen, einem Rundlingsdorf, das sich seine alte Form bewahrt hat. Der Weg schlängelt sich dann durch Neulewin, eines der ältesten und schönsten Kolonistendörfer. Der Schachtgraben, umgeben von Gärten, begleitet den Fahrradfahrer.

Es geht geradlinig Richtung Güstebieser Loose, dorthin wo die Alte Oder 1832 abgedämmt wurde und der Fluss dann endgültig nur noch im neuen Bett strömte. Der Weg führt dann im respektvollen Abstand zur Oder über den neuen und recht hohen Damm nach Zollbrücke. Hier ist der Deich an einer Deichscharte geöffnet, die nach den Sanierungsarbeiten nach dem Hochwasser 1997 saniert wurde. Bei Hochwasser wurden hier früher Bohlen eingesetzt, die im nahe liegenden Dammmeisterhaus gelagert wurden.

Immer auf dem Deich entlang, erreicht man den Spitz. Hier hat die Oderfisch GmbH ihren letzten Standort im Niederoderbruch. Selten noch legen die Fischer ihre Netze in den alten Oderarmen aus. Sie gehen ihrem Gewerbe fast ausschließlich nur noch auf der Stromoder nach. Im Parallelgraben zur Oder, der das klare und kühle Drängewasser aufnimmt und es über die Stille und Alte Oder abführt, stehen manchmal noch die Hälternetze der Fischer und erinnern an diese frühere Erwerbsquelle.

Es geht weiter zum ›Krummen Ort‹. Hier begannen 1747 die Arbeiten am neuen Oderlauf, seitdem ist der Neuenhagener

Sporn eine Insel. Woher der Ort seinen Namen hat, wird der Reisende hier leicht erkennen. Die Oder, das damals neue Flussbett, macht hier einen scharfen Knick. Diese Krümmung war damals nötig, um den Neuenhagener Sporn durchzuschneiden. Diese Stelle ist bei Hochwasser besonders gefährdet, da hier die Wassermassen beinahe im rechten Winkel auf den Deich treffen. Ein Parallelkanal wurde dicht am Deichfuß entlang gezogen, um das Drängewasser aufzunehmen.

Immer an der Neuenhagener Insel entlang wird Neutornow erreicht. Das Schöpfwerk wurde 1896 in Betrieb genommen, seither haben die Landwirte hier stabile Bedingungen für ihren Ackerbau. Es ist ein Hochwasserschöpfwerk, das nicht zur Grundwassersenkung dient, sondern nur der saisonalen Absicherung der Vorflut, also dem freien Abfluss des Wassers aus dem rund 10 000 Hektar großen Polder, der im Falle des Rückstaus der Alten Oder nicht mehr durch das natürliche Gefälle gewährleistet ist.

Nur wenige Wochen im Jahr ist das Schöpfwerk heute noch in Betrieb. Normalerweise kommt die Vorflut ohne technische Hilfe aus.

Der alte Schornstein des Schöpfwerks dient heute als Nistplatz für Störche. Schon lange wird es durch moderne Turbinen betrieben. Eine Besonderheit: Fährt man wenige hundert Meter über den Schlafdeich ins Bruch hinein, gelangt man an den Bruchsee, in dem man durchaus baden kann.

Alttornow, am tiefsten Punkt des Oderbruchs gelegen, ist der Endpunkt dieser Tour. Von hier käme man über Gabow und über eine Landstraße Richtung Neuküstrinchen und Altreetz nach Wriezen.

■ **Von Wriezen nach Güstebieser Loose**

Eine besonders schöne Tour ist die auf dem Alten Oderdeich von Wriezen über Altwriezen nach Neulewin und Güstebieser Loose. Neulewin ist eines der schönsten Kolonistendörfer im Bruch. Durch den Ort schlängelt sich der Schachtgraben, der hier dem Lewinsgraben folgt. Der Aushub bei der Anlage der Gräben wurde damals etwas entfernt aufgehäuft, und wie man heute noch gut sehen kann, wurden darauf die Häuser errichtet. Heute hat der Schachtgraben keine wasserwirtschaftliche Funktion mehr, denn die Entwässerung erfolgt über die westlich fließende Volzine. Im Ort erinnert eine Schautafel an die Oderbruchbahn, die auch hier entlangführte. Im Volksmund hieß sie Rübenbahn.

Nördlich aus dem Dorf führt die Straße nach Güstebieser Loose. Hinter dem Ortsausgang ist die Straße schnurgerade, nur ab und zu führen Wege zu Gehöften ab. Fährt man am Abzweig links in den Ort und dann über das Ende der befestigten Straße weiter und biegt dann, wenn es nicht mehr weitergeht, scharf links ab, gelangt man zum Gehöft der Anka Goll, dem ›Uhlenhof‹, und weiter zu Sophie Natuschke. Sie bewohnen zwei typische Loose-Gehöfte. Wenn man höflich ist, haben beide Künstlerinnen nichts gegen eine außerplanmäßige Atelierbesichtigung.

Der nach und nach beginnende Nutzungsbeginn der abtrocknenden Flächen führte am Ende des 18. Jahrhunderts dazu, dass die Bauern sehr weit voneinander gelegene Flächen besaßen. Deshalb wurden Anfang des 19. Jahrhunderts durch Los die Dinge wieder konzentriert, und die Bauern bauten auf dem neu erhaltenen Land ihre weit von den anderen entfernten Gehöfte – eben die Loose-Gehöfte.

Die Hauptstraße führt weiter bis zur Oder. Um 1930 entwickelte sich Güstebiese zu beiden Seiten der Stromoder zum Luftkurort, den vornehmlich die Berliner besuchten.

Der Badestrand befand sich auf heute polnischer Seite. Auch deshalb gab es hier eine Fährverbindung, die im Sommer 2007 endlich wieder in Betrieb genommen wurde. Damals bestanden zwischen Küstrin und Hohensaaten elf Fährverbindungen als Transportweg über die Oder.

■ **Auf der Strecke der ehemaligen Oderbruchbahn**

Natürlich wird es schwer möglich sein, die gesamte Strecke der früheren Oderbruchbahn per Fahrrad zurückzulegen. Denn zum einen ist sie sehr lang, zum anderen reicht sie deutlich über die Grenzen des Oderbruchs hinaus. Inzwischen ist die Strecke für Fahrradtouristen voll erschlossen. Allerdings fehlt es weiterhin an der nötigen Infrastruktur, nicht zuletzt an ansprechenden Einkehrmöglichkeiten.

Ein hübscher Teilabschnitt ist die durch das Oderbruch führende Strecke. Sie deckt sich mit anderen beschriebenen Touren und eröffnet doch einen anderen Blickwinkel: Am Weg sind Tafeln angebracht, auf denen man den Bahnverlauf gut nachvollziehen und Informationen zur Geschichte nicht zuletzt der Bahnstrecke erfahren kann.

Die Route führt von Wriezen über Beauregard, Heinrichsdorf, Kerstenbruch, Neulewin, Neubarnim, Ortwig und Groß Neuendorf nach Kienitz-Dorf und schließlich über Sophienthal nach Letschin, wo es einen Bahnanschluss gibt.

Kanufahrten

Auf den ersten Blick ist es erstaunlich, dass die Alte Oder und die anderen zahlreichen Wasserläufe im Oderbruch nicht schon früher für das Wasserwandern entdeckt wurden. Dieser Nutzung steht die simple Tatsache entgegen, dass ein durchgängiges Befahren des Wasserlaufs nicht möglich ist. Dennoch sind die Touren, die bei verschiedenen Anbietern gebucht werden können, durchaus anspruchsvoll und überraschend vielfältig. Die befahrbaren Strecken sind sogar so umfangreich, dass längere Ausflüge möglich werden und die wasserseitige Entdeckung der Landschaft unvergesslich bleibt.

Dem Problem der vorhandenen Strömung wird mit einem Shuttlebetrieb begegnet, der die Touristen und ihre Boote oberhalb der Strömung zum Wasser bringt, so dass sie dann entspannt zurückpaddeln können.

Durch die Kombinationsangebote eines Verleihers in Neuhardenberg mit dem Fahrrad zu Wasser und zu Land werden Landschafts- und Kulturerlebnisse miteinander verbunden. Auch Funmobile – eine Kombination aus Fahrrad- und Kremserwagen – stehen für einen lustigen und informativen Ausflug bereit. Jeep-Safari-Touren werden ebenfalls angeboten. Zusätzlich können Lagerfeuerromantik und Picknick die Touren ergänzen.

Survivalkurse jeder Schwierigkeitsstufe hält ein anderer Abenteuertouren-Veranstalter in Gorgast bereit. Natürlich gibt es zum ›Überlebenstraining‹ keine kulinarische Ergänzung, vielmehr lernt man, aus vorhandenen Mitteln ein Feuer zu machen, eine Hängebrücke zu bauen und auch, welche Pflanzen essbar sind und welche nicht. Kajakfahren gehört ebenfalls dazu.

Besonders interessant ist das Angebot

für Schulklassen, denn die naturentfremdeten Kinder bekommen all das angeboten, was sie sonst selten oder gar nicht erleben: von der Schnitzeljagd über Nachtwanderungen, Wildniscamps mit Naturpädagogen bis hin zum Lagerfeuer ist alles dabei, was ein wirkliches Kindererlebnis ausmacht.

Anbieter:
Odertour Radreisen (s.o.)
Kandi's Abenteuertouren, Inh. J. Kandler, Genschmarer Chaussee 25, 15328 Küstriner Vorland/OT Gorgast, info@abenteuertouren.com, Tel. 03 34 72/588 79, Fax 588 77.
Manfred Pletz, Am Oderdeich 6, 15324 Letschin/OT Groß Neuendorf, Tel. 033478/387 29, mobil 01 73/201 26 71.
Kanuverleih Wriezen, Am Hafen 1, 16269 Wriezen, Tel. 03 34 56/57 44, Fax 57 45, mobil 01 74/922 23 70.
Kanuverleih Oderberg, Hermann-Seidel-Straße 62 (neben dem Museumsschiff ›Riesa‹), 16248 Oderberg, Tel. 01 74/531 54 52.

Angeln

Das Oderbruch ist ein beliebtes Angelrevier. Allein die Jagd auf Quappen, die im Herbst an der Oder stattfindet, lockt alljährlich zahlreiche Angler in die Region. An der Oder erreicht dieser Fisch bis zu neun Pfund Gewicht und 90 Zentimeter Länge. Der etwa 60 Kilometer lange Oderabschnitt mit seinen zahlreichen Altarmen lockt viele Angler an, ebenso kann man in den Altfriedländer Teichen angeln. Karpfen, Stör, Aal, Hecht, Wels und andere Fischarten und in der kälteren Jahreszeit auch die Forelle sind in Altfriedland zu angeln – und das ohne Angelschein! Der Erfolg ist nahezu garantiert. Ansonsten benötigt man neben der Angelkarte für das jeweilige Gewässer noch einen Fischereiabga-

beschein, den man gegen eine Gebühr bei zahlreichen Stellen im Landkreis erwerben kann. Karten gibt es in den meisten Angelläden in der Gegend, z.B. in Bad Freienwalde.

Im Folgenden eine Übersicht über ausgewählte Angelgewässer:

Oder und Oderarme
Die Oder zählt zu den schönsten Angelgewässern in Berlin-Brandenburg. Sie ist ein unregulierter und weitgehend naturbelassener Fluss, der insbesondere Wanderfischen einen optimalen Lebensraum bietet. Sie finden hier insgesamt 43 Fischarten. Aufgrund der Artenvielfalt und der vielen kapitalen Fische ist man vor Überraschungen nicht sicher. Besonders beim Nachtangeln wurden in den Sommermonaten viele Großwelse gefangen.

Als Köder empfehlen sich Fetzenköder oder Tauwurmbündel. Beim Friedfischangeln werden meist Bleie und Döbel, aber auch kapitale Karpfen gefangen. Beliebt ist auch das Spinnangeln auf Hecht und Zander mit dem Gummifisch. Die Quappen steigen jährlich in den Monaten November und Dezember aus dem Stettiner Haff kommend die Oder aufwärts zu ihren Laichplätzen. Man fängt sie in den späten Abendstunden mit Fetzenköder oder Tauwurm. Die besten Angelplätze liegen hier im Bereich von Hohensaaten.

Alte Oder bei Golzow/Gorgast
An der Straße zwischen Golzow und Gorgast, mit Parkmöglichkeit südlich von Golzow und in Ortslage Gorgast. Karpfen, Hecht, Barsch, Zander, Schleie, Wels.

Alte Odergewässer bei Sophienthal
Lage: zwischen den Oderdeichen, Parken in der Ortslage, Befahren der Deiche verboten. Aal, Karpfen, Hecht, Zander, Blei, Wels, Barsch, Schlei.

Oder bei Güstebieser Loose

Hauptfischarten: Große Quappe, Karpfen, Schlei, Döbel, Barbe, Hecht, Zander, Barsch, Aal, vereinzelt Forelle, Äsche, Wels und verschiedene Weißfischarten.

Oder bei Lebus
Hauptfischarten: Karpfen, Schlei, Döbel, Barbe, Hecht, Zander, Barsch, Aal, kapitale Welse, vereinzelt Forelle und Äsche und verschiedene Weißfischarten.

Alte Oder bei Bad Freienwalde

Hauptfischarten: Karpfen, Schleie, Döbel, Barbe, Hecht, Barsch, Aal, vereinzelt Forelle und Äsche und verschiedene Weißfischarten etc.

Oder bei Hohenwutzen

Die Buhnen zwischen Altglietzen und Hohensaaten gelten als gute Angelstellen für jeden Oderangler, ob auf Raubfisch oder Friedfisch. Fischarten: Hecht, Zander, Wels, Rapfen, übliche Weißfische und Karpfen.

Im Winter trifft man schon am frühen Nachmittag auf die Quappenangler. Dann sind nicht nur die Buhnen besetzt, auch der Raum dazwischen bietet Platz für viele Angler. Die Quappenmontage wirft man bis an den Hauptstrom.

Anfahrt: Von Berlin die B 158 nach Bad Freienwalde, weiter Richtung Grenze. In Altglietzen immer geradeaus, bis die Straße kurz vor dem Fluss nach links abbiegt. Dann sind es noch ca. zwei Kilometer auf dem Damm, bis ein Parkplatz kommt. Bitte nicht über den Damm auf die Wiesen fahren.

Auch Polen ist eine sehr gute Adresse für jeden Angler und ein Geheimtipp als beste Angelregion in Europa. Die große Vielfalt und Qualität macht es auch in Polen zu einer großen Freude, diesem Hobby zu frönen, sei es zur Entspannung mit der Familie oder als Wettkampf um den größten Fisch. Eines der besten Angelgebiete in Polen befindet sich in der Region Lubuskie, nicht weit von der deutsch-polnischen Grenze. Zahlreiche Flüsse und Seen machen dieses Gebiet besonders attraktiv.

Gemeinsam mit dem Polnischen Anglerverband hat der Landesanglerverband Brandenburg eine länderübergreifende Angelberechtigung für die Oderregion herausgegeben. Mitglieder beider Verbände können sie für 25 Euro pro Jahr erwerben.

Fischereiabgabescheine erhält man bei zahlreichen Angelfachgeschäften, beim Landkreis Märkisch-Oderland und den Touristinformationen.

Folgende Mindestmaße/Schonzeiten sind zu beachten:
Schleie: 25 Zentimeter
Quappe: 30 Zentimeter
Döbel: 30 Zentimeter
Karpfen: 35 Zentimeter
Rapfen: 40 Zentimeter/1.4.–30.6.
Aal: 45 Zentimeter
Hecht: 45 Zentimeter/1.2.–31.3.
Zander: 45 Zentimeter/1.4.–31.5.
Wels: 75 Zentimeter/1.5.–30.6.

Informationen:

Landkreis Märkisch-Oderland, Untere Fischereibehörde, Puschkinplatz 12, 15306 Seelow, Tel. 033 46/85 06 3 40. www.landesanglerverband-bdg.de. www.mol-angler.de.
Infos und Erlaubnisscheine zum Angeln beispielsweise auch beim Hotel-Restaurant Zum Löwen, René Strecke, Königstraße 41, 16259 Bad Freienwalde, Tel. 033 44/416 60, www.oderangeln.de.
Karte: Angeln und Erholung. DAV Angelgewässer in Märkisch-Oderland. Ein Wegweiser für Angler und andere Naturfreunde‹, hg. v. Märkisch-Oderländer Angler e.V., August 2005, 5 Euro.

Aktivitäten im Oderbruch

Kleines Glossar

Bauern Menschen, die von der Bewirtschaftung ihrer Ländereien leben konnten. Ihr Besitz war aber nicht ›frei‹ im bürgerlichen Sinne verfügbar. Der Bauer war an die Ländereien gebunden und stand in einem Abhängigkeitsverhältnis zum Grundherren, dem er zu dienen hatte.

Büdner Besitzer einer Landarbeiterhütte, bedingungslos an den Grundherren gebunden, bis 1786 allgemein leibeigen bzw. erbuntertänig. Er besaß meist ein kleines Stück Land und einen Garten, jedoch kein Ackerland. Einlieger und Häusler werden als ›freie Arbeiter‹ zusammengefasst.

Einlieger Ländliche, besitzlose Tagelöhner, die bei Bauern zur Miete wohnen.

Feldmark Gesamtheit der zu einer Gemeinde gehörenden und bewirtschafteten Fläche, umfasst die Äcker, Wiesen und Weiden.

Häusler Von den Einliegern nur dadurch unterschieden, dass sie nicht zur Miete wohnen und oft ein eigenes kleines Stück Land besitzen, von dem sie aber nicht leben können. Sie werden oft als Eigenkäthner, Kathenleute, als Kolonisten (nicht im Sinne der Oderbruchbesiedelung) oder als grundbesitzende Arbeiter, Stellenbesitzer bezeichnet.

Hufe Messgröße für Land, ungefähr 200 Meter breit und 500 Meter lang. 1 Hufe entspricht ca. 40 Morgen oder 10 Hektar (100 000 Quadratmeter). Umfang des Landes, das eine bäuerliche Familie zu ihrer eigenen Ernährung benötigte und allein bewirtschaften konnte. Allerdings war eine Hufe kein feststehendes Maß, sondern richtete sich nach der Bodengüte.

Kossäten Standen zwischen Büdner und Bauern, besaßen keinen Anteil am bäu-

Kirche in Buckow

erlichen Hufenland, waren aber gegenüber dem Büdner ›spannfähig‹, besaßen also Pferde und Ochsen und waren zu Spanndiensten verpflichtet.

Schulze Ursprünglich vom Gutsherren eingesetzt, der über die ›Gemeinen‹ zu wachen hatte. Er hatte die Anweisungen des Gutsherren, der auch Gerichtsherr war, weiterzugeben. Sein Land war größer, und er war meist von Abgaben und allen Diensten frei.

Schwarze Küche Zumeist quadratischer, fensterloser Herdraum zwischen Wohnbereich und Stall mit Abzug.

Vorwerk Vom Rittergut abgesondertes Ackerwerk.

Das Oderbruch im Internet

In den vergangenen Jahren hat sich die Anzahl der Webseiten, die im weitesten Sinn thematisch zum Oderbruch gehören, deutlich erhöht. Nur wenige davon bieten jedoch interessante touristische oder historische Informationen. Die folgende Auswahl berücksichtigt vor allem die Homepages, die für Besucher von Interesse sein können.

Landkreise

www.barnim.de Seite des Landkreises Barnim, am nördlichen Rand des Oderbruchs.

www.maerkisch-oderland.de Seite des Landkreises Märkisch-Oderland, zu dem das Oderbruch verwaltungstechnisch gehört.

Ämter und Gemeinden

www.barnim-oderbruch.de Seite des Amtes Barnim-Oderbruch, ziemlich unstrukturiert.

www.wriezen.de

www.seelow.de Unter dem Stichwort Freizeit & Tourismus/Sehenswürdigkeiten finden sich verschiedene schöne Ausflugsrouten.

www.bad-freienwalde.de

www.letschin.de Wirklich einladend, Oderbruch pur.

www.amt-neuhardenberg.de Enthält eine umfangreiche Übersicht zu Wanderwegen.

www.amt-golzow.de

www.amt-lebus.de Gute aktuelle Informationen gleich auf der Einstiegsseite.

www.amt-seelow-land.de

www.kuestriner-vorland.de

Sonstiges

www.odertours.de Informationen von Strausberg bis Frankfurt, zum Strausberger Wald- und Seengebiet, zur Märkischen Schweiz, zum Oderbruch und Oder-Spree-Seengebiet.

www.oderbruch-tourismus.de Seite der Tourist-Information Oderbruch e.V. mit Sitz in Seelow. Umfassend und informativ.

www.oderbruch.de Seite des Tourismusvereins Oderbruch-Wriezen, wendet sich sowohl an Einheimische als auch an Touristen.

www.seenland-os.de Seite des Tourismusverbandes Seenland Oder-Spree e.V. Umfassend und aktuell.

www.transodra-online.net Informationen über die deutsch-polnische Grenzregion.

www.oderbruchtours.de Reiten, Kutsch- und Kremserfahrten.

www.kunst-im-oderbruch.de

www.hofgesellschaft-neulewin.de

www.oderbruchwetter.de

www.tourist-info-kostrzyn.de

www.oderbruchpavillon.de

www.loosersenf.de

Für die Routenplanung

www.stadt-strausberg.de

www.maerkischeschweiz.eu

Anhang

Literaturhinweise

Günter Agde (Hrsg.), Carl-Hans Graf von Hardenberg, Dokumente und Auskünfte, Berlin 1994.

Ekkehard R. Bader, Unbekannte Mark Brandenburg, Berlin 1991.

Friedrich Beck/Reinhard Schmook (Hrsg.), Mythos Oderbruch. Das Oderbruch einst und jetzt, Potsdam 2006.

Magdalena Bushart, Arno Breker – Kunstproduzent im Dienst der Macht, in: Skulptur und Macht. Figurative Plastik im Deutschland der 30er und 40er Jahre, Ausstellungskatalog Städtische Kunsthalle Düsseldorf, 1984.

Deutsche Gesellschaft e.V. (Hrsg.), Schlösser und Gärten der Mark, Berlin 1991.

Theodor Fontane, Wanderungen durch die Mark Brandenburg; (verschiedene Ausgaben).

Klaus Gerbet, Carl-Hans Graf von Hardenberg. Ein preußischer Konservativer in Deutschland, Berlin 1993.

Lutz Heydick (Hrsg.), Historischer Führer. Stätten und Denkmale der Geschichte in den Bezirken Potsdam, Frankfurt/Oder, Leipzig u.a.O. 1987.

Werner Michalsky, Karl Friedrich Schinkel im Lebuser Land, Seelow 1992.

Werner Michalsky, Kreisdenkmalliste Seelow, Seelow 1990.

Werner Michalsky, Neutrebbin und Umgebung in Geschichte und Gegenwart, Neutrebbin 1992.

Erwin Nippert, Das Oderbruch. Zur Geschichte einer deutschen Landschaft, Berlin 1995.

Dietrich von Oppen, Schloss Cunerdorf. Lebenszeugnisse, Bad Freienwalde 2001.

Kathrin Panne (Hrsg.), Albrecht Daniel Thaer. Der Mann gehört der Welt, Celle 2002.

Reinhard Schmook, ›Ich habe eine Provinz gewonnen‹. 250 Jahre Trockenlegung des Oderbruchs, Frankfurt/Oder 1997.

Reinhard Schmook, Märkisch Oderland. Porträt eines brandenburgischen Landkreises, Neuenhagen 1999.

Die Mark Brandenburg, Herrenhäuser, Lucie Großer Verlag 1991.

Der Autor

Thomas Worch, 1956 in Leipzig geboren, nach Stationen in Lobstädt, Budapest, Damaskus und Berlin 2001 im Oderbruch angekommen. Freier Autor. 2008 erschien der (Krimi-)Roman ›Tod eines Malers‹, der natürlich im Oderbruch spielt.

Ortsregister

Anhang

Personen- und Sachregister

Anhang

Bildachweis

Alle Fotos Marie E. Worch, außer:
    Detlev von Oppeln (S. 12/13,
    102/03), Claudia Quaukies
    (S. 14, 52, 107, 108, 136/37, 170),
    Theater am Rand (S. 126),
    Thomas Worch (S. 20, 114, 120,
    122, 149, 151)
Titel. Schloss Gusow

S. 4: Friedrichsdenkmal im Schlosspark
    Neuhardenberg
S. 8: Die Bockwindmühle in
    Wilhelms-aue
S. 12/13: Blick auf Groß Neuendorf
S. 38/39: Die alte Eisenbahnbrücke
    bei Küstrin
S. 102/03: An der Oder bei Zollbrücke
S. 136/37: Im nördlichen Oderbruch

Auswahl Deutschland

Baden in und um Berlin
Die schönsten Badestellen in Berlin
und Brandenburg
12.95 Euro

Brandenburg
Mit Potsdam, Spreewald, Fläming
und Havelland
14.95 Euro

Mecklenburg-Vorpommern
Mit Rügen, Usedom, Rostock
und Stralsund
14.95 Euro

Die Havel
Natur und Kultur zwischen Müritz
und Havelberg
14.95 Euro

Sachsen
Mit Dresden, Leipzig, Erzgebirge
und Sächsischer Schweiz
14.95 Euro

Wanderungen durch Brandenburg
50 Touren durch das ganze Land
13.95 Euro

66-Seen-Wanderung
Zu den Naturschönheiten rund
um Berlin
13.95 Euro

Karten

Berlin Stadtplan
Fünfsprachige Hauptstadtkarte
Top Highlights,
Szene-Tipps, Clubs und Bars,
S- und U-Bahnplan
3.95 Euro

Kristine Jaath

Brandenburg

Mit Potsdam, Spreewald, Fläming und Havelland

REISEFÜHRER
Trescher Verlag

Manfred Reschke

Wanderungen durch Brandenburg

50 Touren durch das ganze Land

REISEFÜHRER
Trescher Verlag

www.trescher-verlag.de

Auswahl Städteführer

Berlin
Sehenswürdigkeiten, Kultur, Szene,
Ausflüge, praktische Tipps
16.95 Euro

Dresden
Mit Meißen, Radebeul und
Sächsischer Schweiz
11.50 Euro

Kiev
Rundgänge durch die Metropole
am Dnepr
16.95 Euro

Königsberg/Kaliningrader Gebiet
Mit Bernsteinküste, kurischer
Nehrung, Samland und Memelland
18.95 Euro

Ostseestädte
Kreuzfahrten zwischen Kiel,
St. Petersburg und Kopenhagen
16.95 Euro

Posen, Thorn, Bromberg
Mit Großpolen, Kujawien und
Südostpommern
16,95

Prag
Mit Melnik, Karlstein und
Böhmischem Bäderdreieck
12.95 Euro

Warschau entdecken
Rundgänge durch die
polnische Metropole
14.95 Euro

Zagreb
Die kroatische Hauptstadt und
ihre Umgebung
15.95 Euro
9.95 Euro